U0450402

公共治理论坛（第一辑）

Public Governance Forum

李洪河 主编

中国社会科学出版社

图书在版编目（CIP）数据

公共治理论坛. 第一辑 / 李洪河主编. -- 北京：中国社会科学出版社，2025.4. -- ISBN 978-7-5227-5143-6

Ⅰ. D63-53

中国国家版本馆CIP数据核字第20250AU789号

出 版 人	赵剑英
责任编辑	姜雅雯
责任校对	苏　颖
责任印制	郝美娜

出　版	中国社会科学出版社
社　址	北京鼓楼西大街甲158号
邮　编	100720
网　址	http://www.csspw.cn
发 行 部	010-84083685
门 市 部	010-84029450
经　销	新华书店及其他书店
印　刷	北京君升印刷有限公司
装　订	廊坊市广阳区广增装订厂
版　次	2025年4月第1版
印　次	2025年4月第1次印刷
开　本	710×1000　1/16
印　张	17
字　数	253千字
定　价	98.00元

凡购买中国社会科学出版社图书，如有质量问题请与本社营销中心联系调换
电话：010-84083683
版权所有　侵权必究

编辑委员会

主　任：丁　煌
委　员：朱旭峰　刘　伟　刘京希　刘　科　桑玉成
　　　　苏曦凌　时和兴　孙景峰　景跃进　周　平
　　　　周光辉　席来旺　汪仕凯　李俊清　李　健
　　　　李　峰　李洪河　王鹤亭　王立峰　杨光斌
　　　　梅宪宾　贺东航　熊易寒　罗梁波
主　编：李洪河
副主编：韩万渠
执行编辑：徐晓攀　陈永庆

《公共治理论坛》创刊词

中国式现代化为破解超大规模国家治理困境提供了解决方案，成为构建中国公共管理学自主知识体系的鲜活实践素材，为发展中国家实现国家治理现代化提供了可资借鉴的"中国样本"，并因此而赋予了中国公共管理学自主知识体系的世界意义。立足于此，河南师范大学政治与公共管理学院创办《公共治理论坛》，致力于为立足中国式现代化构建中国公共管理学自主知识体系添砖加瓦。

追本溯源，中华优秀文化典籍中蕴含着治国理政智慧极具现代意义之"公共治理"。《礼记》言"天下为公"，锚定人类社会有"治理"可记述之核心价值，是中国共产党人秉持人民至上理念的文化基因。《史记》载"共和行政"，乃中国最早权力共持之实录，为厘清权力结构与公共治理有效性的关系提供历史"实证"。《左传》述诸侯"葵丘之会"曾协商各方不可壅塞水源，即开协同治水之范例，可彰显公共治理追求多元共治的本质追求。

本刊定名"论坛"，意在突出学术共同体应然之精神品格。论坛既效稷下学宫"各著书言治乱之事"之风，复取盐铁会议"诘难往复"之辩，期以"论道经邦"之志，融政治、行政、社会、法理、历史等诸逻辑于一炉，为百年之未有大变局破题解惑。

《公共治理论坛》追求平等对话，破除学科壁垒、资历藩篱和方法"鄙视链"。专设青年论坛和学术争鸣等栏目，倡导对话明理。《公共治理论坛》强调理论与实践结合，拒斥"书斋空转""理论悬浮""理想构建"，突出言之有物、立论有规，设置案例研究栏目，鼓励田野调查，倡导回归日常体验。《公共治理论坛》彰显中西对话，规避中西体用之辩，回归全球共性公共治理难题的可比性开展行之有效的比较研究，推动真正意义的治理文明互鉴。

河南师范大学政治与公共管理学院依托政治学一级学科博士学位授权点及博士后流动站建设，形成政治学、哲学、公共管理学三个一级学科协同发展的学科体系。以此为基础创刊《公共治理论坛》，旨在系统考察中国共产党领导国家治理体系和治理能力现代化实践的一般规律，坚持以中国场景下的公共治理实践为源点，倡导公共治理研究的复合性、创新性和历史性，讲好中国公共治理故事，为繁荣与深化中国公共治理学术研究搭建平台，构建中国公共管理学自主知识体系做出积极努力。热切期盼学界同人的合作与支持，共襄盛举，共同为实现我国哲学社会科学繁荣发展贡献中国特色的治理理论和实践智慧。

《公共治理论坛》编辑部

目 录

特稿　"人民至上"圆桌论坛（发言集锦）

"人民至上"的现代价值及其实现 ………………………… 周光辉 / 3
以人民为中心：政府治理创新的不懈追求 ……………… 丁　煌 / 12
让人民共享美好生活：基本公共服务均等化的价值目标和
　实现途径 …………………………………………………… 姜晓萍 / 20
"让人民过上好日子"：当代中国公共治理现代化的演展
　逻辑 ………………………………………………………… 唐亚林 / 33
理解治理过程中的"人民至上" …………………………… 何艳玲 / 41

论　文

智库与公共政策第三方评估体系建设 …………………… 朱旭峰 / 53
性别化、去性别化与再性别化：快递员职业性别隔离形塑与
　调适机制研究 ……………………………………………… 帅　满 / 70
农村迁移家庭的老人随迁：影响因素、类型与境况
　——基于全国流动人口监测调查的实证分析
　………………………………………………… 范长煜　王寓凡 / 97
公民社会经济地位对基层投票选举的影响研究：基于 CSS
　四期数据的纵向比较分析 ………… 汤志伟　方　錄　问延安 / 123
把支部建在业委会：区域化党建的空间拓展与
　治理创新 …………………………………………………… 李婷婷 / 149

城市社区治理的复杂性及其适应性转化 ………………… 赵　吉 / 177
基层政府促进乡村产业振兴的组织情境约束及调适路径：
　以陇县苹果产业为例 ………………………… 朱天义　黄慧晶 / 200

本硕博论坛

乡村治理中"一肩挑"的历史、理论与实践
　逻辑 ……………………… 王松磊　梅纪雯　孟　宇　杨滨瑞 / 223

研究述评

知识通用化抑或本土化：对国内东西部协作研究的
　反思 ………………………………………………… 郑姝莉 / 243

特 稿

"人民至上"圆桌论坛（发言集锦）

"人民至上"的现代价值及其实现

吉林大学行政学院 周光辉

首先谈两点理解,第一,"人民至上:公共治理现代化的价值追求"是一个具有时代意义的宏大主题。人民在当代中国处于一个什么样的地位,不仅涉及政治的合法性问题,也关系到中国发展道路是否具有内在价值的问题,更关乎到发展起来的中国向何处去这一重大方向性问题。因为中国以非西方的发展道路崛起引发了内外两个问题,即内部如何持续发展的问题与外部怎样和平共处的问题,这两个问题交织构成21世纪重要的时代性问题。所以说讨论"人民至上:公共治理现代化的价值追求"是一个具有时代意义的宏大主题。第二,这是一个开放性的话题,这个话题可以从不同学科、不同领域、不同方面来讨论。因此,不是办一次论坛或几次论坛就能够阐述清楚的问题。本次论坛能够引起学界同仁的关注、思考和深入的讨论,我想是这次论坛的意义之一。

政治学与公共管理学是不分家的,公共治理是以政治共同体为组织前提的。没有政治共同体,就是无政府状态,就不会有公共治理。但政治共同体没有良好的公共治理就无法建立稳定的秩序。所以,我今天是从政治学的视角,就"人民至上的现代价值及其实现",谈一些初步的认识。下面的几位都是研究这个方面的专家,我想从一个更宏观、更积极的角度考虑一下这个问题,求教于各位同仁,也是抛砖引玉吧。

我主要谈三个问题:第一个是人民至上作为国家的根本价值诉求,第二个是人民至上是马克思主义中国化的时代产物。原来我还有一个内容，就是人民至上是人类共同价值的中国式表达，因为时间关系，我把这部分删掉了。因为我和彭斌教授现在正在完成一本书，可能要在这方面做一些详细阐述。第三个是人民至上价值追求的现实化是一个历史进程。

一 人民至上成为国家的根本价值诉求

（一）近代中国面临着生存危机、权威危机和价值认同危机

近代中国面临的危机是一次全面的危机，包括生存危机、权威危机和价值认同危机。从政治学的角度来说，维系国家政治共同体有两个条件。第一，共同体成员共同承认并接受的作为公共规范的价值信仰体系，它是价值认同的基础。第二，以正统的公共权力为基础的共同体的纷争处理机制。但19世纪末"天朝"秩序瓦解，实际上这两个条件都失效了。一是"天命"观念作为一种信仰失效了，兼有信仰体系和知识体系功用的"天命"观念与"儒家在西方民主思想冲击下，渐渐不能够承担起意识形态的重任"，那么以"皇帝"为表征的王权权威丧失了。晚清以来直至辛亥革命后，当传统的"皇帝"权威逐步瓦解和崩溃之际，就必然使近代中国在难以进行有效的国家整合的同时，也使中国社会存在着深刻的价值危机。

从认知心理学的角度分析，价值认同是基础，包括两个方面的内容。一是个人的行为是有意图的，二是任何一个集体都要有一个集体意向性。个体的意向性来源于集体意向性，集体的意向性是一切群体活动的基础。价值认同可以通过提供信念，有效塑造集体意向性和偏好，这可以极大地降低治理成本。所以任何一个共同体必须有一个文化价值系统做支撑，如果没有支撑，这个共同体的维系成本会非常高。所以我们讲公共治理现代化必须要有一个价值追求。

（二）现代国家构建的关键技术因素是重建价值认同与信仰

当古代社会面临无法克服的内部危机，维系社会制度正当性基础的

文化价值系统首先受到质疑直至瓦解时,这个精神权威解体后,必须要重建新的价值信仰体系来重构政治认同。

关于这一点,研究多元现代性的代表人物 S. N. 艾森斯塔德(S. N. Eisenstadt)专门有一篇文章,其中谈到"中国的经验"时有一段话:"现代性对中国的冲击采取了两种方式,这样也就对中国社会、政治和文化秩序提出了两类虽然不同但是要互相密切联系的问题。第一类是外部的力量与问题,即西方与日本的冲击提出了中国在新的国际环境中维护民族主权的能力问题。第二类就是内部的,即如何克服帝国秩序崩溃的潜势,以及在这种秩序被毁灭之后,如何解决内部无政府状态这种新形势下的分裂势力,以及在旧的秩序消失之后,如何建立一种新的有生命力的秩序。"这就是我们近代以来面临全面危机,特别是面临价值认同危机的时候,瓦解了中国社会维系的这个价值认同的基础。

还有汪朝光在《1945—1949:国共政争与中国命运》这部书中也谈了这样的观点:在近代中国各种政治力量较量中,特别在军事力量主导争夺中国现代化道路领导权的历史条件下,最终,中国共产党领导的新民主主义革命取得胜利,建立了中华人民共和国,实际上中国的命运开始了新的一页。

(三)人民至上成为国家的价值诉求

历史学家王赓武在《更新中国:国家与新全球史》一书中曾指出,过去的中国从来没有面对过这样一个问题,即到底谁才是"中国人民"?他们又将如何分享这个国家努力要获得的现代性?这个观点是十分深刻的。所以一个现代国家与传统国家的本质区别,就是人民主体地位的确立,这在于国家的价值主体发生了根本性的变革,从王权权威向以人民为主体地位的国家体制的转变。

早在中华人民共和国成立前,在1948年9月召开的中共中央政治局扩大会议上,毛泽东特别强调:"我们是人民民主专政,各级政府都要加上'人民'二字,各种政权机关都要加上'人民'二字。"[①] 1949

---

① 《毛泽东文集》(第五卷),人民出版社1996年版,第135页。

年9月，中国人民政治协商会议第一届全体会议代行全国人民代表大会的职权，代表全国人民意志协商建立了中华人民共和国，通过《中国人民政治协商会议共同纲领》明确宣告，"中华人民共和国的国家政权属于人民，人民行使国家政权的机关为各级人民代表大会和各级人民政府"。10月1日，毛主席在北京正式向世界宣告，中华人民共和国中央人民政府成立。中国人民从此站起来了，确立了人民的主体地位，开启了人民民主的新时代。

我们在讨论国家象征的时候，国旗从原来民国的五色旗向五星红旗转变。民国的"五色旗"，代表汉、满、蒙、回、藏五个民族，又叫作"五族共和"，而五星红旗则是大星代表中国共产党，四颗小星代表工人阶级、农民阶级、城市小资产阶级和民族资产阶级联盟。并且《中国人民政治协商会议》通过决议做出了权威解释：中华人民共和国国旗为五星红旗，象征着中国革命人民的大团结。国家象征发生了变化。这是我的第一个观点：强调人民至上是国家的根本价值诉求，实际上也确定了中国人民价值认同的一个基础。

二 人民至上是马克思主义中国化的时代产物

人民至上的主体地位不是天赋的，也不是从抽象的人性出发推论出的结果，而是中国共产党动员、领导、带领人民在反对帝国主义、官僚资本主义和封建主义的社会革命的历史进程中，将马克思主义中国化，并对中华传统的民本思想继承和创造性发展的基础上逐步构建的。这是我讲的第二个观点：人民至上是马克思主义中国化的时代产物。

（一）民本观念的基本价值与历史局限

在当代中国，人民至上的价值信仰深受中华文明源远流长的民本思想的影响。"民本"观念的基本价值主要表现在以下两个方面，第一就是重民贵民。《尚书·夏书·五子之歌》曰，"民惟邦本，本固邦宁"。

《孟子·尽心章句下》亦曰"民为贵,社稷次之,君为轻"。《左传·庄公二十二年》从国家兴亡的高度阐述了"民"的重要性:"国将兴,听于民;将亡,听于神。"第二就是爱民保民。墨子主张"兼相爱,交相利"的爱民思想,《尚书·周书·梓材》中云:"欲至于万年,惟王子子孙孙永保民。"这就是说,重民贵民、爱民保民是民本思想的基本价值。

因为民本观念是相对于君权至上而言的,在封建等级制度下,民本是为了维护和巩固君权统治而提出的一种统治观。民是一种统治手段,不是价值主体。我国古代的民本思想虽然存在着历史的局限性,但民本思想对约束封建专制权力,顺应民意,加强文化认同,促进国家统一发挥了客观的历史作用,并为中国政治文明赓续发展提供了重要的思想基础。

(二) 资产阶级民主革命的历史意义及阶级局限

建立以人民为主体的国家是近代以来先进知识分子追求的目标。以孙中山为代表的资产阶级领导的辛亥革命,推翻了几千年的封建王朝统治。中华民国的建立是我们华夏民族第一次真正意义上的觉醒,开启了现代国家构建的历史进程。虽然建立了号称亚洲第一个民主国家,但由于照搬西方的模式,导致水土不服,无法克服以下四大难题:中央权威弱化导致地方主义;军事力量军阀化,成为独立的政治力量;分散主义、族群多样化问题引发的冲突;基层社会治理流于粗放,出现黑社会化,导致军阀混战、社会溃败(土匪横行)。辛亥革命很快就失败了。后来的国民革命虽然结束了军阀混战的局面,在名义上统一了中国,但由于国民政府的阶级局限性,并没有彻底改变中国半殖民地半封建社会的状况,没有真正满足广大的工人,特别是占人口绝大部分的农民在政治、经济和社会等方面实现解放的诉求,他们仍处于受剥削和压迫的地位。因而国民政府不可能真正确立人民的主体地位。

(三) 马克思主义是无产阶级的解放学说

无产阶级只有通过社会革命从各种具有压迫性的社会经济结构中解

放出来，才能真正确立其主体地位。中国共产党从成立开始，就是一个以马克思主义为指导思想的政党。然而，找到马克思列宁主义这个崭新的思想武器，并不意味着就能够自然而然解决中国革命所面临的问题，还必须把马克思主义的基本原理同中国的具体实际结合起来，实现马克思主义的中国化。

由于中国与欧洲不同，是一个农民人口占主体的国家，因此，在马克思主义中国化进程中，中国共产党逐渐开始将阶级分析内嵌于"人民"的概念中，1922年6月，在《中国共产党对于时局的主张》中首次运用了"人民"的话语分析中国社会。在中国共产党领导新民主主义革命过程中，随着社会主要矛盾的发展变化，为了结成更广泛的民主统一战线，革命的性质、对象、任务与动力会发展变化，关于人民的内涵也会发生相应的变动。

那么，在这样的一个历史进程中，逐步形成了以工人阶级为领导，以工农联盟为基础，包括小资产阶级、民族资产阶级在内的"人民"概念。在这样的过程中，"人民"就从一种通常泛指中下阶层民众的社会观念转变成以实现社会价值认同为目的、以阶级划分为标准、以政治动员为功能、具有自身内在结构的现代政治观念。人民不仅是统一战线划分标准，更成为使现代中国所有政治形式和政治安排得以产生与形成的正当性依据。

三　人民至上价值追求的现实化是一个历史进程

（一）人民至上，首先需要分析人民作为价值主体的三个层次：整体、群体、个体

在什么意义上讲"人民"是一个价值信仰，是一种道德权威？我想要对"人民"这样一个内涵分层次来理解，这样才能准确把握"人民"在不同时期、不同情况下的作用。人民有三个层次的含义：整体、群体和个体。

整体是人民的集合性概念，群体与个体是人民的实然属性，三者是统一的。整体是指人民的根本利益具有一致性，群体与个体的具体利益具有差异性和多样性。

（二）人民至上需要现实化

人民至上不是一个虚幻的政治理想和神话，也不仅是写在法律上的一个条文。道德权威不仅是一种作为政治合法性来源的抽象理念，也不仅是一种道义性的符号。实际上，它在社会政治生活实践中具有主体性地位，能够展现出自身的主体意识的力量；否则，它就不可能产生相应的道德义务，不可能引起人们在道德上的服从。正是由于确立了人民主体地位，确立了人民至上的道德权威，中国才能彻底解决近代以来传统的"天"的道德权威坍塌与崩溃所导致的价值认同危机，实现现代道德权威的创造性重建。

"人民"在这三个层次上，首先，从整体上讲，我们说人民至上是整体意义而言的道德权威。其次，作为群体，在具体利益上是有不同的，所以需要代表来组建国家政权，行使国家权力。最后，个体又是这个权利与义务的统一体，我们所说的人权是直接在个体上讲，每个个体都有权利。

人民至上包含的不同含义，在不同层面使用的时候，我们就要考虑它的层次。从整体上来讲，我们刚才说为人民服务指的是针对不同群体的利益。我们工作方针、工作政策的立脚点、出发点——以人民为中心，是为人民的利益服务，满足人民追求幸福生活的需求，这都是针对不同群体的角度而言的。那么我们说法律保障的权利是针对所有个体而言的，这实际上构成了整个"人民"的含义，我们可以在不同意义上使用。当我们说人民的主体地位是在整体上讲的，人民的道德权威、人民的根本利益是一致的。

（三）人民至上的实现是一个历史进程

人民至上道德权威的确立不等于人民群众的具体权利与利益的实

现。人民至上价值追求的实现是一个历史进程。这个历史进程是有所指的，它是指作为实然属性的人民，即群体和个体的人民的权利及利益实现和保障机制、体制的完善过程，而人民群众的权利和利益的实现过程是以经济的发展水平和程度为物质基础的，是与法治化的发展进程相一致的。

那么人民至上价值追求的实现的这个历史进程，可能包括很多内容，但从政治学、从管理角度来说可以概括为几个方面。

第一，要构建评价公共政策的指标体系，那么就是以人民满意为标准。

第二，不断完善人民行使民主权利的体制和机制。

第三，不断推进服务型政府建设，提供更优质的公共服务产品，满足人民各种各样的，甚至差异化的需求。比如城乡间人民的需求是不同的、有差异的。

第四，不断完善人民权益法律保障制度。我们国家在这方面已经做了非常大的努力，比如说把国家保障人权写入《宪法》，而《民法典》实际上已经把保障个体的具体权利法制化，这看出了我们国家在保障人民权益的法治建设方面不断地进步，不断地推进。

第五，不断完善对各级领导干部的问责体制和机制。

第六，还要积极破解中国现代化引发的三重难题。这是我概括的，原来我提出两个难题是规模治理和促进发展。现在从人民至上的价值追求的角度来讲，中国现代化的三重难题是规模治理、促进发展、共同富裕。这三种难题是交织在一起的。没有一个很好的规模治理，没有一个稳定的政治局面，那么发展就无从谈起，共同富裕也是空话。只有在一个有效的稳定情况下，我们才能不断地推进发展，继而在发展的基础上不断地推进共同富裕的进程。在高质量发展基础上，使我们的共同富裕迈出更实际的步伐。这三个方面是相互促进、交织在一起的。在现代化建设中，这三重难题在不同的时段、不同的情况下，会有不同的呈现、不同的重点。我们要积极破解在现代化进程中的这三重难题。这样，人民至上的价值追求才会从一个道德原则、价值原则不断地变成一个现实的存在，也就是我所说的人民至上价值追求的现实化。

  总之，人民至上的价值追求是中国共产党人的价值信仰，是国家立国的根本原则，是引领当代中国改革开放变革实践的价值取向，是中国面向未来发展的方向，是与时代同行、与世界为伍、共建人类命运共同体的价值遵循。天安门城楼的那两句标语非常好，我想这都概括得非常准确了。中国的这样一个现代化进程，不能脱离这个世界的共同发展。所以说，"中华人民共和国万岁，世界人民大团结万岁"也就是人类共同价值的中国式表达。

以人民为中心：政府治理创新的不懈追求

武汉大学政治与公共管理学院　丁　煌

随着党的十八届三中全会将推进国家治理体系和治理能力现代化确定为全面深化改革的总目标，关于国家治理现代化的研究，为公共管理学和政治学提供了非常广阔的空间，产生了一大批对国家发展有着实质性影响的理论成果和政策咨询成果。周光辉教授从政治学的角度、从宏观层面对"人民至上"这一命题做了一个高屋建瓴的解读和分析。而作为公共管理，特别是行政管理的学者，更加关注的是政府治理中如何体现"人民至上"的价值追求。"人民至上"在实践话语表述中有多种体现。在政府治理实践中体现"人民至上"的价值追求可概括为"以人民为中心"。

一　政府治理创新中"人民至上"价值追求的演进

党的十九届六中全会很重要的主题就是对百年来党的历史经验做了系统的总结，其中一个很重要的经验就是坚持"人民至上"。"人民至上"这样一个价值追求在政府治理体系中的体现，尤其是在改革开放40多年以后，中国政府对于"人民至上"这个价值追求的具体体现，不仅可以用"以人民为中心"这个话语来概括，而且可以从过去几十年走过的政府治理创新实践中找到具体的体现。与此同时，我们都知道中国是一个发展不平衡的国家。党的十九大以来对社会主要矛盾的重新表述，甚至可以说是重新定位，进一步表明了经过40多年的发展，我们在各个方面取得巨大成就的同时，客观上还存在着发展不均衡、不充分的问题。这种不均衡、不充分，实际上在各个方面都有所体现。政府治理创新中对"人民至上"或"以人民为中心"的行政价值的坚持和创新客观上也存在着不均衡、不充分。所以想要讨论这个问题，首先要基于过去我们已经做的、实然的东西，然后再看看未来政府的改革、政府制度创新，应该怎样进一步去坚持。这恰恰能够体现出中国政府治理实践是对"以人民为中心"这一价值的不懈追求。

在国家治理体系中，政府治理是国家治理的核心。中国情境下的政府治理离不开中国共产党的领导。这是理解中国政府治理的重要组成部分。就是说，中国的政府治理还不能简单地、狭义地理解为行政体系的管理活动，这就决定了中国政府行政体系管理活动的各个方面都是在中国共产党的领导下开展的。所以，我非常赞成周光辉教授说的："政治学和公共管理不分家。"特别是有了公共管理学科以后，有一些具体的研究问题很难区分是政治学问题还是公共管理学问题，尽管更加细致地从研究方法和研究的理论视角来看是有所区别的。

从政府职能的角度来分析，政府治理扮演着"优化宏观经济结构、维护市场运行秩序、促进社会公平正义、保障社会和谐稳定、引领国家科学发展"的"元治理"角色，在国家的经济社会发展特别是治理现代化进程中发挥着极为重要的"掌舵"作用。回顾改革开放40多年，应该说政府体制的改革对国家整体改革有着决定性的影响。因为从过去的计划经济到现在的市场经济，客观来讲，最难改的，也是最核心、最重要的改革内容就是政府管理体制。按照马克思主义的基本观点"经济基础决定上层建筑，上层建筑反作用于经济基础"来看的话，经济体制改革如果没有以政府管理体制为主要表现形态的上层建筑的改革与之相适应，我们的经济体制、我们的市场经济是无法建立的。现如今，所有的改革重心已经聚焦到怎样去消除妨碍社会主义市场经济体制有效运行的政府管理体制。

在40多年的改革进程中有一系列的创新，在一个新的经济体制下面就要不断进行改革创新。一方面，从行政价值的导向，到服务宗旨的实践、职能重心的转移、治理机制的重建，再到治理方式的创新乃至评价标准的确立，只要客观地、全面地梳理一下政府治理创新、政府体制改革中所做的事情就不难发现，我们国家这些年的改革，无不鲜明体现了对"以人民为中心"的行政价值的不懈追求。另一方面，未来的政府改革或者政治体制和制度创新，应该怎样进一步坚持对"以人民为中心"行政价值的不懈追求。党的十九届六中全会对百年建党经验进行了系统总结，其中很重要的一点就是"人民至上"。这也是在党的领导下政府需要坚持和借鉴的经验，同时，在未来的政府治理创新发展进程中也要将这一经验继续发展和创新。

二　政府治理和改革中怎么坚持以人民为中心？

（一）始终坚持"以民为本"的价值导向

马克思主义历来主张人民群众是历史的创造者，是推动社会发展的决定力量。"全心全意为人民服务"是中国共产党的宗旨。我国宪法也明确规定，我国是人民民主的社会主义国家，国家的一切权力属于人民。党的宗旨和国家治理的人民性，决定了政府治理必须坚持"以民为本"的价值导向。长期以来，特别是改革开放以来，我国的政府治理始终坚持"以民为本"的价值导向。一方面，我们国家的改革始终坚持以民为本的价值追求，例如，人民至上、以人民为中心、以民为本等，这都是不同时期对于人民至上价值的表述。另一方面，国家治理的人民性决定了政府治理的价值导向，从中国共产党的宗旨到党领导下人民政府的这种服务的宗旨，实际上已经决定了我们的政府治理必须要坚持以民为本。

从应然的角度来看，不同历史时期，我们党和政府领导人的执政理念，充分体现了以人为本的价值导向。比如说，以毛泽东同志为核心的党的第一代中央领导集体，提出了人民主体的立场，一切为了人民，一切依靠人民，充分发挥广大人民群众的积极性、主动性、创造性，不断把为民造福事业推向前进。以邓小平同志为主要代表的中国共产党人，从强调以"有利于提高人民的生活水平"为根本目的和最终归宿的"三个有利于"论断、"代表中国最广大人民群众的根本利益"的"三个代表"思想和"坚持权为民所用、情为民所系、利为民所谋"的"三为民"要求，到强调"以解决人民最关心、最直接、最现实的利益问题"为重点的"和谐社会"主张、核心是"以人为本"的"科学发展观"。以习近平同志为核心的党中央提出的"人民对美好生活的向往，就是我们的奋斗目标"的"以人民为中心"的发展理念，既诠释了我国政府治理创新对"以民为本"价值导向的一脉相承，更体现了我国政府治理创新对"以民为本"价值导向的恒久坚持。从价值导向来讲，我们国家始终是在坚持"以民为本"的教导下来推进我们的政治体制改革。

（二）努力践行"为人民服务"的行政宗旨

多年来中国的政府治理创新，一直在努力践行"为人民服务"的行政宗旨。中国共产党的宗旨和我国的国家性质，决定了全心全意为人民服务理应成为我国政府治理的根本宗旨。"为人民服务"既是人民政府建设的应有之义，更是政府治理创新的行动逻辑。本质上说，人民政府建设就是政府通过不断的治理创新来努力践行"为人民服务"行政宗旨的过程。

回顾我国政府在党领导下的建设历程，特别是改革开放以后提出建设服务型政府以来，我国政府不仅在对外部社会公共事务的管理中，通过转变政府职能、强化公共服务、优化组织结构、健全职责体系、完善运行机制、规范管理行为、改进治理方式等治理创新寓管理于服务之中，努力践行"为人民服务"的行政宗旨，而且在对政府内部事务的管理中，针对形式主义、官僚主义、审批繁琐、推诿扯皮、不当作为、缺乏透明等问题，通过流程再造、机制创新、能力提升、质量改进等方面的治理创新，增强政府公信力和执行力，重塑行为规范、运转协调、公开透明、清正廉洁、勤政高效、务实便民的行政体制，建设一个让人民满意的政府，使"为人民服务"的行政宗旨得以有效践行。

(三) 适时确定"民生导向"的职能重心

改革开放40多年来，我们的政府在转变政府职能过程中特别注意的一个问题，就是适时确定对民生导向的尊重，即在不同的社会发展阶段，根据行政生态环境的变化，适时调整，以民生导向作为价值引领。民之所望，施政所向。政府职能及其重心的定位，本质上是以其所处的行政生态环境为基础，以现存社会主要矛盾，尤其是人民亟待解决的社会问题为前提，以关注民生为依归。沧海百年，民生不息。保障和改善民生以增进民生福祉，历来是人民政府持续追求的永恒主题，更是政府的核心职责和良治的表现。

长期以来，伴随我国行政生态环境的变化，尤其是改革开放后服务型政府建设目标的提出，我国政府把解决好民众最关心的现实利益问题放在首位，加快职能转变、健全职责体系、完善公共服务设施，确定了"民生所向"的职能重心，着力推进以保障和改善民生为重点的社会建设，坚持在维护民众切身利益的经济发展中保障和改善民生。通过破解"幼有所育、学有所教、劳有所得、病有所医、老有所养、住有所居、弱有所扶"等民生难题，努力在基础教育、就业服务、社会保障、医疗卫生、居住条件、环境保护、公共文化等基本公共服务领域谋民生之利、解民生之忧、增民生之福。实际上政府在这方面还做了大量的工作，特别是适时确立了民生导向，可以说非常重视了。

(四) 有效构建"公民参与"的治理机制

在治理机制上做创新，有效构建公民参与的治理机制。关于政府治理机制，简单来讲，就是政府治理系统的内在结构与运行机理，对政府治理绩效至关重要。长期以来，伴随着政府治理模式转型，特别是改革开放后服务型政府建设的推进，我国政府通过行政听证、专家咨询、民主协商、社会公示、政府采购、合同外包、电子治理、网络问政、第三方评估等公民参与机制的创新，相继建立起能够充分反映民众利益诉求并广泛汇集民智的行政决策机制、有助于不断满足民众多元化需要的公共服务供给机制、有利于防止政府公权滥用的民主监督机制以及能够更加真实地体现公众意志的政府治理绩效评估机制。

改革开放以后，从知识和权力的关系变化来讲，最重要的就是两者的良性互动，也就是权力对知识的敬畏和尊重，而且希望科学的知识能够帮助政府正确地行使权力。在决策体系方面，有专家咨询发挥作用。民主协商已经在操作层面实现了，无论是政治学还是公共管理学，从理论到实践都有新的课题去做。社会公示、政府采购、合同外包、电子治理、网络问政与第三方评估等，都是体现公民参与机制的一些创新。这些机制都非常明显地体现了共同参与的特点，充分体现了"人民至上"的价值追求。

（五）不断创新"便民高效"的治理方式

治理方式的变革，就是不断创新"便民高效"的治理方式。关于什么样的政府是人民政府，最简单的表述就是人民政府应该是一种以公民需求为导向的政府形态，其治理方式创新不仅是现代政府建设的核心内容，也是政府治理现代化的必然要求。伴随行政生态环境变化，尤其是信息社会和大数据时代的到来，互联网＋政务标志着以移动互联网、大数据、云计算、物联网为核心的现代信息技术及其产品在政府领域的广泛采用和深度应用。

从治理方式层面，这意味着对传统政府治理方式的创新，政府网站、政务微博、政务微信、政务 App 等各类政务平台技术在我国的政府建设中，形成了政府治理的网络方阵，诸如政务大厅"一站式"服务（现在我国已经全覆盖）。从一开始成都的一站式服务，到后来浙江等经济发达地区进行的"最多跑一次"改革、"不见面审批"改革和现在"一趟不用跑"改革等政府治理方式创新，更加凸显出多渠道、多层次、跨部门、无缝隙、全方位的职能整合，推动政府跨部门的信息共享与合作，打破同一业务处理的地区、部门和行业界限，形成多部门合作共治和协同治理，推动公共服务流程再造，从根本上实现了便捷高效的一体化、一站式服务。因此，从治理方式来讲，也体现了"以人民为中心"的价值追求。

（六）逐步确立"人民满意"的评价标准

对"人民至上"的价值追求的第六个方面，也就是最后一个方面，是逐步确立人民满意的评价标准。周光辉教授讲衡量政府是不是体现人民至上，非常值得赞同的就是关于公共政策体系评价。应该由谁来评价人民的政府，政府做得好不好当然应该让人民来评价。实际上在这方面，应该说我们从一开始就把"人民至上""以人民为中心"的这种价值导向提出来了。特别是在改革开放以后，几代领导人的名言一直被拿来引用。政府的绩效评价标准就是一根指挥棒，把指挥棒确定好了，它自然会引导着我们，作为理性人的公务员应该为人民服务。另外，要正确借鉴发达国家政府绩效管理的成功经验，积极探索政府治理绩效标准的构建与完善。关于这一点我觉得，就要看到改革开放背景下，我们不断地去借鉴吸收这个世界上好的东西。我们都知道政府绩效评估，绩效评估最早不是政府领域的，而是工商管理领域的，但是后来西方学者首先把它引入公共部门，引入政府管理部门。当然，我们对其最重要的改变就是它的这种价值标准。因为企业市场主体和政府公共部门，最根本的差别就在于价值导向不一样，一个是以利润追求为终极目标，一个是要为人民服务的。所以首先要承认，我们今天有很多政府管理创新的做法，还是在改革开放背景下，借鉴了发达国家的一些成功经验，但同时我们又没有拘泥于外部的东西，还是要探索适合中国国情的政府绩效评价标准。所以从价值导向来讲，我们应该受党和政府的领导。我国早就提出一些方向性的，比方说人民拥护不拥护，人民赞成不赞成，人民高兴不高兴，人民答应不答应。这些政府治理检验的标准，是邓小平同志在改革开放之初就提出的。到后来，又进一步重申，实现好、维护好、发展好最广大人民根本利益，把人民拥护不拥护、赞成不赞成、高兴不高兴、答应不答应作为衡量一切工作的根本标准。

早期服务型政府建设就是讲服务型政府。到了新时代，特别是以习近平同志为核心的党中央，提出要建设服务型政府、让人民满意的服务型政府，所以这个应该说是服务型政府目标升级了，那么这种升级，进一步凸显了人民在政府治理绩效评价中的主体地位，逐步确立了"让人民满意"的政府治理评价标准。这一点，我想随着政府绩效评估体系的完善，我们明显地感觉到，过去门难进、脸难看、事难办的这种情况科学上讲得到了根本性的改革。就是因为政府、公务员做得好不好，不仅仅要看顶头上司，还要看服务对象，即人民满不满意。我觉得这方面的改变是非常明显的，当然这个是借鉴了不同学科的，特别是工商企业管理中的一些做法，比方说我们都知道窗口服务实际上最早是出现在工商部门。我们去跟商家打交道，商家有一个类似于圣经的理念：顾客是上帝，因为他要靠顾客生存。政府要为人民服务，因为人民供养政府。只不过我们的政府公务员没有直接从人民那里取酬，而是中间加了一个财政分配。但本质上还是人民供养政府，人民满意应该作为政府工作最根本的衡量标准。

三　总结与展望

回首过去，我国政府在党的领导下，坚持"人民至上"的价值导向，在政府治理创新中，通过"以民为本"的价值导向，为我国经济社会健康、快速、科学的发展和国家治理现代化建设，尤其是为全民共享改革开放的伟大成果做出了努力与贡献。展望未来，我国政府将继续坚持"人民至上"的价值导向，以新时代人民对美好生活需要的满足为己任，通过对发展不平衡不充分问题的进一步解决，在"以人民为中心"的发展理念引领下，正确扮演其在国家治理体系中的"元治理"角色，在全面建成人民满意的服务型政府的改革征程中继续攻坚克难、不断创新、砥砺前行。

让人民共享美好生活：基本公共服务均等化的价值目标和实现途径

四川大学公共管理学院　姜晓萍

首先非常感谢被邀请来参加本次论坛。我的题目是主办方给我的命题，想让我讲一下基本公共服务均等化和人民至上的内在逻辑关系。我想主办方之所以给我布置这个作业，可能是看到我曾经做了几个关于基本公共服务均等化的项目。所以，我也按照这个主题提出了一个题目。原本我以为是讲共同富裕，后来了解到是要强调党的治国经验中很重要的一条：人民至上。人民至上，我想是以人民的权利、人民的生活、人民的满意至上。所以，我选择了"让人民共享美好生活：基本公共服务均等化的价值目标和实现途径"的视角，来谈谈我对人民至上的认识。

一　第一个问题："为了谁？"
——基本公共服务均等化的价值目标

"为了谁"也即基本公共服务均等化的价值目标。我们到练歌房唱歌，很多人都会选"为了谁"这首歌。对于一个执政者来说，他不可能叫出每个人的名字，但是在我们的初心里，有一句话很重要，就是我明白为了谁。基本公共服务均等化作为国家民生保障的一个重要举措，首先要解决的价值目标问题，就是要回答"为了谁"的问题。我的第一个题目便基于此。那么为了谁？我们要把它放到一个特定的历史背景和场域下来讨论、回答。

(一) 新时代社会主要矛盾的变化

这个变化就与美好生活、人民至上密切相关。我们的主要矛盾原本是人民日益增长的物质文化需要与落后的社会生产之间的矛盾。这个矛盾的解决，就是要通过改革开放，通过生产力的发展，来解决供需严重不足。但是当我们改革开放40多年以后，社会的主要矛盾已经变为人民日益增长的美好生活需要和不平衡不充分的发展之间的矛盾。

首先，从需求的角度来说，需求已经不仅仅是物质文化需要的问题，而是美好生活的需要。美好生活的需要和物质文化需要二者的维度显然是不一样的。美好生活，就像我们共同富裕一样是一个全方位、全景式的，包含政治、经济、社会、文化、环境等内容，所以它不仅仅是一个物质文化的问题。

其次，供给侧方面的问题在于不平衡和不充分，这不仅在经济发展方面表现突出，在民生保障、基本公共服务方面表现也非常突出。比如不平衡，它体现为城乡之间、区域之间、人群之间的不平衡；而不充分，表现为公共服务一些特定领域、特定场地的严重短缺。所以从这个角度来看，要实现人民至上，解决不平衡和不充分的矛盾，其实就是要回应人民群众对美好生活的需要的问题。

(二) 城乡差距诱发社会风险

贾平凹有一部小说叫《高兴》，后来也被拍成了电影。这个电影或者这个小说，它最大的价值就是反映了在城乡二元体制分割条件下的两个矛盾：一个是由于城乡差距过大，乡下人把进城作为实现美好生活的重要路径和依赖。但是当农村转移人口进城以后，仍然存在城市内部的二元结构，导致在城市化发展过程中的社会分层和社会排斥等现象。比如说，为什么这个小说的名字叫高兴，因为这个小说的主人公就叫高兴。一个农民进城来寻求美好生活，当他满怀对美好生活的憧憬和向往进入这个城市以后，基本公共服务制度却决定了即使农民工进城也享受不了基本公共服务。所以，当经历一个治安事件到了派出所后，民警问他名字的时候，他本来叫狗娃，但他却脱口而出，说他的名字叫高兴。当然这是小说里面的一个桥段，他为什么说自己的名字叫高兴？他到城市来就是为了实现美好生活的，但是现行的公共服务制度让他高兴不起来。而这种城乡二元差距和城市内部的二元结构，也就是当下中国仍然存在着的城乡差距、贫富不均，成为容易导致社会风险的特定背景。二是农民不能平等地参与现代化的进程，比如刚才我谈到的农村转移人口不能与城市居民享受同等同质的基本公共服务，其实也就是农民的社会福利权的流失问题。农民长期被边缘化，经济属性和社会属性经常分离的问题，其实也就是民主参与权流失的问题。

（三）经济发展模式的反思

经济发展模式一般有两种，其中一种较为强调发展的路径依赖（四化同步、两化互动、三化互动等），它更多强调通过产业的集聚来吸引农民工进城，使城市的规模快速增长。这一方面推动了生产要素在城镇的快速聚集，提升了经济发展的整体效率；另一方面也导致了严重的城乡二元结构，衍生出城市基本公共服务配置不均衡，基本公共服务承载力不足，农民工社会福利权流失，导致城市化中社会凝聚、社会融入困难等社会问题，加剧了社会风险（城市内部两个片区之间，特别是城乡结合部中城市内部二元结构公共服务供给短缺也是一个严重的问题）。我们要走什么样的发展模式？一定是民生导向型的发展模式。这就是强调在人民至上的价值理念引领下，强调工具理性和价值理性结合的发展模式。

1. 这种发展模式是以民生改善为根本目的的。它并不单纯地追求经济发展的规模、速度，而是更加关注发展进程中人们美好生活的实现。所以在城市治理、城乡治理、基层治理中，政府都把实现人民美好生活作为重要的价值目标，比如去年成都的一号工程就是关于幸福美好生活的十大工程。

2. 注重可持续发展，强调资源节约、环境友好的可持续发展方式。

3. 强调共建共享、人人参与、人人尽力、人人享有、共同富裕，这就是常说的"大家好才是真的好"。

4. 追求社会和谐。注重协调发展中的各种利益关系，化解各种社会矛盾，努力实现经济发展和社会和谐的统一。民生导向型发展模式，其实就是强调人民至上的价值理念，它不仅知道怎样发展，发展之路在何方，更能够明白为谁发展，即价值坐标的问题。所以在这个发展模式里要考虑的人民生活、民生问题、社会公平、民权问题、群众的满意、民心问题等体现的就是人民至上。

（四）社会进步指数的比较

这个指数每年都在发布，有人批评这个指数可能更多的是以西方的价值和场景进行衡量和判断，但是耐下心来看这个社会进步指数，它强调三个一级指标：人类基本需求、社会福利基础以及机会。三个一级指标下面有 53 个子指标，包括营养、住房、个人安全、个人自由、高等教育、医疗保健、社会包容度、资讯取得的便捷性、资源使用的永续性等方面，这些都是影响人的美好生活的指标。为什么我们要看社会进步指数，因为它不是以 GDP 发展来评价的，其中也反映了人的生存和发展以及人的美好生活。2020 年中国在基本需求和幸福基础方面的得分是逐年提高的，这也是国家推进基本公共服务均等化带来的一定效果。从这个角度可以看到中国在实现美好生活、促进基本公共服务均等化，包括基础医疗、护理、教育等方面表现不错；当然中国在机会方面的得分相对较低。

（五）为人民谋幸福的初心和使命

习近平总书记提出要把实现人民群众对美好生活的向往作为奋斗目标。党的初心就是为人民谋幸福，为中华民族谋复兴。习近平总书记谈道："全党必须牢记，为什么人的问题，是检验一个政党、一个政权性质的试金石。带领人民创造美好生活，是我们党始终不渝的奋斗目标。"[①]

[①] 《习近平谈治国理政》（第三卷），外文出版社 2020 年版，第 35 页。

从中可以看出，人民利益至上本就是中国共产党的初心和使命。基于此可以得出结论：江山就是人民，人民就是江山，不管社会发展演进到什么阶段，"人民"始终都是社会发展的最高价值，群众的内心感受与幸福感、安全感、获得感才是衡量党的执政能力、国家治理效能的尺度。因为中国共产党的根基在人民、血脉在人民、力量在人民。这就要求我们始终把实现人民对美好生活的向往作为奋斗目标，坚持以人民为中心，把人民的利益放在首位，努力做到尊重民意、依靠民智、珍惜民力、实现民愿、赢得民心。让全体人民都平等享有参与现代化过程的权利，都平等享有劳动致富的机会，都平等享有改革发展的成果，我想这才是人民至上的根本要义。

二 第二个问题："是什么？"
——基本公共服务均等化的关键要素

（一）基本公共服务的概念与范围

在研究过程中，经常出现把公共服务和基本公共服务两个概念混淆使用的现象，但这两个概念是有一定区别的。我也针对这两个概念做了辨析，并发过一篇文章。公共服务是广义的，更多指的是政府为民众提供的公共服务。基本公共服务则是在一定的经济社会条件下和发展时期内，由政府主导提供、旨在保障全体公民生存和发展基本需求的公共服务。将其放到特定的文化语境中，很显然指的是民生工程、基本民生保障这一部分。基本公共服务涉及人的发展的不同阶段（出生、教育、劳动和养老），也贯穿了人的一生所需要的衣食、居住、健康、文化等。从这个角度来看，享受基本公共服务是老百姓的权利，供给基本公共服务是政府的责任，因此要区别基本公共服务和公共服务两者的概念。从供给侧的角度看，基本公共服务包括教育、就业创业、社会保险、公共卫生、社会服务、住房保障、公共文化体育等。从需求侧的角度看，包括公平接受教育、体面劳动、老有所养、保障身体健康、获得社会救助和福利、住有所居、参加各类文体活动、残疾人权益得到保障等方面。

(二) 基本公共服务均等化的概念

基本公共服务均等化相较于基本公共服务则是另外一个层面的概念，我也梳理了学者们对于基本公共服务均等化的概念的不同看法，大致分为两种。

1. 指基本公共服务在资源配置、供给机制等方面的统筹均衡，通过构建全民享有起点公平与机会公平的基本公共服务体制和机制，保障全体国民公平享有社会福利权和同质化的基本公共服务质量。这种解释更多是从供给的角度来理解。

2. 指全体公民都能公平可及地获得大致均等的基本公共服务，其核心是促进机会均等，重点是保障人民群众得到基本公共服务的机会，而不是简单的平均化。这种解释更多是从需求的角度来理解。谈这个问题是因为我在参与国家基本公共服务均等化标准和国家的"十三五""十四五"规划专家咨询的时候，有些人简单机械地将均等化理解为一体化、一等化，认为均等化是不可能实现的，但均等化更多强调的是机会均等，逐渐缩小差距。类似于对共同富裕的理解，即它是有梯度的、有层次的，有一个过程。

(三) 基本公共服务均等化的内涵

基本公共服务均等化的内涵体现为"以公民的权利为根本、以多元组织为主体、以民生保障为核心、以社会质量为关键、以社会公平为宗旨，以共同富裕为目标"。

(四) 基本公共服务均等化的特征

1. 公平性，这也是最重要的特征。基本公共服务均等化的目标要最大限度满足人民公共需求，实现基本公共服务的普惠共享，维护公共利益，促进社会的公平正义。

2. 多样性，包括主体的多样性、对象的多样性、内容的多样性、方式的多样性。基本公共服务均等化涵盖就业、教育、收入、社保、医疗、住房、环境。据我做过的一个关于全国基本公共服务需求的调查显示，排名第一的需求恰恰是环境。这个调查结果表明环境是基本公共服务的第一需求。作为政府划定的基本公共服务之一，环境是美好生活很重要的一部分。

3. 可及性，发展成果惠及全体人民，共享基本公共服务——公共服务的幅度和质量、公众感知与满意度。

4. 持续性，包括资源保障体系、制度保障体系和质量监测体系等。

以上四个特征都是基本公共服务均等化的重要特色。因此习近平总书记在很多讲话中都谈到，要在一定时限内基本实现公共服务的均等化，这和现代化也是同步的。

（五）基本公共服务均等化的关键环节

1. 坚持需求导向。尊重群众：民意；维护群众：民权；依靠群众：民力；群众满意：民心。

2. 瞄准"重点"工程。①制度的衔接是前提，它涉及空间、时间、阶层之间制度的衔接，如养老保险、医疗报销等方面都在强调如何实现制度衔接。②农民工市民化是基础。在快速的城市化过程中，有人说中国的农民市民化是未市民化，因为虽然户口变为了居民户口，但是并没有享受到与城市居民同等同质的基本公共服务。③公共财政的可持续性是重点。④公共服务质量是保障。

3. 加强基础保障。①人力资源保障体系。基础保障最重要的是人力资源保障体系。我在社区进行调研，感受到社区最缺的就是人，包括教师、社会工作者，以及社区卫生服务的全科医生等是非常缺少的。②城乡社区公共服务。作为"最后一公里"的神经末梢，城乡社区公共服务恰恰是公共服务均等化的短板，它是直接影响群众获得感的问题。

4. 推进体制机制创新。

（六）基本公共服务均等化的政策变迁

在研究过程中，我们对中央和地方160多个关于基本公共服务均等化的政策变迁进行了分析，讨论其基本公共服务均等化的政策变迁问题，从中可以看到中国基本公共服务均等化的价值目标、政策目标变迁，也是有轨迹可循的。由早期"十二五"规划的普惠性（强调人人享有的可及性问题）走向"十三五"规划的均等化（人人公平享有，讲究公平的问题），再到"十四五"规划强调高质量发展（优质共享），即从有没有的问题到好不好的问题，最后走向满不满意的问题。

1. 基本公共服务均等化的政策议题

对中央和地方160多个关于基本公共服务均等化的政策文件作政策议题的聚类后可以发现，均等化的价值诉求始终都是为了公平，为了老百姓的获得感，为了保障、改善民生，这些其实就是为了美好生活。这些政策涵盖卫生、教育、就业、社会保障等方面。在场域上，这些政策议题体现为基层各个层级之间、城乡之间、区域之间以及人群之间（特殊人群如何享受均等化）的均等化。

2. 基本公共服务均等化的研究问题聚焦

通过对研究问题的聚焦，总结出基本公共服务存在的五个问题。而现在我们的重点就是政策目标、理论范式以及均等化的实现程度。针对此问题，中央发布文件指出要构建对基本公共服务均等化实现程度的评价机制。联合国儿基委也委托我做关于基本公共服务均等化实现程度的评价。通过评价来进行质量的诊断，以及如何体现优质共享的战略，通过大数据、人工智能构建一个智能监测体系等的问题。这些都是在研究基本公共服务均等化问题中需要继续努力的方向。

三 第三个问题："怎么办？"
——让人民共享美好生活的途径

"怎么办"讲的就是如何体现人民至上，让人民至上具有烟火气、接地气。关于如何实现人民美好的生活，我主要从这几个方面来谈谈我的认知。

（一）认知基本公共服务均等化与实现美好生活的内在逻辑

什么是美好生活？100 个人有 100 个答案，1000 个人有 1000 个答案。但是归纳起来无外乎：幼有善育、学有优教、劳有厚得、病有良医、老有所养、住有所居、弱有众扶。这与原来的"五个所有"不同，因为我们已经进入了一个新的阶段，这些也是带有共性的美好生活的几个方面。美好生活的内涵首先体现为：人民性（始终以人民的生活、社会公平、群众的满意来体现）；普惠性（即人人享有，共享发展成果）；共享性；公平性（公平可及）；全景化，即它不仅要解决生存的问题，还要解决发展的问题。

此逻辑可以细化为两个方面。

1. 让人民共享美好生活是基本公共服务均等化的目标，前面述及的美好生活的内涵就为基本公共服务均等化指明了价值目标和基本遵循。（1）均等化是以实现美好生活为宗旨的。只有基于人的全面发展，构建惠及全体人民、贯穿全生命周期的基本公共服务公平共享的体系，才能彰显其人民性、普惠性。（2）以高质量发展为导向。只有在推进基本公共服务供给补短板、强弱项的基础上，以基本公共服务的标准化、数字化推动精细化和优质化，才能在更高水平上确保民生改善的质量，以民生保障实现美好生活。（3）以共建共享为原则。只有通过基本公共服务的多元参与和全过程的协同，既尽力而为又量力而行，把保障和改善民生建立在经济发展和财力可持续的基础上，才能实现人人都有劳动致富的权利、共同致富的机会和创新致富的环境，人人都能共享发展成果。

2. 以基本公共服务均等化作为实现美好生活的着力点。（1）基本公共服务均等化是实现美好生活的逻辑前提。（2）基本公共服务均等化是实现美好生活的坚实基础。（3）基本公共服务均等化是实现美好生活的关键环节。

(二) 构建基本公共服务优质共享的战略系统

构建基本公共服务优质共享的战略系统，也就是我们要有顶层设计。从国家发改委公布的"十四五"基本公共服务规划中可以看到，总目标是：公共服务制度体系更加完善，政府保基本、社会多元参与、全民共建共享的公共服务供给格局基本形成，民生福祉达到新水平。这个新的水平就是由均等化走向优质共享，主要体现为基本公共服务均等化明显提高、普惠性非基本公共服务实现提质扩容、生活服务的高品质多样化升级。它的基本原则就是科学界定、权责清晰、尽力而为、量力而行、政府主导、分类施策、多元参与、共建共享。提高基本公共服务效能的措施包括：（1）统筹规划公共服务设施布局；（2）构建公共服务的多元供给格局；（3）提高公共服务便利共享的水平；（4）健全公共服务要素保障体系；（5）强化服务国家重大战略能力。它的地基（实施保障）就是加强党的领导、凝聚实施合力、动态监测评估。

（三）瞄定基本公共服务优质共享的关键指标

推进基本公共服务优质共享，要瞄定国家发改委编制的《"十四五"公共服务规划》中关于"十四五"社会发展与公共服务的主要指标。该规划具体将整个公共服务体系按照基本与非基本进行分类，以政府在服务供给上的不同权责作为逻辑主线，系统谋划幼有所育、学有所教、劳有所得、病有所医、老有所养、住有所居、弱有所扶和文体服务保障等领域的基本和非基本公共服务的发展目标、重点任务和主要举措，共设计了22项指标，其中约束性指标有7项，预期性指标有15项。（见表1）

表1　　　　"十四五"社会发展与公共服务主要指标

类别	指标	2020年	2025年	属性
幼有所育	每千人口拥有3岁以下婴幼儿托位数（个）	1.8	4.5	预期性
	孤儿和事实无人抚养儿童保障覆盖率	—	应保尽保	约束性

续表

类别	指标	2020年	2025年	属性
学有所教	学前教育毛入园率	85.2%	>90%	预期性
	九年义务教育巩固率	95.2%	96%	约束性
	高中阶段教育毛入学率	91.2%	>92%	预期性
	劳动年龄人口平均受教育年限（年）	10.8	11.3	约束性
劳有所得	参加各类补贴性职业技能培训人数（万人次）*	1800	1500	预期性
病有所医	人均预期寿命（岁）	77.3**	78.3	预期性
	每千人口拥有执业（助理）医师数（人）	2.9	3.2	预期性
	每千人口拥有注册护士数（人）	3.36	.3.8	预期性
	基本医疗保险参保率	95%	>95%	预期性
老有所养	养老机构护理型床位占比	38%	55%	约束性
	新建城区、居住（小）区配套建设养老服务设施达标率	—	100%	约束性
	基本养老保险参保率	90%	95%	预期性
	养老服务床位总量（万张）	823.8	约1000	预期性
住有所居	城镇户籍低保、低收入家庭申请公租房的保障率	—	应保尽保	约束性
	符合条件的农村低收入群体住房安全保障率	—	应保尽保	预期性
	城镇老旧小区改造（万个）***	5.9	约21.9	预期性
弱有所扶	困难残疾人生活补贴和重度残疾人护理补贴目标人群覆盖率	100%	100%	约束性
文体服务保障	每万人接受公共文化设施服务次数（万次）	—	3.4	预期性
	人均体育场地面积（平方米）	2.2	2.6	预期性
	每百户居民拥有社区综合服务设施面积（平方米）	—	>30	预期性

这项规划的实施，标志着我国公共服务体系建设从"保基本"向"优质量"的战略升级。通过明确政府、市场与社会的作用边界，构建起覆盖全民、全生命周期的公共服务体系，不仅能够有效缩小城乡、区

域、群体间公共服务差距，更为实现共同富裕目标提供了制度性保障。特别是在人口结构转型和消费升级背景下，这种分层分类的服务供给模式，既确保了基本民生需求的刚性保障，又为人民群众追求更高品质生活开辟了多元化供给渠道，充分体现了以人民为中心的发展理念。

（四）健全基本公共服务均等化与美好生活的有机衔接机制

1. 进一步破除城乡二元结构体制障碍，着力解决保障城乡居民公平享有基本公共服务的问题、保障城乡居民平等享受公共服务的问题。

2. 推动基本公共服务由普惠化解决人人享有的可及性问题、均等化解决人人平等享受的公平性问题，走向优质化解决人人满意享有的高质量问题，加快实现基本公共服务均等化与美好生活的互动共触。

3. 提升城乡社区公共服务能力，打通公共服务与居民美好生活的最后一公里，提升群众的获得感、幸福感和安全感。

（五）提升基本公共服务供需之间的精准性和有效性

目前我国基本公共服务的效能并不是那么高，很重要的一个原因就是需求识别不精准，导致供给的低效和无效。我们现在很重视民生工程，开口必谈人民至上、民生工程，但是满意度并没有期望的这么高，很重要的一个原因就是供需衔接问题。

1. 针对基本公共服务需求识别不精准导致供给低效或者无效的短板，构建基本公共服务供需无缝衔接的运行机制，解决供需错位、供不应求或者供非所求的结构性失衡。

2. 建立基于全生命周期的基本公共服务需求的反馈机制，精准识别不同区域、人群、年龄对基本公共服务的需求，改大水漫灌为精确滴灌，确保基本公共服务精准供给、优质有效。

（六）扎实推进基本公共服务的标准化和数字化

1. 贯彻落实《国家基本公共服务标准（2021版）》，因地制宜制定本地区基本公共服务具体实施标准。以标准化保障人人享有同等同质的基本公共服务。针对已经出台的国家标准、地方标准、行业标准、社区标准（基层标准），要将这些标准一一细化。

2. 借助大数据、区块链、人工智能等驱动公共服务供给的数字化、智能化改革，促进"城市大脑"与"社区微脑"的互通互联，让人民群众切实感知实现美好生活的温度与速度。以社区全周期健康管理为例，它可以通过大数据和区块链去实现全周期、全过程的公共卫生健康服务，解决美好生活的速度和温度的问题。

（七）健全基本公共服务实现程度的监测体系

1. 针对推进基本公共服务均等化与美好生活实现程度测量难、政策诊断反馈滞后等问题，构建基本公共服务均等化与美好生活实现程度的动态监测体系。及时反馈推进基本公共服务均等化与实现美好生活的政策目标达成度、政策执行有效度、政策感知满意度等。

2. 适时诊断我国基本公共服务均等化与实现美好生活进程中的结构性短板弱项，实现精密智控、精细质控。

（八）构建可持续的财力保障机制

1. 合理界定中央与地方政府的支出责任，逐步将适合更高一级政府承担的事权和支出责任上移，增加中央和省际政府在基本公共服务领域的事权和支出责任。

2. 完善转移支付制度，科学设置转移支付和专项转移支付，充分发挥省级财政转移支付，有效调节省内基本公共服务财力差距的功能。

3. 健全财力保障机制，拓宽基本公共服务资金来源，加大县级财政保障基本公共服务能力。

"让人民过上好日子"：当代中国公共治理现代化的演展逻辑

复旦大学国务学院　唐亚林

一　问题提出：人的全面自由发展与马克思关于社会发展"三形式"理论的完善

（一）"自由人的联合体"：实现人类伟大解放是无产阶级政党的历史使命

公共治理或者公共治理现代化的目标价值追求是落实在"人"上面。关于人的价值实现，马克思有非常丰富的理论加以论述。体现在《共产党宣言》里对未来社会的一个展望，也就是自由人的联合体。这种自由联合体里面，把实现人类伟大的解放作为无产阶级政党的历史使命。这样一个美好的社会形态的展现，会存在类似如人们的自我管理，就是恩格斯在《反杜林论》里面讲的"对人的统治将由对物的管理和对生产过程的领导所代替"。

（二）马克思关于社会发展"三形态"理论的不足

马克思和恩格斯对于人类社会发展的历史过程，做了非常系统的阐述。按照我们原来传统意义上的划分是社会发展的"三形态"，现在基本上确定为"三形态"的理论。马克思关于以往社会发展有两个分类的方法：一个关于（社会）形态，原始社会、奴隶社会、封建社会（资本主义社会、共产主义社会），现在这样一个五阶段的分类基本上被摒弃了；一个关于评价的标准，也就是以人的自主性的完全获得来体现社会发展的形态理论。马克思在1857年到1858年《经济学手稿》中提出了人类社会发展形势，强调了三大形态：人的依赖关系、物的依赖关系、人的自由关系。那么在人的依赖关系、物的依赖关系和人的自由关系背后，实际上涉及一个评价标准。我认为是人的需求的充足性与否。也就是说，在生产力发展不充分的背景下，人的需求是非常简单的。那么在这样的社会下，私有制的存在，使得人对人的一种依附成为此社会形态的一个主要方式，也就是马克思讲的人的依赖关系。依赖关系导致社会需求增加，生产力发展，进入了一个以资本为核心的商品生产的大发展阶段。

笔者认为三形态理论不足，实际上在这个物的依赖关系和人的依赖关系，以及人的自由关系中间，还涉及另外一个方面——半自主性关系依赖。也就是说中间会有关于"人的半自主性关系"，在这个过程中，通过社会主义制度建设以及主权国家的发展，使其向未来的人的自由关系发展。

二 人民"翻身得解放"：当代中国公共治理现代化的主体力量构建

（一）既见制度又见人：制度与人的公共治理现代化组织基础

制度本身是一个动态的变化过程。制度是对本国本民族的文化国情，乃至很多情况的结合，因此并没有表现为统一的制度。西方制度"institution"的真正内涵为，制度本身包括机构或者习俗。更为重要的是，对于一国政治制度体系的理解，英文"insitution"是将"制度""机构""习俗"三者合一，充其量发展出一种被称为"政治文化"的深入理解。但是其忽视了一点，"机构"是由一群人组成的，且是可以通过诸如特定的组织（如工会、政党）将这群人有机集结并团结在一起，并赋之以特定的组织人格、组织情感、组织生命和组织力量。在中文语境中，作为制度的制度、作为机构的组织、作为习俗的文化或者精神，呈现出完全不同的内涵，一旦被组合在一起，将发生强烈的"化学变化"，产生不可名状的力量。机构是由一群人组成的，通过特定的组织，比如工会、政党使其结合起来，使得组织的人格、组织的情感、组织的生命、组织的力量得以构建。

从组织学视角来研究（作为）政党国家的国家。在以往从组织行为学的视角来研究一个组织时，实际上就是把一个典型的理论按传统的方法去理解，是去人格化的，包括课程、治理、研究。西方的制度性能力、选择理论，都不能够解释现代政治组织，尤其是共产党政治组织的特点。因此，需要重新来创造一个关于组织学理论的新方式，才能够去有效地解释。但忽视了机构本身作为一种组织的特殊角色和力量，忘记了"正式组织成为现代经济体系与政治体系活动中的主要角色，法律制度和官僚制度在当代生活中也占据了主导地位"这一基本现实。更为重要的是，无论是制度还是机构抑或是习俗，都要有一个"主心骨"即"使命型政党"去统合，进而通过"使命型政党"所拥有的"主体理性力量"去保障制度与机构的稳固建立、秩序与生命力的经久不衰以及人民利益、国家利益与人类利益的有机统一。

因此，从这个意义上讲，对公共治理现代化的研究，不应该只是一个简单的、单向的制度论的决定视角。我基于人的主体性力量的建构视角，认为机构本身是一个组织的特殊角色，而且政治组织本身也是一个社会经济体系的主要角色，但法律制度和官僚制度已经在生活中淡出了。

（二）人民当家作主：中国共产党领导人民"翻身得解放"的政治基础

那么在这个过程中，中国共产党发挥了什么样的作用？单纯的领导人民解放的做法是通过人民本身。通过这么几个方面来理解：第一个就是通过暴力革命的方式，建立独立自主、理性高效的现代公共治理。这是通过建立一个新中国的形态，实际上就是现在讲的一个国家的竞争单元，或者是所谓的民族国家的组织形态。第二个就是通过1956年党的八大，基本完成生产资料私有制的社会主义改造，建立起现代化治理提出的所有制基础，也就是指社会主义政治制度的形成；第三个是将人民代表大会制度作为一个政治制度基础。时至今日，国家提出的全过程人民民主，代表着提出了现代公共治理的基础。实际上，还有一个很重要的思想，即人民是历史的创造者，使得公共治理的主体力量建立起来，这是公共治理的价值追求。

三 人民需求的有效满足与累积提升：当代中国公共治理现代化的逻辑起点

（一）需求观：现代公共治理的逻辑起点

如何来理解公共治理现代化的逻辑基础应当从人民需求的有效满足和累积提升去思考。马克思早在《德意志意识形态》里面就强调过：人类能够创造人类（所需的）一切，（是）人类生存的第一个前提，也是一切历史的第一个前提。这个前提就是创造历史的必需生活，为了生活必须要衣、食、住以及获得其他一些东西。马克思正是从生存、生活的需求观这一视角出发，从物质生产活动里面找到了现代社会生产方式的根本逻辑，找到了生产力、生产关系、经济基础和上层建筑的真正奥秘。实际上现代西方政治理论的最大不足就是忽略了一个基本的政治前提。西方的管理学从来就没有否定这一点，比如马斯洛的需求层次理论，包括生理需求、安全需求、归属需求、尊重需求和自我实现的需求，但它并没有成为现代政治的逻辑起点。现代政治的逻辑起点就是一个简单的对专制权力的反动，并建立一个所谓现代民主政治体制的需求。但是，反对这个专制权力的逻辑是什么？保护私人财产权和公民权利，保护知识产权和贡献背后的逻辑是什么？

（二）"一方水土养一方人"："身家群国世"一体化需求观的提出

中西方人权观最大的差别是关于生存权、发展权。西方的人权观实际上是指简单的公民权利和公民自由，是建立在个人主义本位之上的。

在中国现代的政治下，家国天下也就是中国人的需求观。深层需求是丰衣足食，安居乐业；交往需求、社会需求、发展需求是国泰民安，制度完善。中国社会以家庭为本位，因此家国实际上始终是连在一起的。

（三）人民需求与社会主要矛盾的变迁

70多年来的奋斗历程，实际上已经把人民需求作为公共治理现代化的逻辑起点，只不过并未从学术性话语上来总结。从党的八大提出经济文化不能满足人民需要的矛盾，到1981年十一届六中全会讲的人民日益增长的物质文化需要同落后的社会生产的矛盾，再到2017年党的十九大报告人民日益增长的美好生活需要同发展不平衡不充分之间的矛盾，社会主要矛盾变化的基础是什么？是人民需求的不断增长和发展变化过程。因此，公共治理的逻辑起点应该在这里。怎么样有效满足人民需求？中国共产党领导社会主义国家是通过社会发展目标的变迁来体现的。

（四）人民需求与社会发展目标的变迁

这一点实际上是社会主义现代化建设内容的严格方向。第一个是社会主义现代化建设的内容演化：1953年过渡时期总路线是社会工业化，到后来物质文明和精神文明两手抓，到"四个现代化"，再到"五位一体"。第二个是社会主义现代化建设的发展战略延展：从"五年计划"到"五年规划"、从"三步走战略"到"中华民族伟大复兴战略"；从基本实现社会主义现代化到建成富强民主文明和谐美丽的社会主义现代化强国。通过这样的延展逻辑展现出来。

（五）人民需求的有效满足与累积提升：从全面建成小康社会到全面建成共同富裕的美好幸福社会

人民需求与社会发展目标的变迁，更重要的是什么？这种需求的满足和累积提升，是通过需求和目标的相互对接。应该是人类需要奋斗目标，相互对接，彼此成就，相互强化，共同提升，使得需求在不断地增长。

四 人民走向"共同富裕"：当代中国公共治理体系现代化与社会主义现代化的双重动力建构

（一）"党领导国家治理现代化"内在逻辑的生成：统摄当代中国社会主义现代化发展框架的制度和治理体系的形成

当代中国社会主义现代化建设的展开，不是一个简单地推进社会主义工业化的问题，也不是一个简单地实现社会主义四个现代化的问题，而是一个逐步深化对社会主义现代化建设的内容体系与治理体系的认识问题，又是一个逐步深化党领导国家治理现代化的发展模式与发展道路的构建问题，还是一个综合构建社会主义制度、社会主义社会形态的过程问题。其中，党领导国家治理现代化的制度和治理体系起到了统摄作用。构建起"中国共产党领导＋中国特色社会主义制度＋中国国家治理体系和治理能力现代化＋中国特色社会主义事业"的中国特色社会主义现代化发展框架体系。

（二）"共同富裕"的制度基础与物质基础：当代中国公共治理体系现代化与社会主义现代化的双重动力构建

共同富裕是由双重动力所驱动的。当代中国公共治理体系现代化构成了第一重动力，为实现共同富裕提供制度基础；而社会主义现代化则为推动实现共同富裕提供了物质基础，构成其第二重动力。共同富裕的实现实际上是一个复合基础。当我们谈及社会主义现代化，应该注意到，其不仅是涵括政治、经济、社会、文化、生态等在内的全方位现代化过程，而且其发展过程背后还包含一个精神动力塑造的问题，换言之，要依赖于一定的制度体系和秩序。对此，我们可以借助"需求—制度—秩序"的三维框架加以延展理解。一定的需求是通过一定的制度中介建构某种秩序而得以实现的。本质上，共同富裕是基于党和国家的治理秩序，在一个主权国家范围内，调处"身家群国世"不同主体间的关系，有机整合不同目标主体间的情感秩序、权力秩序、发展秩序与共荣秩序得以达成的。

结语 "好日子"梦想：中国共产党领导公共治理现代化的价值追求

（一）"好日子"梦想是人类社会共同共有共通的价值追求

对于"好日子"，千百年来中国人有着执着的追求和美好的向往，尽管其具体内容是有差别的。对于"好日子"的描绘，汉代的《礼记》有一个生动的展望："大道之行也，天下为公，选贤与能，讲信修睦。……是故谋闭而不兴，盗窃乱贼而不作，故外户而不闭，是谓大同。"到了东晋时期，诗人陶渊明在《桃花源记》中更是描绘了一幅"美好日子"的场景：土地平旷，屋舍俨然；阡陌交通，鸡犬相闻；黄发垂髫，怡然自乐。到了现代以后，中国共产党根据中国人民的"好日子"追求，充分把握不同历史时期人民需求变化的特点，将人民对美好生活的向往作为新时代党和国家的奋斗目标，并将让人民过上幸福生活作为"最大的人权"。

实际上，"过上好日子"也是人类社会的共同梦想。西方学者，如柏拉图、亚里士多德所提到的"至善"生活，绝不仅仅是西方政治实践中所体现的单一政治权利层面的选举自由等，它应该指向"四公目标体系"，即公共权力有效制约与积极行使、公民权利有效维护与责任担当、公共利益有效分配与社会生产、公共精神有效提升与共同进步。在马克思那里，作为共产主义的"好日子"梦想更是人类社会获得最终解放的价值追求。

（二）"好日子"梦想从"党领导公共治理现代化"的美好生活中来

"好日子"在日常生活政治层面，不仅仅是价值追寻，更是中国共产党领导公共治理现代化把梦想逐渐变成现实的过程。2012年11月15

日，习近平总书记在十八届中共中央政治局常委同中外记者见面讲话中提出："人民对美好生活的向往，就是我们的奋斗目标。"这标识着新时代对"好日子"梦想实践的开篇。2017年，习近平总书记在会见"从都国际论坛"世界领袖联盟成员讲话时进一步指出："我们的目标很宏伟，但也很朴素，归根结底就是让全体中国人都过上更好的日子。我们有充分的信心实现我们的目标。"新时代，我们的"好日子"梦想的内容构成，是"要把人民利益作为出发点和落脚点，不断解决好人民最关心最直接最现实的利益问题，努力让人民过上幸福生活，这才是最大的人权"，是在党领导公共治理现代化的具体实践中，在持续变为现实的更好的教育、更稳定的工作、更满意的收入、更可靠的收入保障、更高水平的医疗卫生服务、更舒适的居住条件、更优美的环境等种种民生实践中，不断得到充实和完善的。

（三）"让人民过上好日子"："党领导公共治理现代化"新型治理范式的生成

当"让人民过上好日子"成为现实的时候，就意味着"党领导公共治理现代化"新型治理范式的生成。中国共产党一方面继续探索长期执政的现代化制度与治理体系，另一方面积极构建集基于人民主权论的议行合一制、基于人民利益论的共产党执政论与基于发展绩效的"三治一体制"于一身的新型理论范式，形成中国共产党领导新时代中国特色社会主义的理论逻辑，进而开创中国式现代化的新路，创造人类社会新文明观，开启人类社会文明新形态。

理解治理过程中的"人民至上"

中国人民大学公共管理学院　何艳玲

人民至上是中国共产党领导的现代国家建设价值和文化的中国表达,是讨论这个议题非常重要的动机,当然也是接下来更多讨论的开始。所以,这个议题的讨论,是非常及时的。

一　如何理解治理过程中的"人民至上"命题

讨论人民至上这一问题的很重要的一个内容,是讨论人民至上的现实化,或者说人民性的实现问题。那么人民至上的现实化或者说人民性的实现问题,主要是体现在治理过程当中,而这个治理过程,相对比较中间的一个概念,它主要是以公共政策的制定和公共问题的解决为主要内容,所以不涉及特别宏观的,也不会特别微观,就是在一个比较中间的层面上,在机制和制度政策层面去治理。

1. 在治理过程中,人民其实是具有多重维度的,而这个多重维度意味着人民至上的多重内涵,也意味着实现人民至上的多重逻辑。如果放在治理过程中来看人民以及人民至上,其实有非常多的维度,非常多的内涵,当然也有非常多的、不同的逻辑。所以需要把这种内涵、逻辑呈现出来,这是要完成的一个任务。

2. 人民至上是一个最高比较级,因此有两点非常关键:和谁比至上?如何评估(测度)至上?一定要非常清醒地意识到,人民至上其实是一个比较级的表达，而且是个最高的比较级。要在逻辑上去理解这个概念，就得将它分得很细。如果不说跟谁比，也不说是怎么评估就至上了，那就可能很难体现它的实现，就是它的现实化，或者说在现实中的人民性的实践。

3. 根据以上两个观点来理解治理过程中的人民至上，也就是更为关注一些可能被忽略的议题。我们的任务不是呈现观点，而是希望更为关注一些可能被忽略的重要议题，特别是对政治学和公共管理学来说，可能还有很多的问题需要去推进研究。这是一个春天，但这个春天可能意味着我们更多的责任。

二　治理过程中的人民维度

（一）作为主体的"人民"的维度

可以看到在治理过程中，人民确实是有不同维度的。第一，公权代理者和执行者，在中国主要是党政的公职人员体系，其肯定是属于我们人民的。当我们在说这个人民的时候，不能把他们排除在外，首先从主体层面来说，他扮演的角色是公权的代理者和执行者，那么通常也可能是管理者。第二，在中国的政治和治理体系架构当中有非常重要的人民的代表，而这个人民的代表，包括人大代表、政协委员，也包括党代表、妇女大会代表等。第三，更多的人其实是公共政策的参与者。那么可以说，在治理过程中，作为主体的人民至少是三个维度的。

（二）作为对象的"人民"的维度

与此同时，人民其实也是公共政策的对象或者客体。不管是公职人员还是一般的群众，其本身都是公共政策的对象或者说客体。那么这就涉及公共服务、社会保障设计、人民满意，以及绩效评估等具体的问题。我们并不会特别去讨论作为公共政策对象的人民，而是主要去讨论作为公共政策主体的人民，因为这个在很大程度上会涉及制度、政策的设计，也在很大程度上塑造了公共政策的对象和客体的人民到底是不是能够实现人民至上。

所以当我们在谈论人民至上的时候，其实一方面指的是作为主体的人民至上的问题，另一方面指的是作为客体的人民至上的问题。当然更多时候在政策文本当中看到的，其实是作为客体、作为对象的人民。但是在政治学和其他相关学科中，我们也会去讨论作为主体的人民，所以我主要是在主体这个层面上来讨论。

三 不同维度的人民命题

在不同维度上的人民，其实是具有不同维度的人民命题的。

（一）公权的代理者和执行者：人民是人民群众

针对公权的代理者和执行者来说，人民是谁？事实上作为主体的公权力的代理者和执行者，他本身是人民，但他又有一个相对的、作为对象的人民。所以这里的讨论，虽然是从主体来讲，但又是在讲针对这个主体而言的那个对象，或者说那个客体是谁。这个有点绕，但是实际上如果当我们去讨论过程的话，其至少包括两大行动者，一个是主体，一个是对象。所以相对公权力的代理者和执行者来说，人民是谁？人民是人民群众。从公权的角度上来说，一般在讲人民时，会把人民和群众放在一起，就是人民群众，所以可以简单地概括为，这个维度的人民命题，是人民，是人民群众。

（二）人民的代表：人民是人民群体

就人民的代表而言，人民是谁呢？事实上对人民的代表来说，人民是人民群体，当然这个也有争议，但因为人民的代表代表了特定群体的那些人，所以对人民的代表来说，人民是他要代表的特定的群体，也就是人民群体。

（三）公共政策的参与者：人民是我

作为公共政策的参与者，对一般的更多的人来说，那人民是谁？人民就是"我",就是"我"自己。这个非常重要,因为接下来会分类去讨论。当我们在讨论人民是人民群众、人民是人民群体、人民是"我"这三个维度的时候,人民命题当中的人民至上命题,它的内涵又是什么?因此这个问题至关重要。

四 不同维度的"人民至上"命题

如果人民指向的是人民群众,那么这里所说的人民至上,有哪些关键的问题需要我们去讨论?如果人民是人民群体,那有哪些关键的议题我们需要去讨论?如果人民是"我","我"肯定是人民,那又涉及哪些关键的议题?

(一)人民是人民群众:公共政策的制定如何保证政策相关群体中最大多数群众的最重要利益

1. 基本议题

如果说人民是人民群众,那么这里的人民至上命题,其实可以概括为一句话,虽然这句话不是非常精准,但是基本上可以帮助理解。"人民是人民群众"这个人民至上的命题最重要的一个内涵是,公共政策的制定如何去保证政策相关群体中最大多数群众的最重要的利益。如果是针对公权力的代理者和执行者来说,就是讨论公共政策的制定。有关公共政策制定的一个非常重要的概念,就是政策相关群体。而这里的公共政策制定,如果涉及政策相关群体,就要找到这个政策相关群体最大多数的那部分群众的最重要的利益。也就说在资源紧缺的现实条件约束之下,一个非常好的人民至上的追求过程,其实就是保证制定的公共政策能够做到。我觉得就是在这个层面上的人民至上的命题内涵。

如果这么来讨论的话,我们就会发现有一些跟人民群众相关的重要概念。而这些重要概念在政策和制度层面上是需要去推进讨论的。第一是劳动人民的概念。第二是弱势群体的概念。第三个概念比较少提,但是肯定要提——政策受损者。第四就是民意,当然跟民意相关的还有另外一个很重要的词,就是舆情。紧跟着再来谈论一下这几个重要概念对人民至上的命题来说意味着什么?

2. 有关人民群众的几个重要概念(比较角度而言)

(1)劳动人民

提到劳动人民,就会涉及阶级。但这里更多的是在政策层面上讨论。中国作为一个社会主义国家,劳动人民肯定是非常重要的一个整体意义上的人民群众的主体。所以当我们在谈论人民至上的时候,一定意味着,要保证劳动人民的,或者最大多数劳动人民的最重要的那部分利益诉求。那么紧接着,问题又变成谁是劳动人民,我们是否可以在现有的法律当中找到谁是劳动人民,这里我们可以从《劳动法》中找寻踪迹。《劳动法》讲劳动关系,讲劳务关系,但非常狭义。那谁是劳动人民呢?企业家是吗?个体企业主是吗?打工的人是吗?教师是吗?所以一到具体的实践层面上,这个问题就变得非常重要。

那劳动人民,相对而言是谁的劳动人民呢?在讲这个概念的时候,其实会涉及人民至上命题的政治性或者说某种意义上的阶级性。那么这个问题在目前,特别是在最近这几年,当我们讲平台经济、线上经济,当我们讲资本、讲共同富裕,当然也包括讲社会主义国家的政治经济学这样一些问题的时候,就需要重提劳动者,重提劳动人民,或者重提劳动人民群众,其在政策的内涵当中指的到底是谁?这是一个问题。

(2)弱势群体

我们经常会在政策文本中看到,人民群众其实是不一样的,在一个基本的分类中就有弱势群体。如果有弱势群体,那弱势群体是相对谁而言的弱势群体呢?相对于弱势群体而言,其对面是谁呢?是强势群体,还是优势群体,还是说其实没有一个概念来对应弱势群体。我们一般就讲弱势群体,在政府的文件当中经常会看到贫困群众,这肯定是弱势群体。习近平总书记讲贫困群众、困难群众,他也经常去看望这些贫困群众、困难群众。困难群众与贫困群众又不太一样。困难群众不一定是因为贫困而困难,可能还有其他的困难。习近平总书记曾提到要发挥数字减贫的作用,为中小企业、妇女、青年等弱势群体提供更多脱贫致富的机会。习近平总书记在讲弱势群体的时候,其实是个相对概念,即相对于数字减贫和数字包容性来说,他把中小企业、妇女和青年都看成弱势群体。

所以弱势群体这个概念,至少是一个相对概念。但是在任何的治理议程和政策设计当中,到底谁是这个政策所涉及的弱势群体?这个一定要非常清晰。因为如果不清晰的话,这种政策就不可能发挥平衡的作用,也就不可能做到人民至上。弱势群体这个概念在政策设计当中特别重要,因为这个概念一旦提出,就意味着需要动用和整合更多公共资源,为一些特定的人群去提供更多更好的服务。这一定会涉及更大层面上的社会的协调和平衡,所以它是一个更难的问题。

(3) 政策受损者

作为中国共产党领导下的国家,我们整体的政策一定是为了保证最大多数人民的利益,这是没有问题的,但是这个政策是由很多单个政策构成的,在任何一个单个的政策当中,都一定会有人更受益,也一定会有人更受损。所以人民至上的命题就意味着,在任何一个单一的政策当中,如何去平衡或者弥补政策受损者的利益,或者说如何在其他的政策配套和政策体系当中去结构化地平衡这一部分受损者的利益。那这一问题就变成一个非常重要的专业和技术问题,必须要去考虑。这一部分受损者的利益,在政策设计当中不能选择看不见。当然,看不见是有很严重后果的,它一定会带来社会秩序的崩溃,所以一定要看见。当然,目前特别是新时代以来,很多的理念、政策都在试图去填补这个方面存在的一些问题。

邻避就是一个非常典型的更多人受益但少部分人受损的项目,所以如何去平衡?那么就必须要非常清晰地提出单一政策的受损者这个概念。当然如果处于一个不是非常好的社会秩序中,很可能存在同一部分人总是在任何的政策当中都受损的现象。关于这个不好的秩序,我们都在极力避免,都在防止出现这个极端的现象。

(4) 民意与舆情

作为公权的代理者和执行者,政策制定一定是基于民意,那么人民至上的前提，就是听民意，或者说基于民意来决策。民意其实就是人民声音和诉求的表达，所以政策基于民意，这是第一点。但是，在中国当下的社会现实中，有另外一个概念跟这个概念非常容易混淆，并且非常有必要去认真厘清它们之间的关系，那就是舆情。

第一，舆情在多大程度上是和民意接近的？第二，如果舆情并不等于在政策制定过程中需要聆听的民意，那么如何在这种舆情中去甄别真正的、需要在一个特定政策中去呈现的民意。当然对于政府来说，在政策的制定中更需要去甄别。因为人民越来越懂得通过互联网表达，但是这表达出来的一种舆情跟民意之间的相关关系，还需要更进一步地去精细化，也需要更多的技巧，这是一个问题。

（二）人民是人民群体——人民的代表如何及时准确反映代表群体最迫切的利益

1. 基本议题

当人民是人民群体时，人民至上的命题是什么呢？可以把它简单概括为，人民的代表如何及时准确地反映代表群体的最迫切利益，对人民的代表来说，这个是最重要的。但是这个问题还需要去进一步地细化。以人大代表为例，在中国的《全国人民代表大会和地方各级人民代表大会代表法》（以下简称《代表法》）当中，事实上是有一个双重的约定。第一个约定是《代表法》第二条：全国人民代表大会和地方各级人民代表大会代表人民的利益和意志。在这点上，人大代表跟一般的公权代理者和执行者是一样的，就是代表人民的利益和意志。这里的人民是整体意义上的人民，所以从这里好像看不出人大代表代表哪个特定群体。但是《代表法》第四条同时规定：代表应当……与原选区选民或者原选举单位和人民群众保持密切联系，听取和反映他们的意见和要求，努力为人民服务。这其实表明，人民的代表反映了一部分的人民，就是选举他的人或者他代表的人，要经常跟他们保持联系，要反映他们的迫切的诉求，要听他们的意见。

那么这两者有没有冲突性？从某一个特定的点来说，可能是有冲突的，但是从结构上来说应该是没有冲突的，因为当每一位人大代表都能更多地去倾听他所代表的群体的利益诉求的时候，当每个人大代表都这么做的时候，人民的代表都这么做的时候，就会促成一个更大层面上的人民的利益和意志的实现。所以这一点从结构上来看其实是没有问题的，但是在现实中经常会让人困惑。就好像有一位企业的代表说要对高收入阶层减税，因为他是企业家代表，他就要去听企业家的意见，企业家的意见可能是要对高收入阶层减税，有可能是这样的一个逻辑。所以从单一的事件来说，很容易会引起各种各样的分歧和争论，但如果从结构上来看，对一个国家来说，可能是很多的细节和局部，最后所指向的一种均衡。

2. 有关人民群体的重要概念

当然，在人民的代表这里还有很多概念，比如说在填表的时候经常要填界别，如妇女代表大会的代表对界别划分了 14 类。但是，界别的概念，基本上是个行业的概念。例如，十一届全国人大一次会议特别提出农民工的界别的代表，这是非常特定的，是在中国改革开放过程中非常重要的一部分群体，迫切需要为他们发声。这 14 类概念中更多是行业概念，这个行业的概念其实有一部分会对公共政策产生影响，但大部分不会产生影响。对公共政策产生影响的，更多的是"你"到底是什么人？"你"的诉求是什么？"你"在社会当中所处的位置是什么？"你"拥有的资源是什么？以及"你"到底有哪些问题需要通过公共政策来得以回应和解决。显然，这个界别恐怕不应该是一个行业的概念，或者不单纯是一个行业的概念，而可能是一个更精细化的社会分层分群和分类别的概念。这个问题是值得去进一步讨论的。

（三）人民是"我"——如何积极影响公共政策制定并保证利益

1. 基本议题

如果人民是"我"的话，那么这里的人民至上命题是什么呢？有关人民至上议题，"我"如何积极影响公共政策的制定，并保证"我"当然也包括和"我"类似的这种个体的利益，这个也非常重要，即当我在谈论人民至上的时候，不能排除"我"。"我"积极地去影响参与公共政策，并且保证"我"自己所看见的这个利益，当然还有很多跟"我"一样的人，那么这个是非常重要的。当我们在谈"共"的时候，在谈共建、共治、共享的时候，"我"本身就非常重要。

关于"我"，有哪些议题是值得我们去讨论的呢？比如说"我"可能就是少数。政治学和公共管理学在讨论问题的时候基本上是基于多数人的原则去讨论，这没有问题，因为从国家治理来说，从逻辑上来说，必须这样去讨论。但如果"我"也是人民的话，那"我"可能是少数这个问题，就同样值得重视。少数人的利益，如何去平衡或者被安慰？这个事实上是很重要的。如果人民至上是一种非常重要的中国表达的话，那么在这个公共政策议程当中的少数的"我"如何被平衡或者至少被安慰？这个问题恐怕需要更多的研究。

2. 有关人民是"我"的重要概念

当然对中国而言，家庭以及相关的性别议题，从"我"的角度来说，也是非常重要的。那么从这一点来说，我们理解人民不仅需要理解"群"的概念，还要理解"家"和"个"的概念。"家"和"个"都可以看成是"我"。在美国，"我"可能看成"个"，也就是个体；而在中国，这个"我"可能就是"家"。但不管是"家"还是"个"，那都是代表一种相对于"群"、相对于"国"、相对于"民"而言的另外一个意义上的范畴，而它其实是非常鲜活、非常生动的，因为大多数意义上的"我"，其实是最鲜活的。所以这个"我"，包括我说的"家"和"个"，在人民至上的议题当中，就变得非常重要。

五　结论

第一，人民至上，不只是一个政治命题，也是一个治理命题，更是一个科学或者专业化的命题，其包括如何识别，如何保证，如何平衡，如何实现。我觉得这是一个非常专业的科学命题。所以要实现人民至上需要很重要的治理能力。

第二，作为一个科学命题，人民至上的核心是人民算法。人民算法是一个借用的概念，包括人民的规模、群体的规模、群体的结构、利益诉求的重点，以及说到底在政策制定当中谁的利益占有什么权重。这就是人民算法的过程。在以前，对于如何精准地去实现人民算法，可能是没有技术手段的。而现在，大数据、电子治理以及互联网，让我们对这些问题有更好的了解。比如说对任何一个公共政策来说，涉及的群体规模是什么，群体的结构是什么，他们的利益诉求的迫切点、难点与重点是什么，以及他们各自在有限的政策资源当中应该占有什么权重？这就是人民算法的问题。我觉得它在技术层面上已经变得很有可能，所以需要去思考这些问题。

第三，如何在治理过程中实现人民至上？实际上还有很多基础性的学理工作需要完成，特别是比如人大代表、人民的代表的界别、劳动人民等很多概念，实际上还要结合当下中国正在发生的鲜活的实际，重新去厘定这些概念，并且考虑怎么样与现有的法律和政策去衔接。从这点来说，我们还在开始的开始。

第四，人民至上应该成为政治学、公共管理学、经济学与社会学等相关学科的核心议题。而这需要回归当下中国人民的真实的实践当中去讨论。那从这一点来说，这既是挑战，同时也是中国社会科学呈现更强大的学理性的一个机会，也就是人民之学的重要性。

第五，在具体实践当中，可以看到人民至上是一个动态过程，是一个价值目标，但在治理过程中，其更是一个持续、动态结构化的调试的过程。

第六，是与周围人悲欢喜乐的共鸣（情怀）行为背后的原动力。就人民至上的实现而言，保有这种情怀，是实现人民至上的一种能力。和周围人悲欢喜乐的共鸣，会构成我们在政策、制度等其他相关方面更好地实现人民至上的非常核心的动力。

论 文

智库与公共政策第三方评估体系建设*

朱旭峰**

摘　要：政策评估将在推动国家治理体系和治理能力现代化建设、推动政府治理方式变革等方面扮演越来越重要的角色。因其独立性、客观性和公正性，第三方评估成为国际通用的政策评估主流模式。应把加强中国特色新型智库建设和政策评估体系建设结合起来，将智库的社会功能从决策咨询拓展到政策评估和社会监督。智库、企业、基金会、媒体以及第三方评估的组织机构和被评估对象构成政策评估市场的主体，通过有序竞争的运行机制，加强政策评估相关的数据库建设和评估方法的更新，实现第三方评估应有的独立性、客观性和公正性。

关键词：第三方评估；智库；政策评估市场

我国正处在社会转型的战略机遇期和全面深化改革的攻坚期。近年来，国家治理各领域推出的一系列改革举措，以公共政策的形式经历了政策议程设置、政策制定、政策执行、政策评估等动态演进的过程。从政策过程理论出发，如何保证政策执行效果符合政策制定的预期，是实现全面深化改革总体目标的关键所在。制度或者政策所产生的结果为何总是背离制度制定者的预期，朱旭峰（2003）曾就此问题从"设计完

---

* 本文为中国南方电网有限责任公司"国有企业政策研究范式探索实践"课题的阶段性成果。

** 朱旭峰，清华大学公共管理学院教授、院长；智库研究中心主任。

备、标准唯一、选择充分、执行有效"四个原则入手建立"制度的预期与结果"的分析框架。政策评估是从政策目标到政策制定再到政策执行效果的重要环节，实质上是对制度或者政策的预期与结果的偏离程度及产生原因进行评判。

当前我国公共政策评估正处于新的历史时期。一系列重大改革的评估不仅有助于决策者反思并修正相关领域政策，而且还有利于完善国家重大决策的科学化、民主化。例如，2005年国务院发展研究中心课题组针对医疗改革"基本不成功"的政策评估结论引发社会强烈关注，进而开启了新一轮医疗体制改革的机会窗口。自2008年下半年起，我国首次依法对五年规划实施情况进行评估，并聘请国务院发展研究中心、清华大学国情研究中心和世界银行驻华代表处三家第三方机构分别以各自的视角和独立的分析提交评估报告。党的十八届三中全会以来，我国公共政策评估进入了一个新的发展阶段。2014年5—8月，国务院邀四家第三方评估机构（全国工商联、国务院发展研究中心、国家行政学院、中国科学院）对若干政策领域进行评估。

由此可见，在深化改革与政策创新过程中，政策评估在推动政府治理方式变革、推动国家治理体系和治理能力现代化建设等方面扮演越来越重要的角色。但是，经过梳理有关公共政策第三方评估的文献不难发现，目前理论界对第三方评估的研究主要围绕第三方评估的模式（徐双敏，2011）、第三方评估在中国的实践（方鹏骞、祝敬萍，2007）和面临的困境（周建国，2009）、第三方评估的国际经验借鉴（徐永祥、潘旦，2014）等。大多数研究主要关注特定领域的第三方评估，比如，高等教育评估（章鸣，2008）、科技项目评估（王明明、贺雅丽，2010）、政府购买公共服务（李春、王千，2014）等。特定领域第三方评估的大量涌现，说明政府和社会越来越重视政府治理过程中的绩效评价，并采取第三方评估的形式以实现评估的独立性、客观性和公正性。

第三方评估的实践和前期研究的确为第三方评估在中国公共管理的运用奠定了基础。但是，这些现实实践和理论研究，在第三方评估主体资质、第三方评估机制、第三方评估报告的公开、第三方评估方法等诸多方面表现出差异性。有些差异源于特定领域评估事项的属性不同，而大多数差异则反映出第三方评估在中国的现实实践缺乏规范性。理论界尚未就"政策评估的第三方评估体系、运行机制和第三方评估机构的政策评估能力"等问题展开系统的研究。而这三个问题恰是第三方评估在中国实践中面临的关键问题，也是规范优化公共政策第三方评估的必经之途。因此，本文提出"以智库为中心的政策思想市场"作为第三方评估体系建设的基本思路，从智库、政策思想市场与第三方评估体系的关系入手，探索政策评估过程中参与第三方评估的主体、主体间关系和运行机制，并对第三方评估机构的能力建设提出政策建议。

一 智库的社会功能与公共政策第三方评估

学界对公共政策第三方评估的概念并没有一个清晰的界定。政策评估的"第三方"主要区别于"第一方"评估（被评估对象的自我评估）和"第二方"评估（来自被评估对象主管部门的内部评估）。第三方评估成为避免和克服第一方评估、第二方评估可能出现的主观性、内部化、非专业等问题的主流选择，也成为提升政策评估科学性和民主性的主要策略。作为相对独立于政府政策决策、执行部门，并在特定政策领域具有专业专长的研究组织，智库成为世界各国公共政策第三方评估主体的首选。因此，本部分将从智库的社会功能入手，分析智库建设与第三方评估体系的内在关联。

（一）智库的社会功能

2015年，中共中央办公厅、国务院办公厅印发《关于加强中国特色新型智库建设的意见》，提出努力建设面向现代化、面向世界、面向未来的"中国特色新型智库体系"，更好地服务党和国家工作大局，为实现中华民族伟大复兴的中国梦提供智力支撑。随着我国智库建设走向深入，智库作为思想观点、政策方案等产品的供给者，将更多地为政府决策咨询需求提供更高质量的服务（薛澜、朱旭峰，2009）。但是，在智库建设和决策咨询的研究中，大多数学者往往将智库的功能发挥局限于"出谋划策"层面的决策咨询服务。

作为相对稳定且独立运作的政策研究和咨询机构，智库首先是一个政策研究机构（薛澜、朱旭峰，2006）。政策研究也可以称为政策分析，而政策分析涵盖的不仅限于"出谋划策"层面的决策咨询。政府决策咨询的需求是多样化的，并分布在政策过程的各个环节。比如，漂浮在政策原汤中的众多议题哪些需要首先进入政策议程（约翰·W.金登，2004）；根据政策问题和政策目标制定政策方案；对众多政策方案进行评估；对政策执行进行指导、监控、评估；对政策执行效果进行评估；对政策是否需要终结做出评估判断。而在此之前，智库作为"边缘利益群体的代言人"更是发挥出议程设置的功能。从上述流程可见，智库对政策过程的影响是全流程的，甚至更多地体现为政策评估的范畴。智库的政策评估功能体现为事前的方案评估、事中的执行评估和事后的效果评估。因此，智库的政策评估功能是中国特色新型智库体系的重要组成部分。智库产出的政策评估报告是政府决策咨询服务需求的重点。

根据以上分析，智库参与政策评估是智库影响政策过程、发挥社会功能的应有之义，也是我国现阶段推进国家治理体系和治理能力现代化的迫切需求。智库在参与政策评估的过程中，显著地表现出其第三方的优势。如果追溯第三方评估的兴起和智库的发展的话，二者在时间上是一致的。美国是较早进行第三方评估的国家，在高等教育评估方面，1975年美国全国认证委员会和全国地区性机构认证委员会合并为高等教育评估与认证委员会。这个委员会和联邦政府、州政府教育主管部门以及教育机构均不存在隶属关系，是高等教育评估中出现的真正意义上的第三方（章鸣，2008）。两个机构独立运作的时间为20世纪40年代。同时，智库在美国的蓬勃发展也同样肇始于20世纪40年代，并在20世纪70年代为全世界所重视。这种时间节点的一致性的背后是智库的专业性和独立性恰恰契合公共政策第三方评估的需要。

第一是专业性。特定领域的政策评估需要专业性的经验判断与科学的评估方法和工具。而既具备上述条件，同时又属于相对独立于评估组织方和被评估对象的第三方，在当今社会主要集中于特定领域具有研究专长的智库组织。对智库的概念界定，迪克逊（Paul Dickson，1971）强调智库的专业性和跨学科特性。布鲁金斯学会等国际知名智库无不把专业性作为智库发展的生命线。智库在特定领域的专业性是其成为第三方评估主体的基础。智库在第三方评估过程中体现出来的专业性反映在两个方面：一是对政策问题认知的专业性；二是评估方法的专业性。第三方评估对政策问题的专业性认知有助于明确公共政策评估的目标和评估操作的结构化；而评估方法的专业性则是保证第三方评估结果本身可以被评判的前提，也是产出可信的评估结果的基础。

第二是独立性。中国语境下的智库独立性更多地强调智库的独立运作。"独立运作"强调智库既不受政府的控制，也不受来自利益集团的经费支持，而违背客观事实和科学精神做出评估、提供咨询。尽管学界对智库的独立性存在较多争论，但是，现代智库发展的趋势和国际经验给我们的启示是：以公共政策研究基金的形式，对智库进行不附加条件的经费支持，将有利于智库运作趋于应有的独立性。因此，智库作为第三方评估主体可以更好地保障第三方评估所需的独立性。智库的独立性主要强调研究结论不受评估委托方、经费资助方的授意或影响。但是，政策评估既是在专业性维度强调的事实判断，也在政策问题界定和政策目标设定时就带有不可忽视的价值判断。智库作为第三方参与政策评估本身并不意味着价值中立，而是要以智库对政策目标的价值判断为基准。因此，第三方评估过程中的智库独立性和中立性不能混淆或者互换。更为具体地阐释二者的关系是：智库需要通过独立的、不受外部干扰的专业评估，根据"政策问题决定的政策目标价值倾向"做出肯定或者否定的政策评估报告，而不是"和稀泥"式地保持中立甚至中庸的思路。

(二) 公共政策第三方评估体系

作为中国智库主体的事业单位智库、高校智库，大多和行政主管部门存在业务指导、经费支持，甚至人事任免的组织隶属关系。一些民间智库则因经费来源单一，可能会迫于生存、发展需要，受经费支持者的利益输送影响，而引发道德风险或逆向选择。在此情景下，智库的专业性和独立性在公共政策第三方评估过程中并不一定能够实现。一种良性的中国特色新型智库体系，作为一种制度条件或制度环境，为智库影响政策过程提供平台环境支持和规范化的制度保障。中国特色新型智库体系的主旨是改变现有政策咨询、政策评估业务的委托模式和运行机制，从内部化转向外部化、从行政主导转向市场主导。市场主导的政策评估委托模式和运行机制主要体现为：（1）政策评估主体选择的平等竞争，也就是"平行委托"问题。"政府购买决策咨询服务"的提出，为"平行委托"的进行创造条件。当然，政府购买决策咨询服务，不仅限于将决策咨询经费列入公共财政范畴，而是要以公开采购、公开招标的模式，解决政府部门自行指定式采购决策咨询服务存在的"内部化"问题。（2）政策评估主体经费来源的多元筹资问题，政府应在国家自然科学基金会、国家哲学社会科学基金会的基础上，鼓励各类公共政策研究基金会的建立，形成多元筹资的智库经费来源格局，增强智库政策评估、决策咨询研究的独立性。（3）智库政策评估报告的鉴定、筛选。参与公共政策第三方评估的同时，智库的政策评估报告也是被评估对象。对智库政策评估报告的鉴定、筛选自然延伸至智库的信用建设，成为保障智库政策评估专业性的重要一环。比如，决策咨询制度、重大决策程序、政府采购决策咨询服务、公共政策研究类基金会、企业或社会捐赠等。以中国特色新型智库体系为制度条件可以创造智库间有序竞争的发展环境。同时，政府应提升对政策咨询报告等智库产品的筛选、鉴别能力，通过决策咨询制度化、法制化的形式对智库影响政策过程的行为进行适度监管，以保障智库的专业性和独立运作。

综合以上分析，作为制度条件的中国特色新型智库体系和公共政策第三方评估体系的建设，均围绕智库建设为中心。前者注重智库发挥社会功能的制度条件，后者注重智库参与第三方评估和其他主体间的关系。前者主要反映智库作为供给者和需求者（决策部门）的关系，而后者则处于评估方和被评估方之间，表现出更为复杂的主体间关系。因此，从国家或者中央政府的视角出发，中国特色新型智库体系建设和第三方评估体系建设需要有一个顶层的设计，将二者统筹起来、协同推进。而做好这个顶层设计的关键就是以中国特色新型智库体系为主体架构，厘清第三方评估过程中的各参与主体间的关系。在此基础上结合第三方评估的类型，总结出第三方评估的一般流程，以法制化的形式规范第三方评估体系的运转，使其真正发挥出第三方评估应有的社会功能。

二 以智库为中心的公共政策第三方评估体系架构

（一）第三方评估体系中的主体

第三方评估的提出和施行，正是为了避免被评估对象自我评估的主观性和信息失真，也是为了规避被评估对象和主管部门之间共谋可能带来的评估失效。因此，第三方评估最基本的三个主体就是评估委托方、被评估对象和评估者，在公共政策评估中分别对应于政策制定者、政策执行者和评估机构。事实上，在第三方评估的现实实践中，作为政策制定者的委托方对应于政策执行方一级政府的上级政府或职能部门的垂直管理部门。比如，国务院既可以对特定公共政策涉及的相关部委进行第三方评估，也可以对各省级政府的政策落实情况进行评估；各部委可以从自身职能范围涉及的政策执行情况对省级政府进行评估。而特定职能垂直管理的"条条"同样可以自上而下地作为委托方对下一级别职能部门进行第三方评估。同时，作为评估机构的智库也可以根据自身研究专长对特定政策执行进行第三方评估。

第三方评估中委托方的多样化，使得以相对不变的主体为中心进行体系建设成为首选策略，这个相对不变的主体就是评估机构——智库。为了避免因委托方的多样化可能导致的概念层次混淆，本文以中央政府为研究单元，考察国家层面的第三方评估体系建设应该如何展开。那么，第三方评估体系中的委托方就是中央政府，结合我国当前全面深化改革战略部署推进的特点，建议在全面深化改革领导小组下设第三方评估委员会，作为第三方评估体系的委托方，代表中央政府对全面深化改革的政策方案、政策执行和政策执行效果进行评估。在此语境下，评估对象涵盖中央政府职能部门和省级政府或扩大至省会城市和较大的市一级政府。

以第三方评估的组织方、评估对象、评估机构为内圈，参与第三方评估体系的其他主体包括：基金会、数据调查机构、媒体和特定领域的学术共同体（学会、专业协会等）。这些主体在参与第三方评估过程中分别发挥着不同的作用。基金会作为第三方评估的经费来源，可以一定程度上过滤利益集团对评估机构的游说（朱旭峰，2015）；数据调查机构为第三方评估的开展提供可靠的数据支撑。这些机构既可能是政府内部的数据统计调查机构，也可能是政府与数据资源开发企业合作开发的特定领域的公共政策数据库或者纯商业性质的数据调查机构。数据媒体的参与可以发挥出公开报道、发布评估结果对评估机构及评估对象形成舆论监督的作用；特定领域的学术共同体则可以辅助第三方评估委员会对评估结果进行鉴别、筛选。

（二）第三方评估体系的总体架构

根据前述第三方评估体系内的主体分析，本文绘制公共政策第三方评估体系的总体架构图（见图1），力求通过图示的形式厘清第三方评估体系中各主体间的关系和业务联系。

图1中的序号代表第三方评估的一般流程。其中序号①表示首先由公共政策的第三方评估委员会明确可行、可测量的政策评估目标，并制定政策评估实施方案，这一方案的制定应有所规划，甚至前置于政策制定阶段，然后才能进入第②阶段：选择评估对象。评估对象的选择在前置的评估实施方案中应为日后的科学评估有所设计，并同步做好第③阶段的工作，即公共政策评估信息数据库的建设。序号④代表公共政策评估信息数据库和第三方评估委员会之间的信息上报、审核、核准、入库的流程。序号⑤表示进入公共政策评估的实施阶段，通过公开招标的形

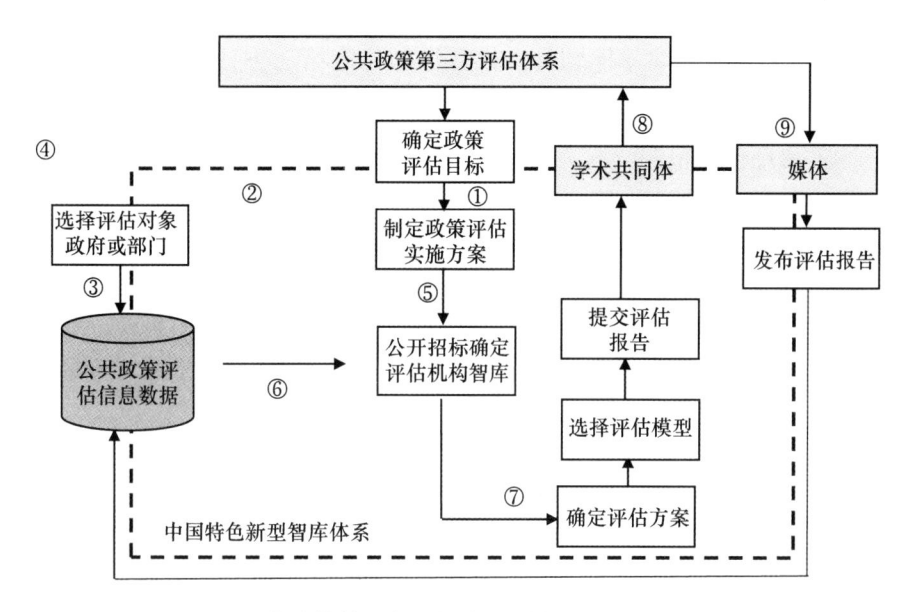

图1 公共政策第三方评估体系总体架构（作者自制）

式选择第三方评估机构——智库。序号⑥指第三方评估委员会赋予评估机构读取公共政策评估信息数据库信息的权限，形成数据信息支持第三方评估的信息输入关联。序号⑦指智库自主确定评估方案、选择评估模型、提交评估报告。序号⑧中的学术共同体承担着对智库提交的评估报告进行意见征询、鉴别和再评价的任务；经由第三方评估委员会的审核，进入最后阶段（序号⑨），由媒体发布评估报告，并将信息存储于公共政策评估信息数据库。图中虚线部分为本文所提的"中国特色新型智库体系"。中国特色新型智库体系以智库为中心，以决策咨询制度为保障，和第三方评估体系中涉及的信息数据库、公共政策研究基金会、学术共同体、媒体等机构存在着边界交集。

（三）第三方评估体系运行机制分析

以上主要围绕公共政策第三方评估体系中的主体及其关系进行了分析，列出来的一般流程只是结合主体间关系进行的描述。第三方评估体系的正常运转有赖于一套健全的运行机制。机制作为一种组织和制度安排的结合体,体现出现代组织运作过程中以制度理性作为规范的典型特征。此部分解决的主要问题是以何种机制保障第三方评估目标的达成。结合图1,本文将第三方评估体系的运行机制分为:

1. 信息公开机制

第三方评估全过程的公开、透明是维护第三方评估组织和评估客观、公正的外部压力。以此为契机推进公共政策信息数据库建设,应该在制度规范下探索实施政策数据的开放获取,可以有效解决政策信息垄断引致的评估失效问题,为智库自发展开的第三方评估提供信息支持。

2. 有序竞争机制

公共政策问题的复杂性使得单一视角、单一维度的政策评估注定无法获得认同。第三方评估机构——智库间的有序竞争,可以为决策者提供更为多元的考察特定政策方案、执行效果的可能性。以政府购买第三方政策评估服务为契机,应加强第三方评估机构选择过程中的竞争,以及被选定的评估机构提交的评估报告的竞争性鉴别和评选。有序竞争机制将为提高第三方评估的质量和可信度奠定基础。

3. 诚信保障机制

开展第三方评估的目的在于保障政策评估的独立性和专业性,能够从政策评估中发现问题、寻找原因,并探索改进之道。但是,现实中第三方评估机构被利益俘获的现象并不少见。因此,诚信保障机制旨在对第三方评估本身进行再评估,将那些在第三方评估中存在数据造假、利益俘获等不诚信行为的智库计入诚信档案,并建立机构诚信和专家个体诚信,其本质是一种制衡机制,属于第三方评估委员会从内部制度建设方面给予第三方评估机构的制衡压力。

三 提升智库的政策评估能力是第三方评估体系建设的关键

当前,智库参与政策评估已经成为政府开展第三方评估、政府绩效评价的首选做法,并在各级政府的施行中取得了一定的成效。但是,对于第三方评估存在的问题、面临的困境,既有的研究往往聚焦于政府的自闭性(周建国,2009)、政府绩效信息的不公开(樊怡敏,2015)、制度不健全(陈世香、王笑含,2009)这些第三方评估面临的外在制度环境。而这些恰是本文前两个部分考察的问题。第三方评估体系的总体架构是智库参与公共政策评估的框架、流程和制度保障。智库本身的政策评估能力才是真正发挥出第三方评估专业性和独立性的关键所在。学界和参与第三方评估的智库实践界亟须重视作为第三方评估主体的能力建设。

(一) 厘清事前、事中、事后评估的差异

智库在影响政策过程、参与政策评估中的侧重点存在阶段差异。如前所述,智库既可以介入政策制定环节政策方案择优的事前评估,也可以介入政策执行环节以监控、指导为主导的事中评估,以及目前广泛运用的政策执行后的事后绩效评估。每个阶段侧重点的不同,实质上对智库的政策评估能力提出不同的要求。事前的政策方案择优评估,更为侧重政策执行的以经济可行性为基准的成本—效益分析、以政治可行性为基准的社会风险分析和以管理可行性为基准的组织资源—动员能力分析。事中的政策执行监控评估,更为侧重对政策执行状况的考察,对执行现状与阶段性目标的预设进行"预期—差距"评估,并提出指导或者下一步执行方案修正的建议。事后的政策执行效果评估则主要侧重于政策执行后的绩效目标实现情况和政策执行对象的满意程度测量。理解智库政策评估不同阶段侧重点差异,才能为提升智库政策评估能力做好规划,进而在不同的阶段选择不同的政策评估"工具箱"。

对于事前政策方案的评估,伴随着计算机科学与技术的发展,大数据模拟仿真技术为政策执行的结果预测提供可能。公共政策仿真模拟实验融合了信息技术、计量经济学、行为心理学等多个学科的知识。大数据背景下以政策模拟仿真为主导的公共政策评估信息数据库的建设,应注重云数据、物联网、网络行为数据、海量文本数据的挖掘、开发与利用,并以此为基础建构政策评估理论,形成大数据时代政策评估的理论

和方法体系。对于事中政策执行评估,应重点考察政策执行过程中可能出现的负效应或非预期结果的出现或苗头,并进行针对性的反馈调整。结合公共政策评估信息数据库建设,事中政策评估应将政策评估的方案设计前置介入政策制定和政策执行阶段,在事中执行评估中重视执行绩效数据的监控和预警。对于事后公共政策绩效的评估,应突出政策绩效差距形成的因果机制,而不仅仅是对绩效差距进行评价排名。

(二) 创新政策评估的方法和工具

在上述三个阶段的政策评估中,当前我国智库普遍将第三方评估的重心置于绩效评估的范畴,也就是事后的政策执行绩效评价。因此,在政策评估的方法和工具方面,现有第三方评估主要以层次分析、数据包络分析等方法为基础,建立"指标—权重"型综合绩效评价模型(卢海燕,2014)。事实上,政策评估的方法和工具创新已经不限于政府绩效管理范畴的综合绩效评价。尤其是以绩效评价结果所进行的各类排行榜,并不利于政策评估、绩效评价最终目标的实现。无论是绩效评价还是政策评估,评价和评估本身并非目的,而是实现"以评促改"的方法和工具(韩万渠,2015)。从这个角度出发,评价的排名只是传统绩效管理中强调的"标杆管理",通过打造标杆为绩效落后者提供学习的范例。但是,更关键的是从政策评估的绩效差距中寻找原因。

因此,以探索绩效差距问题为导向的因果机制研究,是政策评估方法和工具创新的核心。而对于绩效差距因果机制的研究,恰是社会科学研究的目标追求。因果机制研究并非绩效评估报告中泛泛而谈的原因分析,而是以实证为基础的计量分析或逻辑推理。公共政策评估的经济学视角重点将"成本—效益分析"引入公共政策评估研究中。近年来,计量经济学发展出来的倍差分析法(DID)、倾向值匹配(PSM)、随机实验等方法(胡永远、周志凤,2014),已经在学术研究的层面引入公共政策分析中,用于探索"政策预期目标实现程度的因果机制"。上述计量经济模型在政策评估中的应用主要集中于政策效应的微观影响机理,尤其适用于特定的具体政策问题的公共政策评估,比如一揽子补贴计划对生猪养殖规模化的影响（周晶等，2015）等研究。

在公共政策评估方法创新方面，反事实推断（分析）法同样值得关注。反事实推断从本质上属于方法论的范畴，但又能和具体的计量分析模型结合起来，成为探索因果机制的一种方法。比如，反事实推断基础上的准自然实验及上述其余方法的结合，为政策影响评估提供了逻辑更为严谨的因果机制探索方案。西方学术界和智库较早就将此作为主流的政策影响评价方法，应用于学术研究和智库政策评估报告中。比如，Trescott（1982）运用反事实推断法对美联储政策的影响进行评价；Ferraro（2009）研究考察了反事实推断思维在环境政策评价中的运用；Creel（2012）对欧盟财政政策影响进行了反事实推断政策评价。近年来，经济学、管理学领域的学者已经将上述倍差分析法、倾向值匹配、反事实推断、准自然实验等方法引入政策效应评价领域。在学术研究方面，和经纬（2008）的研究对中国公共政策评估研究的方法论取向做出"走向实证主义"的判断；强舸、唐睿（2012）将反事实推断引入解决自行车难题的政策制定中。但是，智库的政策评估实践中还较少使用这些方法。可能的原因既与智库自身研究方法更新的局限有关，也与这些研究方法对数据的较高要求导致的可操作化困境有关。

（三）重视公共政策评估中的非预期结果

以公共政策执行绩效为导向的公共政策评估，侧重于对政策目标实现程度的测量及评价。在采集政策执行绩效的评价指标数据时，往往根据政策预期目标进行，很容易忽视非政策预期目标范围的结果。而公共政策评估的客观结果既包括预期目标结果，也包括非预期目标结果。中国公共政策执行中普遍存在的政策执行阻滞（丁煌，2002）、政策变通执行（杨宏山，2014）、政策执行波动（陈家建、张琼文，2015）等现象，使得公共政策实际执行结果总会出现本文开始提到的与预期结果的偏离。在此情景下，智库作为第三方评估主体，重视公共政策评估中的非预期结果评估就变得至关重要。这些非预期结果中恰恰蕴含着优化公共政策方案进行政策过程良性反馈的关键因素。

公共政策的非预期结果，一方面来自政策方案本身的问题，比如政策制定过程中未考虑政策间可能出现的影响，新政策的执行本身处于已终结政策的后续影响之中，或者特定政策执行总会与其他相关政策之间存在潜在的不协调问题。另一方面来自政策本身的外部效应，政策本身致力于解决政策问题中易于界定的部分。问题界定本身就可能受限于问题结构认知、相关信息不对称、资源约束等因素的影响，引致政策的外部性问题。公共政策非预期结果的评估的重要性就体现在上述两个方面：对政策方案本身引起的非预期结果评估有助于通过评估及时调整；对政策问题界定引致的非预期结果评估则有助于发现新的政策问题，并通过评估确定是否进入政策议程。前者适用于前述的事中政策执行评估，后者则适用于事后非预期结果评估触发的新的政策过程。

（四）加强智库政策评估人才的培养

　　无论是智库政策评估理念的革新，还是智库政策评估方法和工具的创新，这些智库能力的载体均需落实在智库政策评估人才的培养。公共政策分析的基本特征之一就是跨学科，智库的优势也在跨学科的整合。但是，智库人才队伍建设存在的一个现象是：现有大部分在某一特定政策领域具有专长的专业型智库，在本专业领域人才济济，但往往缺少经济学、管理学、政治学等其他相关领域的高端人才。而另一些在宏观政策领域具有专长的智库，往往在参与具体的特定领域的政策评估时，缺少掌握特定政策领域基本专业知识的人才。具有特定政策领域专长的智库应注重对政策评估涉及的其他学科理论、方法和工具的引入。引入的方法一是立足现有团队的学习；二是立足智库合作的整合借用；三是立足团队建设的人才引进。高校智库和中国社科院、中国科学院这类具有人才培养功能的智库，具有天然的学科支撑和人才集聚优势。一些有远见的智库已经开始通过共建博士后流动站的形式和此类智库开展合作。同时，智库的人才培养应瞄准高端智库建设的目标，积极推进智库的国际化，通过和国际知名智库的合作交流，提升智库的政策分析能力。

四 结语

本文提出将以中国特色新型智库体系作为第三方评估体系建设的基本思路,从第三方评估机构选择的维度,分析智库作为第三方评估机构的内在契合性。以第三方评估委员会为治理结构的运作中枢,从智库、基金会、学术共同体、媒体、数据库等主体间关系分析入手,提出第三方评估体系的总体架构以及基本运作流程和运行机制。第三方评估委员会承担第三方评估体系运转的组织、协调、监督工作。政策评估应从政策过程的起点开始,统筹考虑政策目标和政策评估目标的关联,实时收集政策过程中的数据信息,为第三方评估提供真实可靠的数据支撑。中国特色新型智库体系是第三方评估体系运转的制度条件,主要反映在公开招标选择评估机构、公平竞争提升评估效度、公布结果提升评估信度的制度环境营造方面。本文提出加强中国特色新型智库建设与第三方评估体系建设协同推进的策略,在构建第三方评估体系的基础上,将落脚点置于智库的政策评估能力建设方面,从厘清政策评估阶段差异、创新政策评估方法和工具、加强智库政策评估人才培养三个方面提出建议。本文的研究主要聚焦于第三方评估体系的架构,并未结合第三方评估实践开展实证分析,留待后续研究。智库参与第三方评估是当前公共政策研究和实践的热点,希望学界同仁一起开拓。

参考文献

陈家建、张琼文:《政策执行波动与基层治理问题》,《社会学研究》2015年第3期。

陈世香、王笑含:《中国公共政策评估:回顾与展望》,《理论月刊》2009年第9期。

丁煌:《我国现阶段政策执行阻滞及其防治对策的制度分析》,《政治学研究》2002年第1期。

樊怡敏:《政府绩效中的第三方评估:内容、困境与对策》,《厦门特区党校学报》2015年第2期。

方鹏骞、祝敬萍：《第三方评估在卫生项目评估中的作用与角色》，《中国卫生事业管理》2007年第10期。

韩万渠：《公共服务质量评价机制及其路径创新》，《中国特色社会主义研究》2015年第5期。

和经纬：《中国公共政策评估研究的方法论取向：走向实证主义》，《中国行政管理》2008年第9期。

胡永远、周志凤：《基于倾向得分匹配法的政策参与效应评估》，《中国行政管理》2014年第1期。

李春、王千：《政府购买养老服务过程中的第三方评估制度探讨》，《中国行政管理》2014年第12期。

卢海燕：《论政府绩效管理转型》，《中国行政管理》2014年第12期。

强舸、唐睿：《反事实分析与公共政策制定——以"自行车难题"为例》，《公共管理学报》2012年第3期。

王明明、贺雅丽：《国家科技计划项目过程管理第三方评估咨询三元博弈研究》，《科学学与科学技术管理》2010年第6期。

徐双敏：《政府绩效管理中的"第三方评估"模式及其完善》，《中国行政管理》2011年第1期。

徐永祥、潘旦：《国际视野下第三方参与慈善组织评估的机制研究》，《江西社会科学》2014年第8期。

薛澜、朱旭峰：《"中国思想库"：涵义、分类与研究展望》，《科学学研究》2006年第3期。

薛澜、朱旭峰：《中国思想库的社会职能——以政策过程为中心的改革之路》，《管理世界》2009年第4期。

杨宏山：《政策执行的路径—激励分析框架：以住房保障政策为例》，《政治学研究》2014年第1期。

章鸣：《高等教育评估中"第三方评估"的历史与发展模式分析》，《科技与管理》2008年第3期。

周建国:《政策评估中独立第三方的逻辑、困境与出路》,《江海学刊》2009年第6期。

周晶、陈玉萍、丁士军:《"一揽子"补贴政策对中国生猪养殖规模化进程的影响——基于双重差分方法的估计》,《中国农村经济》2015年第4期。

朱旭峰:《制度的预期与结果:中国电信业市场改革历程分析》,《管理世界》2003年第10期。

朱旭峰:《"思想库"研究:西方研究综述》,《国外社会科学》2007年第1期。

朱旭峰:《发挥研究基金在智库体系中的作用》,《学习时报》2015年7月13日第A5版。

[美]约翰·W·金登:《议程、备选方案与公共政策》(第二版),丁煌、方兴译,中国人民大学出版社2004年版。

Creel J., Hubert P. & Saraceno F., "The European Fiscal Compact: A Counterfactual Assessment", *Journal of Economic Integration*, No. 4, 2012.

Ferraro P. J., "Counterfactual Thinking and Impact Evaluation in Environmental Policy", in M. Birnbaum & P. Mickwitz, eds., *Environmental Program and Policy Evaluation: Addressing Methodological Challenges*, New Directions for Evaluation, Vol. 122, 2009.

Trescott P. B., "Federal Reserve policy in the great contraction: A counterfactual assessment", *Explorations in Economic History*, Vol. 19, No. 3, 1982.

性别化、去性别化与再性别化：快递员职业性别隔离形塑与调适机制研究[*]

帅 满[**]

摘　要：快递员是男性为主的职业群体。本文参考人力资本理论、社会性别研究、职业性别隔离测算三个脉络的职业性别隔离研究，提出整合性的性别化—去性别化—再性别化框架，探讨女性快递员职业性别隔离的形塑和调适机制。研究发现了选择性强调、选择性忽略两个"性别化"机制，社会网络、效率、权/平衡三个"去性别化"机制，吃苦耐劳、养家责任、情感劳动三个"再性别化"机制。本文将性别视角带入快递员劳动过程研究，强调强弱关系的性别差异对职业性别隔离的影响，可以支持、补充和推进职业性别隔离研究和劳动过程研究。

关键词：职业性别隔离；性别气质；社会网络；情感劳动

一　问题、理论与方法

（一）研究问题：突破职业性别藩篱的女快递员

中共中央、国务院 2017 年 4 月印发的《中长期青年发展规划

---

[*] 国家社科基金后期资助重点项目"'关系'与分化：快递员劳动过程的异质性分析"（23FSHA003）；陕西省博士后科研资助项目"分类控制：快递公司对快递员的劳动控制研究"（2017BSHYDZZ59）。

[**] 帅满，西安交通大学人文社会科学学院社会学系教授，实证社会科学研究所研究员。

（2016—2025年）》提出要"加强对灵活就业、新就业形态的支持""加强青年就业权益保障"；习近平总书记2021年4月25日至27日在广西考察时强调，"要完善多渠道灵活就业的社会保障制度，维护好卡车司机、快递小哥、外卖配送员等的合法权益"；2021年7月初，交通运输部、国家邮政局、国家发展改革委员会、人力资源和社会保障部、商务部、市场监管总局、全国总工会7部门联合印发了《关于做好快递员群体合法权益保障工作的意见》；2021年7月下旬，人力资源和社会保障部、国家发展改革委员会、交通运输部、应急部、市场监管总局、国家医保局、最高人民法院、全国总工会8部门共同印发《关于维护新就业形态劳动者劳动保障权益的指导意见》，凸显了以习近平同志为核心的党中央对新型职业群体快递员的关爱和重视。

随着互联网和电子商务的发展，我国的快递物流业持续高速增长，催生了超过200万的快递员群体。[①] 快递员从属于服务业，快递员的劳动集体力劳动和情感劳动于一体，不仅要完成体力上的搬运和派送工作，如同工人在工厂进行生产时一样，日复一日地进行派件、揽收工作，投入"赶工游戏"当中，形成基于强体力的支配型男性气概，与此同时，与顾客接触时也要刻意注意自己的语气、态度和情感（李姝慧，2015），发展出妥善处理人际关系的共谋型女性气质，即快递员需要男性气质和女性气质兼备的双性化气质（宋岩，2010）。然而，从"快递小哥"的称谓（王星、韩昕彤，2020）和对快递员实证调查显示的89.54%、90.48%、97%和90.6%（廉思、黄凡，2019；何玲，2017；赵莉、刘仕豪，2017；方奕、王静、周占杰，2017）的男性比例可知，快递员职业存在明显的横向职业性别隔离（occupational gender segregation），即劳动者因性别不同而被分配、集中到不同的职业（Gross，1968；Anker，1997）。长期父权社会文化的熏陶、制度和规范等形塑了社会成员的性别气质、性别角色定位，潜移默化中形成"男

---

① 北京交通大学、阿里研究院、菜鸟网络：《全国社会化电商物流从业人员研究报告》，http：//i.aliresearch.com/img/20160505/20160505154633.pdf。

主外、女主内"的性别秩序,即阳刚的男性适合做户外、重体力、高强度、主导型工作,阴柔的女性适合做室内、照护和沟通型、辅助性工作(佟新,2010;王澄霞,2012;蔡晓梅、何瀚林,2017;吴艳芳,2018)。那么,女性为何想突破既定的性别规范,进入传统男性行业,成为快递员?作为职业性别少数群体,女快递员是如何跨越性别藩篱并实现性别角色自洽的?本文拟梳理并整合快递员劳动过程研究、人力资本理论、职业性别少数群体研究、再生产研究,指出女快递员因再生产压力而选择进入报酬较高的快递行业,"养家"是女快递员跨越性别藩篱的动力,通过追求效率的资方许可、强弱关系支持得以入行,并通过养家责任来化解工作、性别和再生产压力。

(二) 职业性别少数群体的性别境遇研究综述

快递员劳动过程研究发现,资方和管理者运用物流跟踪技术、顾客投诉、薪酬设置和关系控制四种机制控制快递员的劳动过程:快递员派件、揽件均需实时更新物流状态,物流跟踪技术控制了快递员的一举一动;快递员派件、揽件均需要与顾客交流,顾客投诉机制控制了快递员的一言一行(李姝慧,2015);计件的薪酬设置机制内含快递员延长工作时间、增加单量的激励机制;关系控制包含既有关系使用和交往关系经营双重机制,即血缘、姻缘、业缘和地缘关系及其关系运作均被带入快递员的劳动场域,用于维持劳动秩序(庄家炽,2019;帅满,2021)。与此同时,快递员通过积累熟客、同行共谋、关系隐瞒与破裂来化解劳动关系中与资方和管理者、顾客的张力,即通过虚假签收、一口价、串件、倒卖件、劳客关系破裂、劳资关系隐瞒和破裂来回应劳动控制和监督(帅满,2021)。作为快递员群体中的一员,女快递员也要付出搬运、投递、揽收等体力劳动,也要付出情感劳动,即展现热情、友好、和善、有耐心等符合职业形象的正面情绪,并忍受资方和顾客的情绪暴力,通过"忍""让"等以德报怨的情感连带关系经营方式,减少顾客投诉、资方惩罚带来的经济损失。劳动过程研究呈现了女快递员受规训和约束与自主空间并存的工作场景,但无法回答女性缘何、如何当快递员，本文将在梳理人力资本理论、职业性别少数群体研究、再生产研究的基础上，提出解释女快递员入行动机和性别角色调适的分析思路。

人力资本理论认为，女性集中在低收入的"女性"职业源于女性需要平衡工作和家庭，因而理性地选择了人力资本投资较小、可以兼顾家庭的职业（Polachek，1981）。根据家庭—工作平衡逻辑，女性进入传统"男性"职业的可能性与女性个体和家庭特质有关，人力资本投资较多、投入家庭的时间和精力少的女性跨越职业性别藩篱的可能性最大，即受教育程度越高、未婚、子女较大或有家务协助者的女性更有可能跨越性别藩篱。人力资本理论从家庭—工作平衡出发来审视女性的职业选择，建立了微观层次的主体选择与宏观层次的社会现象的关联。但我国的实证调查显示，蓝领和半蓝领、国有部门城镇职工和非正规就业的职业性别隔离明显，而非国有部门不显著（谭琳、李军锋，2003；吴愈晓、吴晓刚，2009；李春玲，2009），女性的人力资本投资并未缓解性别隔离程度的加深（张成刚、杨伟国，2013）。快递业以民营企业为主，非正规就业特征明显，从业者也以男性居多，学历和技术门槛均较低，较多的人力资本无助于女性成为快递员。因此，人力资本理论启示我们，家庭与工作平衡机制是解释女性当快递员的潜在着眼点。那么，是女性照料家庭的压力较小，所以有时间、精力进入性别角色压力和挑战更大的男性职业来实现自我，抑或女性迫于养家压力而进入报酬相对更高的传统男性行业？此问题启发我们应关注职场女性所处的再生产情境。

马克思（1995：80）将生产分为物质生产和劳动力再生产两大类，前者指物质资料的生产和再生产，后者指劳动者自己生命的生产和他人生命的生产。在出生率突破警戒线、新生儿数量呈下行趋势的社会背景下，再生产理论研究已得到学界的关注和重视，即世界范围的再生产劳动经历了前资本主义时期女性承担大部分再生产劳动、资本主义早期的女性成为劳动力后备军、资本主义中后期女性步入职场的同时肩负照料工作三个发展阶段（李洁，2021）。我国城镇女性的再生产模式随计划经济向市场经济的转变而变迁，与世界范围的变化趋势一致。计划经济时期，女性被鼓励参与社会生产，成为工作母亲。在公共化抚育政策和传统性别分工的影响下，女性是家务的主要承担者，但育儿责任和压力因国家和单位的托举而大幅度减轻。社会转型时期，儿童抚育和教育责任回归家庭，女性在承担工作的同时背负密集母职的重压，面临照料危机（crisis of care）（佟新、陈玉佩，2019）。在抚育私人化和内卷化的背景下，我国的再生产实证研究关注中产阶层女性及其家庭的代际关系、母职形态、家务和育儿分工、工作和家庭冲突及其平衡策略，发现家庭的资源向孩子集中，祖辈主要承担家务、接送等照料工作，母职具有经纪人化倾向（杨可，2018），母亲而非父亲主要承担孩子课内外教育的认知劳动（肖索未，2014），她们往往运用空间规划、网络建构和时间分配策略来保持工作和家庭的平衡（钟晓慧、郭巍青，2018）。中产阶层女性的受教育程度、职业地位和家庭收入较高，面临的更多是发展压力，往往通过祖辈帮忙、雇佣家政工等承担家务劳动，余下的时间用于亲自育儿或进行教育外包的认知劳动，工作和家庭平衡的最大焦虑在于密集母职的履行是否称职或完美。与之相比，隶属劳工阶层的女性快递员受教育程度更低，个体和家庭的职业声望和收入也相对更低，面临更多的是生存压力，家务和亲职外包的经济基础较弱，工作和家庭平衡的最大焦虑是物质条件不够丰厚。再生产研究对非中产阶层女性，尤其是劳工阶层的女做男职者没有给予足够的关注，本文拟通过个案深度访谈来探索女快递员面临的生产劳动和再生产劳动的平衡问题。

此外，作为职业性别错位群体，对女快递员的研究也可以参照职业性别少数群体研究。宏观视角的职业性别隔离研究发现，女性缺乏社会资本更可能进入职业性别隔离的女性行业；与未使用社会网络求职的女性比较，使用的女性更可能进入男性职业；使用强关系成功求职的女性更可能进入性别隔离的女性职业，使用弱关系成功求职的女性更可能进入较高的职业层次，进入中性职业或男性职业（童梅，2012；程诚等，2015）。微观视角的男彩妆师/护士/幼师、女程序员/民警/卡车司机等职业性别错位群体调查研究表明：职业性别少数群体求职时均面临"不能干、不想干、不用干、不让干"的标签化性别文化障碍、招聘歧视和就业限制等制度性隔离；个人态度或特质与职业需求相吻合、符合个人兴趣和职业规划、亲友或配偶的影响和支持、行业经济回报和自由度较高、产业结构调整缩减就业空间等个体、家庭、社会因素是实现职业性别跨越的原因；既有性别概念使初入反向性别职场者面临交际、工作分工、培训、薪酬、晋升等显性和隐性歧视，处于相对边缘化的位置，承受较大的工作和发展压力；职业性别少数群体虽然承受结构性压力，但仍具有能动性和选择性，可以通过无性别气质（genderless）的"凸显—弱化"专业/技术边界协商、"加强—淡化"性别气质协商来建构自我，通过"再性别化"实现自洽，获得同事或领导的认同，重构职场关系（Wexler，1983）。

结合快递员劳动过程、再生产研究和职业性别少数研究，可以发现，女快递员肩负双重劳动、三重重压，即揽收、派送快递过程中体力和情感劳动构成的生产劳动压力，养儿育女、照顾老人和家人等代际再生产及其为自身提供衣食住行等生活必需品的劳动力日常维护构成的再生产劳动压力，女性从事传统男性行业时面临的不解、歧视甚至排斥压力（Hochschild & Machung，2012）。本文拟运用人力资本理论和再生产理论强调的家庭与工作平衡机制，探索女快递员的入行动力。再生产研究有助于理解女快递员所处的社会情境，而对非白领阶层女快递员的关注可以丰富再生产研究的研究对象。

综上所述，职业性别隔离研究既强调家庭—工作平衡、人力资本投资对个体择业的影响，也对职业性别隔离的测量、变化趋势、影响因素和后果给予关注，尤为强调是否使用社会网络、社会网络的强弱差异对职业性别隔离的影响；不仅关注社会结构对性别秩序的塑造性和规定性，也关注职业性别错位者的个体能动性，宏观结构性和微观能动性视角兼具，可以为理解快递业的职业性别隔离、女性快递员的反向性别职业选择提供制度背景和社会情境。然而，由于研究问题的侧重点、研究方法等存在差异，既有研究存在以下不足：一方面，前述职业性别隔离研究分别隶属经济社会学、性别社会学、人口社会学等不同学科分支，分支间的交流、融合不足限制了研究的整合性，呈现出割裂性、碎片化特点。例如，性别社会化和选择性别错位职业的重要他人影响和带动即为社会网络机制，职业性别少数群体在职场性别管理中强调专业形象、淡化性别气质的"去标签化"策略即为促成职业性别隔离总体下降的"去性别化"机制，男彩妆师/护士/幼师重构男子气概、女程序员和女卡车司机建构"女性的男性气质"均隶属"再性别化"范畴（吴艳芳，2018）。另一方面，研究对象往往局限于职业性别少数群体，受访者的异性同事、领导、顾客或服务对象则未能或较少纳入研究对象，限制了职业性别隔离研究的视角和资料收集的广度。

针对既有研究的优势和不足，本文归纳和总结形塑、影响职业性别隔离的家庭—工作平衡、社会化、社会网络、产业结构调整和劳动力市场变迁等因素、策略和机制，提出性别化—去性别化—再性别化分析架构来分析职业性别隔离的一般性形塑、调适机制，并将女快递员、男快递员、快递管理者和加盟商、顾客等多主体纳入研究对象，研究快递员职业性别隔离的形塑和调适机制，从而整合和回应前述研究的观点，为理解职业性别隔离现象、开展职业性别少数群体研究提供参考和借鉴，促进多学科分支职业性别隔离研究的对话和交融。

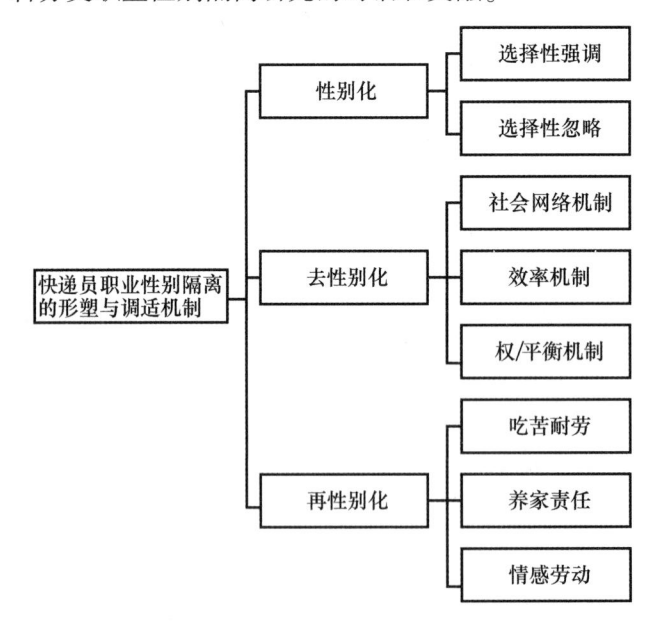

图 1 快递员职业性别隔离形塑与调适机制分析框架

（三）研究方法与案例简介

快递员的入职门槛较低，健康、识字、会骑车即可，小学到研究生学历均有，年龄则跨越18岁到60岁。本文试图通过对女快递员及其工作过程中的互动对象的全面调查研究，探索快递业职业性别隔离的现状、女快递员工作中面临的压力及其调适策略。基于以上研究目的，本文采用质性研究方法，通过非参与观察和个案深度访谈，于2016—2017年收集了69份访谈资料，包括4名女性快递员、5名快递业管理者和加盟商、30名女性消费者、30名男性快递员的资料。其中，女快递员单独编码，快递业管理者和加盟商、男性快递员按地域和快递公司进行两级编码，消费者按地域和职业进行两级编码。

4名女快递员的编码信息和人口学信息如下：F1为SHX省YC市籍贯的SX省XA市JD快递实习期员工，22岁，大专学历，城镇户口，未婚，从业1年，一个人住在工作地点附近的月租1000元的两室一厅中；F2为SX省BJ市籍贯的同省XA市HM快递公司的快递员，36岁，初中肄业，农村户口，已婚，已育8岁女儿和5岁儿子，从业3年，丈夫经营一家零食店，一家四口住在月租3000元的70平米公寓中；F3是HN省XX市籍贯的SX省XA市EM快递公司的正式员工，28岁，高中肄业，农村户口，已婚，已育4岁和2岁儿子，丈夫务农的同时做农产品、农具生意，从业2年，住城郊农村自建房；F4为SX省XY市籍贯的本市ST快递公司的兼职快递员，45岁，高中学历，已婚，已育一女一儿，大女儿已参加工作，小儿子上大一，从业5年，丈夫是快递员，住2000年自购的商品房。

表1　　管理者/加盟商与快递员个案简介（2017年）

序号	个案	年龄	学历	婚育	籍贯/居住	在职时长
1	HBSJEM01	48	大专	已婚已育	本市，已购房	7年（财务管理）
2	SXXASF05	29	高中	未婚	本省外市，租房住	3年多（区域主管）
3	SXXAST03	28	中专	未婚	本省外市，房租300	4年（加盟商）

续表

序号	个案	年龄	学历	婚育	籍贯/居住	在职时长
4	SXXAQF01	23	高中	已婚未育	外省，房租1700	半年（加盟商）
5	SXXAYT05	29	本科	已婚已育	本市，有房	3年（加盟商）
6	SXXAST02	26	大专	未婚	本省外市，房租500	3年
7	SXXAJD01	29	大专	已婚已育	外省，小家庭租房住	1年
8	SXXAWP01	37	本科	已婚已育	外省，已购房	3年
9	HNGYZT01	27	大专	已婚已育	外省，已购房	半年
10	SXXAHF01	23	高中	未婚	本市，与父母同住	1个月
11	ZJHZEM01	33	高中	已婚已育	本市，有房	1年多
12	HNNYSF01	26	中专	已婚已育	本市，已购房	1.5年
13	SXXAKJ01	23	技校	未婚	外省，房租300	3个月
14	SXXAYT02	29	大专	已婚已育	本省外市，租房住	2年多
15	SXXAYT04	27	高中	未婚未育	本省本市，住自家农房	5年
16	SXXAZT03	30	高中	未婚	外省，免费住公司仓库	3年（站点）
17	SXXAYM01	30	初中	已婚已育	当地城镇，有房	3年
18	SXXAZT01	28	本科	未婚	本省外市，房租500	2个月
19	SXXAEM03	55	高中	已婚	本省外市，租房	20多年
20	SXXASF01	31	高中	未婚	外省，已购房	8年
21	JSKSEM01	26	大专	已婚	外省，已购房	5年
22	SXXAJD02	44	高中	已婚	本省外市，已购房	7年

二　快递员职业性别隔离的形塑和调适机制

（一）"性别化"的两个机制

课题组访谈中有"您觉得快递员适合女性从业吗？为什么？"的问项，男性快递员的回答可分为三类：

1.30位男性快递员中的25位认为女性不适合当快递员，原因是太累太辛苦（SXXAST02），负重的体力活、不安全（SXXAJD01），冬冷夏热、风里来雨里去、全年无休（SXXAWP01），速度不行（SXXASF01），受气

性别化、去性别化与再性别化：快递员职业性别隔离形塑与调适机制研究

（HNNYSF01）等，即便身边有女性快递员，也将其归类为生活所迫（SXXAYM01）或"女汉子"（SXXAYT02），此论点强调快递工作以体力劳动为载体的支配型男性气质，并借养家人身份彰显自身的家长型男性气质特性。

  买什么奇奇怪怪的东西的人都有，很重的东西都是有的，我们都不一定拿得动，何况是女性呢。而且，送快递怎么说，大晚上的一个女人出去送东西总是有点不安全的感觉。这个东西就是适合男人来做吧。女人来做快递，太累，而且也是个体力活。（SXXAZT01）

  不适合。因为很多时候要搬一些重的快递，比如40公斤的油烟机，我们两个男的搬都很吃力，何况是女的了。还有就是夏天会晒得比较黑。也会有一些危险，天天在马路上跑，交通安全也有隐患。（JSKSEM01）

  快递员风里来雨里去，哪个老公让媳妇干这种活（也太不像话了），反正我不会让我媳妇干快递员。太辛苦了，咱自己辛苦，不能让别人也辛苦。（SXXAJD02）

  不适合，对于女性来说工作强度太高。只见过一个邮政女性快递员，一边抱着孩子一边派件，干了一段时间就不干了。（HNGYZT01）

  我们公司在XA有一个女快递员，咋说呢，还不是为了生活呗，她那孩子好像都上初中了。肯定是出来打工的，好的情况也不会出来做快递。做快递还是挺辛苦的吧，刮风下雨天天都得送啊。（SXXAYM01）

2. 有2位男性快递员持"去性别化"观点，不强调快递职业的性别气质特征，认为女性拥有选择担任快递员的权利和可能性。此论点契合了政治动员和国家干预形成的"去性别化"社会劳动分工论，但忽视男女生理和社会性别差异的绝对平等观念给女性带来机会的同时也潜

藏着负面影响（金一虹，2006）。

> 这份职业适合每一个人，和性别无关。（SXXAYT04）
> 适合啊，这有什么不适合的。都是人，有什么不一样吗？（SXXAHF01）

3. 有 3 位男性快递员强调，女性的性别气质与快递工作具有亲和性，女性适合当快递员。此论点不认为支配型性别气质是快递工作的主要特征，反而强调细心、善于处理人际关系的共谋型性别气质在快递工作中的重要性，因而女性不仅适合做快递，还具有性别气质上的从业优势。

> 能发快递的东西都不太重，不是很费体力，工作量可以自愿调节。（SXXAZT03）
> 女性细腻仔细，适合干快递。（ZJHZEM01）
> 女性说话比较好听，易与客户交流，对于男的来说就比较粗心，有一些代收款会忘记。（SXXAKJ01）

30 位男性快递员中仅有 5 位认为女性适合当快递员，从侧面彰显了女性快递员面临较大的压力。与之类似，20 名消费者中，18 人认为女性不适合当快递员，原因包括"在外面跑挺辛苦的"（HN 省 CS 市 45 岁全职太太，HN 省 YY 市城镇户籍）、"皮肤需要保护"（SX 省 XA 市 19 岁在读未婚女大学生，HN 省 YY 市城镇户籍）、"女性应该以家庭为主"（JS 省 TZ 市 45 岁已婚女营业员，初中学历，城镇户口）、"工作存在一定的危险性"（SX 省 XA 市 46 岁已婚公司女职员，高中学历，城镇户口）、性骚扰风险等（SX 省 XA 市 26 岁在读未婚女研究生，HN 省 XX 市城镇户籍）。

> 不太适合吧，好像快递员都是小伙子，然后女性适合做类似餐

厅服务员这种吧，毕竟在外面跑挺辛苦的。(HN 省 CS 市 45 岁全职太太，HN 省 YY 市城镇户籍)

我觉得不太适合，不管啥天气都得在外面跑，带一车子东西也累，睡不好吃不好，时间长了哪能扛住。(SX 省 SL 市农村户籍 43 岁初中学历已婚女性，现居 XL)

不适合吧，这一天风里来雨里去的，肯定不适合女的干，况且有时候送的东西又大又重，太辛苦了。而且有时候如果碰上那些胡搅蛮缠的人，女的更难对付，容易吃亏。再加上女的在社会上本来就是弱势群体，不适合干这种事的，容易发生意外。(SX 省 YA 市 36 岁大专学历已婚育女性医务人员)

仅有 3 位消费者认为女性适合当快递员，其中 1 人曾经想要当快递员，1 人处于待业中。

可以，因为快递运输不算重体力劳动。(SX 省 XA 市城镇户籍 45 岁本科学历已婚育女性高级会计师)

适合啊，我前几年就挺想做快递这个职业的，当时不是说快递员一月收入过万，觉得还是挺好的。(SX 省 XA 市城镇户籍 42 岁初中学历已婚育女性公司主管)

适合，其实排除女性生理期的不方便，在交通这么发达的情况下，运送货物对女性来说负担不大。女性形象更加温和、可亲，所以对于网络购物的最终端，也就是直接面对客户的人群来说，女性形象是十分合适的。(SX 省 YL 市城镇户籍 23 岁本科学历未婚待业女性)

绝大多数男性快递员和女性消费者认为女性不适合当快递员，与此形成对照的是快递业管理者和加盟商对女性快递员的态度：5 名受访者中，只有加盟商 SXXAST03 明确表示"不适合，太苦太累，除非在 80 年代还有可能。你看现在社会上下苦力的，大多都是五六十岁的人"；

其余4个人均认为女性适合当快递员。加盟商SXXAQF01认为，虽然女快递员少，但女性当快递员没有障碍："女性选择肯定少，应该都没啥影响，生育结婚应该也没啥影响，招收也没什么门槛，但是好多都比较辛苦，女性还是少。"区域主管SXXASF05认为，"性别不是问题"。与之类似，妻子担任快递员的加盟商SXXAYT05认为："适合。辛不辛苦还是看个人，这个工作适合每一个人。"从业7年的快递财务管理人员HBSJEM01对女性快递员赞许有加："我们开发区三分之二都是女投递员，而且女的比男的干得还好。货不算太多，劳动强度还可以，而且是骑车送货。女性的话态度啊什么的都会更好一些，所以干得还可以。"

由上可知，30名男性快递员中的5人，30名女性消费者中的3人，5名快递业管理者和加盟商中的4人认为女性适合当快递员。男性快递员和消费者选择性强调快递工作的体力劳动、户外、流动等男性气概特质，而选择性忽略快递工作的情感劳动、站点/室内、静止等女性气质特征，给女快递员贴上"女汉子"标签，为女性从事快递职业设置障碍。消费者是与快递员较为陌生的群体（张杨波，2020），对快递员有较深的性别刻板印象尚可理解，在快递业从业的男性快递员显示出与管理者和加盟商不成比例的职业性别偏见，则是因为他们选择性忽视共谋型性别气质在快递工作中的重要性，而选择性强调支配型性别气质的重要性，达到彰显自身男性气概、维持和提升职业认同和自我效能感的目的。选择性强调和选择性忽略的"性别化"机制契合"男主外、女主内"的传统性别角色定位和两性期待，形塑了快递员的职业性别隔离。

（二）"去性别化"的三个机制

个体、家庭、雇主、社会因素构成的四个"去性别化"机制奉行理性选择和实用主义，均有助于女性跨越职业性别隔离，成为快递员。

1. 社会网络机制。社会网络包含强关系和弱关系（Granovetter，1973），蕴含人情资源和信息资源，人情资源在劳动力市场中主要体现为施助者具有为求职者、在职者提供安排工作、晋升、提高福利待遇等实质性帮助的影响力（Bian，1997）。女性求职者通过动员关系网络中的人情和信息资源，获得男性为主的快递工作。使用社会网络总体上有助于女性打破职业性别隔离，但同质性强的强关系求职会使女性进入女性职业，异质性强的弱关系求职才有利于打破性别隔离，使女性进入男性职业（童梅，2012）。本文发现，强弱关系均有助于女性打破职业性别隔离，成为快递员。

弱关系具有异质性、跨越性和拓展性特点，使女性求职者可以接收到异质性的工作机会信息，接触到财富、权力、声望等社会阶层更高的"贵人"，从而增加进入职业性别隔离程度较高行业的可能性（Lin，2001）。F1和F3分别通过兼职、代理快递业务等工作方面的弱关系成为快递员，前者读大专时在快递公司做过兼职，给老板留下了良好的印象，老板需要招聘员工时主动联系她应聘，后者做过快递相关业务，且入职前和任职的体制内快递公司有过业务往来，当公司招聘正式员工时，丰富的工作经验和工作中建立的弱关系使其应聘成功。

> （做快递员）一年，去年开始实习到现在是一年。这是快毕业的时候老板联系的我，因为在前年去做了一个（快递）兼职，然后后来快毕业时候老板就联系到了我。（F1）
>
> 做快递两年了，之前就是做代理商的，代理YZ和EM的一些业务，主要就是代发货，代理业务比较熟练以后就进入这个公司了。我这个人比较喜欢跟人打交道，把快递送到客户手里看到他们满意的笑容我就很开心，所以最后就决定做快递员了。（F3）

弱关系带来的信息和机会使女性成为快递员，与女性卡车司机入行往往有父兄等影响（马丹，2020）类似，女性当快递员也会受到丈夫、老乡等强关系的影响和帮助。男性和女性都有同性交往的特点，本文发现，当女性的男性强关系在男性职业任职时，受强关系的强有力影响和帮助，女性可以打破同性交往的社会网络特征，进入职业性别隔离行业，快递加盟商SXXAYT05的快递员妻子、F2和F4即为例证。SXXAYT05

是快递加盟商，熟悉快递员的工作流程，安排妻子到加盟片区的站点工作，夫妻搭档已三年。F2 初中肄业后便从宝鸡农村到西安务工，务工时认识了丈夫，结婚生子后始终与丈夫在西安务工，做快递员之前曾在建筑工地给工人做饭多年，后受当快递员的男性老乡影响，经其推荐，成为快递员。F4 的丈夫做快递，得知家附近有一个小片区因快递量小而没人愿意送，而 F4 的炒货店生意不佳，空余时间多，因此 F4 通过丈夫的建议和介绍开始兼职送快递增收。

> 我们家有老乡是在这边送快递，跟我说送快递比在建筑工地的工资高，就是会摩托车，又能吃苦就可以。我就找他介绍，然后做了快递的工作。（老乡）不是（领导），他做的时间长，认识领导，说得上话，很多事情都是他帮我说的话。（F2）

> 2012 年开始干（ST 快递）兼职，下午跑跑货。我是负责这一片，那时候才四五十块，送多少件都是这么多钱。当时生意不好，都想把店倒出去了。下午那个时候一般就没人来买炒货，我闲着也是闲着，还不如出去挣一点。我跟他大跑过一回，也没有啥难的，我对这一片地方知道得透透的，地方不要跑错了东西就能送到。（F4）

2. 效率机制。既有研究关注个人兴趣和特质、亲友影响和支持、产业结构调整等个体、家庭、社会因素对职业性别少数群体入行的作用（童梅，2012；蔡玲，2017；马丹，2020），调查对象往往聚焦劳动者，对雇主的态度没有给予足够的关注。快递员是一个高流动性职业（帅满、关佳佳，2020），快递业的资方或管理者为了在短时间内招到快递员、维持片区的正常运转，同时为了缩减招聘和用工成本、提高工作效率，倾向于雇佣具有快递从业经验或有"领路人"的女性员工。本文调查的 4 位女快递员入行均得到雇主的邀请或快速回应：F1 和 F3 有快递从业经验，前者是老板主动联系她，后者成功获聘正式员工，二者均熟悉快递员工作流程，可以快速开展工作；当快递员的老乡介绍 F2 入职,而 F4 的丈夫是快递员且为其提供快递兼职信息,二者均有强关系引路,快速熟悉业务流程并投入工作之中。此外,雇主也倾向于通过男女分工合作的工作安排来实现体力劳动和情感劳动的优势互补、提高顾客满意度:"现在 JD 这边涉及系统的、电脑的这个比较多,所以还是需要女性的多一点。所以一天我们一般都会搭班一个男同事,体力劳动都是男同事干,比如送货啊、开个车什么的都是男同事去,我们就是做个系统啊什么的。"(F1)

3. 权/平衡机制。劳动力市场中失业率高、就业难的结构性压力和谋生、养家需求成为打破职业性别隔离的重要驱动力,求职者思考职业性别属性的空间受限,如男性快递员 SXXAEM03 所言:"当今社会生活节奏快、压力大,工作流动性更是难以想象,说白了,只要挣钱什么活没人干,什么岗位缺少过女性。"本文发现,为了平衡工作和家庭、获得更好的人力资本投资回报,通过权衡利弊,女快递员往往基于快递工作时间弹性、收入较高、可以照顾家庭等特点而选择入行。

> 刚毕业,打算去我们那个相对对口的工作的时候,感觉不太满意。第一个,工资太低养活不了自己。第二个,工作太乏味,感觉跟自己的专业对不上口。这个工作,本来说实习一年,完了就算了,但是老板说:"你就先干着吧!"我就想先干着吧,第一个,我喜欢这个环境,校园环境。第二个也就是,工资这方面能好一点。还有,其实这个行业的话还是相对比较喜欢的。待遇不错,奖金还可以,现在的老板也还可以。(F1)
>
> 之前我在很多建筑工地给工人做过饭,那是真的累,人很多,有时候做饭做得自己连一口都吃不上。(送快递比做饭)工资高 1000 多,虽然没多少,但是至少对我们这种女的来说工作算很好。正好我家又住在这边,方便。(F2)
>
> 签合同的,正式员工,有五险一金,底薪 3500,提成按件计算,赚的钱还行吧。(F3)
>
> 我(炒货)店里白天关门,娃他爸晚上帮我看着,现在店里

生意好了，一个月四五千收入。还是（在ST快递）兼职，拿固定工资700，我这是只做早上的一会班，有时候下午去帮个忙。晚上我就在（炒货）店里帮忙，能忙到晚上10点多。（F4）

（三）"再性别化"的三个机制

三个"再性别化"机制呈现了女快递员吃苦耐劳、养家责任、温柔细腻的双性化气质。她们既有工作能力和职业精神，完成雇主安排的任务，又能安顿好自己、照顾好家庭，他们是较好地平衡工作和家庭的职业女性和"超级妈妈"（钟晓慧、郭巍青，2018），证明了女性任快递员的可行性和合法性。

1. 吃苦耐劳。与男性快递员一样，女快递员需要在固定片区完成揽收、派送快件的任务，既要克服生理期不适，风雨无阻出勤工作，也需要付出体力劳动完成快件的装卸、搬运等工作，具备以体力劳动为载体的支配型男性气质①。

快递员呀，比较累……说一句实话，女性同志不适合干这个。体力有点跟不上，你看有时候我们来那种就是特别大的包裹，真的就用不上力了，一天下来你就感觉，哎呀，自己都不是个女的了。（F1）

中午基本没有时间吃，所以都会早上给儿子和女儿做早餐的时候顺便做一点简单的凉菜，摊几张饼，带在小袋子里，中午送完快递后就当作中饭吃。快递员每天回家都累成啥了，谁不想轻松一点。（F2）

（做快递员）还是挺累的，尤其是到一些购物狂欢节的时候，一天一两百个快件，咱们这地方小，一共就几个人派件，不累才怪呢。（女性）不适合（当快递员），因为太累了，毕竟是重活，工

---

① 传化公益慈善研究院"中国卡车司机调研课题组"：《中国卡车司机调查报告No.1：卡车司机的群体特征与劳动过程》，社会科学文献出版社2018年版，第3页。

作强度很大，女性身体本来就不如男性，做一段时间就有点受不了。（F3）

有的小区得一个一个送，等人来取就得站着等半天，我一个女的，风吹日晒，累得很，夏天不好过。我觉得女的也能做，但是男的更适合吧，还是有很多体力活儿的，女的力气小的就很吃力了。我去年"双11"拿了能有快两千，可是"双11"累死人了。（F4）

女快递员虽然普遍抱怨工作累、苦，但从业以来不仅克服各方面困难，完成分配的工作任务，且留职意愿均较高：从业1年的F1具有较高的收入满意度和职业认同感，短期内没有离职打算；从业3年的F2将快递与建筑工地做饭进行比较，认为不仅更轻松，收入也更高，组织忠诚度很高；从业2年的F3虽认为女性当快递员很累，但会坚持做下去，"我觉得这个行业干久了也就习惯了，我也没有其他更好的选择，暂时就这样吧"；从业5年的F4对兼顾炒货店和快递工作的收入较为满意，也很享受与快递同事、顾客闲聊的自由时光。

2. 养家责任。基于养家糊口、成为家庭经济主要支柱的"家长型"男性气质①，也是女快递员性别气质建构的重要组成部分。获得衣食住行等劳动力再生产开支、养育孩子、赡养老人的收入是女快递员持续工作的诱因。

工资还好，底薪有两千，提成按单量走，工资理想的话一个月也就五千到六千，但是我们一个月只上20天班……像住房的话是一千块钱，吃饭是一千块钱，（吃饭是）自己买，平时晚上加班回去也会自己做……刚开始去到那边（指食品公司）的话，工资的话可能也就2000块钱够个生活费，别的也就都没有，而且时间

---

① 传化公益慈善研究院"中国卡车司机调研课题组"：《中国卡车司机调查报告No.1：卡车司机的群体特征与劳动过程》，社会科学文献出版社2018年版，第3页。

上，老板说至少得干3年。（F1）

女的出来工作，稳当就可以了，至少不会说哪天忽然吃不上饭，或者养不起孩子了。每个月的工资加上我老公的工资也够在XA市生活了，家里老人不需要我担心，有我大哥养老，我们每个月寄钱不用寄很多，反正比在家里种地要好得多。（F2）

赚的钱还行吧，但就是现在有了孩子，为了给孩子更好的生活，还是得更努力地挣钱。孩子越来越大总觉得力不从心，这样的经济水平负担挺重的。（F3）

现在炒货店里生意好了，一个月四五千收入。兼职做快递还行，每月能挣700元，也能顾店。（F4）

4位女快递员中唯一单身的F1，大专毕业前曾去某食品公司短暂实习过，"一个月1800，不管吃不管住"的待遇让她望而却步，选择了当快递员，后来她又拒绝了另一家食品公司月薪2000元的工作邀请。对F1而言，工作报酬不仅要能安顿好自己的生活，还要略有盈余，虽然食品公司的专业对口，但无法接受仅能"够个生活费"的收入。F2的参照系是建筑工地的做饭工作，认为当快递员不仅收入更高、更轻松、能照顾家庭，也更体面："有时候如果白天包裹送得快，或者有天工作量不太大，晚上还可以去小学门口接女儿放学。然后送快递的这几年也比较被别人认可了，穿衣服也不会那么脏，不像在建筑工地这边工作，好多城市人看不起，我女儿在XA市读小学，我去接她的时候也可以不那么丢人。"F3的丈夫经济收入不稳定，她是家庭经济支柱，养育两个孩子的压力使其工作不敢松懈。F4对炒货店和快递兼顾的收入非常满意，没有供养儿子上大学的经济压力。

3. 情感劳动。吃苦耐劳、养家责任都是传统男性气质的重要标签，是女性快递员"再性别化"的重要体现。此外，情感劳动这一传统女性气质的重要特质也是女快递员"再性别化"的重要一环。受顾客投诉机制、奖惩机制等约束，快递员需要通过多元情感劳动回应资方和顾客的需求。向顾客展现正面情绪是指快递员与顾客面对面或通过电话、短信等非面对面方式进行联系和交流时,要展现热情、友好、和善、有耐心等符合职业形象的正面情绪。

> 服务行业嘛,第一个,我们态度肯定要好一点,然后就是尽量满足客户的一些要求和需求。(F1)
> 有时候等学生下课会等到很晚,不过也可以有机会坐下休息,觉得还是挺好的。(F2)
> 打电话的时候语气一定要和善一点。(F3)
> 我们一般对顾客态度都很好,有什么问题一般来说都会当面给顾客解决。我们这儿挺好的,都是小区里的熟人,大家都客客气气的。(F4)

除了向顾客展现正面情绪,女快递员也需要忍受资方和顾客的情绪暴力,通过"忍""让"等以德报怨的情感连带关系经营方式,减少顾客投诉、资方惩罚带来的经济损失。

> 个别同学说:"我今天就是取不了,你要怎么地!"可能比较气愤的就是这么一点,感觉就是不能理解我们,我们也是为大家服务,也是很辛苦的,这是也很气愤的。(F1)
> 那些办公楼的,看着穿得挺好的女的,要我直接送快递上去给她,十几楼,我怕我上去送了,我的包裹丢了怎么办?她说自己不方便来取,后来我答应了,保安又不让进那个楼,她就说我是不想送,态度差。下来了还骂我农村人没素质,我又不能发火,怕她投诉,只能就是听她这么骂,心里还是很伤心。(F2)
> 有时候给别人送快递,他们脾气大得不行,也不太尊重人,拿了快递就走,有时候我们忙了一天还得生一肚子的气。有时候真的不是我们快递员的错误,但客户就是要投诉到我们头上,只要有投诉就一定会处罚我们,我们也挺委屈的。(F3)
> 我以前在外面跑的时候,那些人有的就态度可差了,说话不耐

烦。有的人那口气，真是能把人气死，唉，没办法的事，你就是为人家顾客服务呗，能说啥。（F4）

三　总结与讨论

（一）研究总结

随着互联网和电子商务的兴起，我国出现了超过200万的、以男性为主的快递员群体。在职业性别隔离明显的情况下，女性如何突破性别藩篱成为快递员值得探究。参考和借鉴人力资本理论、社会性别研究、职业性别隔离测算研究三个脉络的职业性别隔离研究，本文提出整合性的性别化—去性别化—再性别化框架，探讨女性快递员职业性别隔离的形塑和调适机制，研究发现：

首先，选择性强调和选择性忽略的"性别化"机制契合"男主外、女主内"的传统性别角色定位和两性期待，形塑了快递员的职业性别隔离。即男性快递员和消费者等社会大众选择性强调快递工作的体力劳动、户外、流动等男性气概特质，而选择性忽略快递工作的情感劳动、站点/室内、静止等女性气质特征，给女快递员贴上"女汉子"标签，为女性从事快递职业设置心理和社会障碍。

其次，理性选择和实用主义逻辑的社会网络、效率和权/平衡三个"去性别化"机制使女性成为快递员。社会网络包含强关系和弱关系，弱关系使女性求职者接收到异质性的工作信息和机会，强关系的强有力影响和帮助有助于打破同性社交偏好，社会网络机制是女性求职者获得男性为主快递工作的直接诱因。效率机制指快递业的资方或管理者为了缩减招聘和用工成本，倾向于雇佣具有快递从业经验或有领路人的女性员工，并通过男女搭配的工作安排来实现体力劳动和情感劳动的优势互补、提高工作效率。权/平衡机制是指女性为了平衡工作和家庭、获得更好的人力资本投资回报，倾向于选择工作时间弹性、收入较高、可以照顾家庭的快递职业。

最后，女快递员通过男性气质的吃苦耐劳、养家责任与女性气质的情感劳动三个"再性别化"机制调试职业性别隔离张力、获得工作合法性，彰显了女快递员的双性化气质。快递工作需要付出既累且苦的体力劳动，但女快递员吃苦耐劳，不仅具有克服困难、完成工作任务的胜任能力，且有较高的职业认同感和留职意愿。获得劳动力再生产开支、养老育幼收入的养家人责任是女快递员持续工作的诱因。女快递员通过向顾客展现正面情绪、忍受资方和顾客的情绪暴力等多元情感劳动来回应资方和顾客的需求。

（二）研究讨论

本文提出性别化—去性别化—再性别化框架分析职业性别少数群体的性别管理阶段和过程，并以女快递员为例进行实证分析，具有学术对话和实践指导意义。

第一，支持并补充人力资本理论。人力资本理论认为，女性由于要照顾家庭而选择人力资本投资较少的工作，因而人力资本投资较多、投入家庭实践和精力少的女性更可能打破职业性别隔离。本文案例中的F1，未婚、大专学历，放弃相对低薪、女性居多的食品行业，进入相对高薪、男性居多的快递行业，支持了人力资本理论。但该理论无法解释高中及以下学历、均育有两个孩子F2、F3和F4何以能进入职业性别隔离明显的快递业。可见，人力资本理论对职业性别隔离具有一定的解释力，若充分考虑求职者的社会网络和养家需求、雇主的用人需求和劳动力市场的结构性压力等因素，则可以拓展其解释力度和范围。

第二，性别化—去性别化—再性别化分析架构可以为社会性别领域的职业性别少数研究提供一般化的概念工具和理论框架。社会性别研究关注职业性别少数群体的入行契机、职场性别管理，虽有策略性分析，但未提出超出案例职业的一般性的、机制性的解释框架。整合既有研究，本文尝试提出不仅能分析女快递员，也能分析其他职业性别少数群体性别实践的架构，有助于更清晰、直观地理解既有社会性别研究，并为后续研究的开展提供参考和借鉴，增进学术对话与交流。

第三，推进社会网络对职业性别隔离的影响研究。既有研究发现，强弱关系对职业性别隔离的影响存在差异，即使用弱关系求职更有可能打破性别藩篱，强关系则正好相反。本文发现，强弱关系均有助于女性进入快递员职业，那么，如何解释女性通过强关系进入男性为主的快递员职业？本文认为，既有研究建立在男性和女性都有同性社交偏好的基础上，因此，既有研究实际上是强调女性求职者运用女性强关系求职更可能进入女性为主的行业，研究发现的是总体规律，但未对女性求职者的异性强关系给予足够的关注。因此，异性强关系有助于打破职业性别隔离并没有推翻既有研究发现，但是启发后续的职业性别隔离研究可以进一步将强弱关系按性别分类，从而使研究结论更加细化和精准。

第四，在微观劳动形态中探索职业性别隔离的形塑和调适机制，可与职业性别隔离趋势研究互补。职业性别隔离测算研究的视角较为宏观，且以定量研究为主，求职者和员工被化约为抽象、面目模糊的个体，在快递员的微观劳动形态中分析职业性别隔离何以形成和突破，可以将碎片化、主体性不明显的个体和群体具体化为有丈夫、孩子、父母、朋友的员工，从而更全面、完整地理解个体选择背后的连带关系、家庭责任和社会压力。能动性视角可与结构性视角达成优势互补，丰富并推进对职业性别隔离的理解和研究。

第五，将性别视角带入快递员的劳动过程研究，有助于更全面地考察资方和管理者的劳动控制模式和快递员的回应，推进劳动过程研究。快递员的劳动过程研究关注资方和管理者的物流跟踪技术控制、顾客投诉机制、关系控制等劳动控制机制及其快递员的反馈，从性别视角出发的快递员劳动过程研究稀缺。本文发现，资方和管理者不仅愿意招聘有经验、有关系的女快递员以维持工作秩序，且男女搭配也有助于提升工作效率，印证了关系控制的普遍性，由此也表明，性别也被资方和管理者用劳动控制实践。此外，本文发现，社会网络可以为女快递员劳资关系协商赋权，部分消解劳动反抗，与此同时，权/平衡策略与养家责任则通过消极的方式压制了劳动反抗，呼应了生活政治的劳工社会学研究（汪建华，2015）。

由于女快递员的总体比例较低，且受到时间、精力和经费等现实因素限制，本文只收集到四个女快递员的资料，虽涵盖了从青年到中年、从初中肄业到大专学历的快递员，也兼顾了全职/兼职、已婚已育/未婚未育等社会属性的分部，但只涉及电商自营型和第三方加盟型快递公司快递员，缺乏直营型快递公司快递员案例。若能收集到更多具有代表性和典型性的女快递员案例，本文的资料将更加翔实，论证也将更有说服力。未来研究可考虑多方收集关于女快递员的二手资料，丰富对女快递员群体的了解和认识。

参考文献

《马克思恩格斯选集》(第一卷)，中共中央马克思恩格斯列宁斯大林著作编译局编译，人民出版社 1995 年版。

蔡玲：《性别的藩篱：男做女职者职业处境、性别气质建构分析》，《青年研究》2017 年第 5 期。

蔡玲：《科技职场中女性的职业处境与性别管理——以 IT 女性程序员为例的质性分析》，《青年探索》2020 年第 5 期。

蔡晓梅、何瀚林：《如何成为男人？高星级酒店男性职员的性别气质建构——广州案例》，《旅游学刊》2017 年第 1 期。

程诚、王奕轩、边燕杰：《中国劳动力市场中的性别收入差异：一个社会资本的解释》，《人口研究》2015 年第 2 期。

传化公益慈善研究院"中国卡车司机调研课题组"：《中国卡车司机调查报告 No.1：卡车司机的群体特征与劳动过程》，社会科学文献出版社 2018 年版。

方奕、王静、周占杰：《城市快递行业青年员工工作及生活情境实证调查》，《中国青年研究》2017 年第 4 期。

何玲：《城市快递员离职现象探究——基于工作满意度与组织承诺的关系视角》，《中国青年研究》2017 年第 4 期。

金一虹：《"铁姑娘"再思考——中国"文化大革命"期间的社会性别与劳动》，《社会学研究》2006 年第 1 期。

李春玲：《中国职业性别隔离的现状及变化趋势》，《江苏社会科学》2009年第3期。

李洁：《重新发现"再生产"：从劳动到社会理论》，《社会学研究》2021年第1期。

李姝慧：《双重劳动：快递员的工作机制的研究》，学士学位论文，清华大学，2015年。

廉思、黄凡：《对城市快递小哥群体特征及社会功能的再认识——来自北京市的实证调查》，《中国青年研究》2019年第8期。

马丹：《"去标签化"与"性别工具箱"：女性卡车司机的微观劳动实践》，《社会学评论》2020年第5期。

帅满：《快递员的劳动过程：关系控制与劳动关系张力的化解》，《社会发展研究》2021年第1期。

帅满、关佳佳：《分类控制与劳资共识分化：快递员劳动过程研究》，《清华社会学评论》2020年第13辑。

宋岩：《男性气质和女性气质的社会性别分析》，《中华女子学院学报》2010年第6期。

孙萍：《知识劳工、身份认同与传播实践：理解中国IT程序员》，《全球传媒学刊》2018年第4期。

孙萍：《技术、性别与身份认同——IT女性程序员的性别边界协商》，《社会学评论》2019年第2期。

孙萍：《性别的技术政治——中印"程序媛"的数字劳动比较研究》，《全球传媒学刊》2021年第1期。

谭琳、李军锋：《我国非正规就业的性别特征分析》，《人口研究》2003年第5期。

佟新：《劳动力市场、性别和社会分层》，《妇女研究论丛》2010年第5期。

佟新、陈玉佩：《中国城镇学龄前儿童抚育政策的嵌入性变迁——兼论中国城镇女性社会角色的变化》，《山东社会科学》2019年第10期。

童梅：《社会网络与女性职业性别隔离》，《社会学研究》2012年第 4 期。

王澄霞：《女性主义与"男性气概"》，《读书》2012 年第 12 期。

汪建华：《生活的政治：世界工厂劳资关系转型的新视角》，社会科学文献出版社 2015 年版。

王星、韩昕彤：《新兴职业群体的权利保障与社会排斥——基于天津市"快递小哥"的调查分析》，《江海学刊》2020 年第 3 期。

王媖娴：《性别视角下的警察职业文化》，《中国人民公安大学学报》（社会科学版）2017 年第 1 期。

吴艳芳：《从无性别化到再性别化——我国当代女性题材电影手绘海报的跨媒介解读》，《电影新作》2018 年第 5 期。

吴愈晓、吴晓刚：《城镇的职业性别隔离与收入分层》，《社会学研究》2009 年第 4 期。

肖索未：《"严母慈祖"：儿童抚育中的代际合作与权力关系》，《社会学研究》2014 年第 6 期。

杨可：《母职的经纪人化——教育市场化背景下的母职变迁》，《妇女研究论丛》2018 年第 2 期。

张杨波：《熟悉的陌生人：快递员的日常工作和劳动过程》，社会科学文献出版社 2020 年版。

张成刚、杨伟国：《中国职业性别隔离趋势与成因分析》，《中国人口科学》2013 年第 2 期。

赵莉、刘仕豪：《"风雨极速人"——北京市快递员生存现状及角色认同研究》，《中国青年研究》2017 年第 6 期。

钟晓慧、郭巍青：《新社会风险视角下的中国超级妈妈——基于广州市家庭儿童照顾的实证研究》，《妇女研究论丛》2018 年第 3 期。

周欣怡：《性别隔离对女民警职业发展影响研究：以 J 市公安局为例》，硕士学位论文，上海交通大学，2019 年。

庄家炽：《资本监管与工人劳动自主性——以快递工人劳动过程为例》，《社会发展研究》2019 年第 2 期。

Anker R. , "Theories of Occupational Segregation by Sex: An Overview", *International Labour Review*, Vol. 136, No. 3, 1997.

Bian Y. J., "Bringing Strong Ties Back in: Indirect Ties, Network Bridges, and Job Searches in China", *American Sociological Review*, Vol. 62, No. 3, 1997.

Granovetter M. S., "The Strength of Weak Ties", *American Journal of Sociology*, Vol. 78, 1973.

Gross E., "Plus ça Change...? The Social Structure of Occupations over Time", *Social Problems*, Vol. 16, No. Fall, 1968.

Hochschild A. R., Machung A., *The Second Shift: Working Parents and the Revolution at Home*, New York: Avon Books, 2012.

Lin N., *Social Capital: A Theory of Social Structure and Action*, New York: Cambridge University Press, 2001.

Natarajan M., "Police Culture and the Integration of Women Officers in India", *International Journal of Police Science and Management*, Vol. 16, No. 2.

Polachek S., "Occupational Self Selection: A Human Capital Approach to Sex Differences in Occupation Structure", *Review of Economics and Statistics*, February, 1981.

Wexler J. G. & Logan D. D., "Sources of Stress among Police Women Officers", *Journal of Police Science &Administration*, No. 11, 1983.

农村迁移家庭的老人随迁：
影响因素、类型与境况
——基于全国流动人口监测调查的实证分析*

范长煜　王寓凡**

摘　要：本文使用2015年全国流动人口监测调查数据，实证分析了农村家庭化迁移中的老人随迁问题。主要研究发现有：第一，农村老人在家庭迁移中的随迁情况并不乐观，有老人随迁的家庭比例不到8%；第二，回归分析表明，老人是否随迁受到家庭人口数、迁移家庭的年龄结构、平均受教育程度以及未成年小孩等家庭结构因素的显著影响，同时还受夫妻外出安排以及家庭收入、食品支出和住房支出等家庭迁移因素的显著影响；第三，总体而言，家庭迁移中的随迁老人的健康、医治、社会融入等境况尚佳。不过，从流动的主要原因看，他们多数不是去养老享福，而是照顾家庭或务工。

关键词：老人随迁；家庭化迁移；迁移决策；生活境况

一　问题的提出

迁移家庭化已经成为我国人口流动的新趋势（段成荣、程梦瑶、冯

---

* 国家社会科学基金青年科学基金项目"新型城镇化背景下农业转移人口家庭迁移动因、策略与流向研究"（18CRK009）。
** 范长煜，华中师范大学社会学院副教授；王寓凡，华中师范大学马克思主义学院讲师。

乐安，2018）。国家统计局（2015）① 发布的农民工监测调查结果显示，截至2014年，举家迁移的农民工已经达到3578万，占到外出农民工数量的21.27%。近年来这种家庭化流动趋势更加明显，2015年我国流动人口家庭规模达到2.61人，超过一半的流入家庭有3人或以上在同城居住，2016年2人及以上的家庭户达到了81.8%。② 与个体迁移不同，家庭迁移不仅要考虑外出劳动力的迁移，还要考虑其他家庭成员如子女、父母的迁移问题。梳理现有农业转移人口迁移及随迁人员研究文献，我们发现，既有研究更多关注子女随迁，包括子女随迁的影响因素（吕利丹等，2013；宋锦、李实，2014；柯宓、朱钢，2017）、子女随迁对迁移家庭的消费（王琼琳，2015；胡霞、丁浩，2016）、父母的就业质量（邓睿、冉光和，2018）和城市融入（王春超、张呈磊，2017；徐慧，2019）的影响，以及随迁子女的生活状况（刘成斌、童芬燕，2016；宁光杰、马俊龙，2019）、教育问题（葛维春、代祥，2014）和社会融入（熊易寒，2012）。相比而言，现有研究对农村父母或老人随迁的研究相对较少。

为什么要关注农村老人随迁问题？与随迁相对的是留守，现有研究表明，农村留守老人生活存在的问题有三：一是留守老人的体力劳动增多，包括农业劳动参与率上升和隔代养育；二是留守老人的医疗、生活照料存在问题；三是子女外出务工改善了留守老人的经济状况，但情感支持减少，孤独感加重（杜鹏等，2004；周祝平，2009；贺聪志、叶敬忠，2010；左冬梅、李树茁，2011；卢海阳、钱文荣，2014）。我们有理由推测，随着家庭化迁移的日趋普遍，留守老人的问题不仅不会缓解，反而可能更加严峻。其原因在于，在个体化迁移时期，青壮年农民工往返于城乡，可以缓解留守老人的劳动参与、生活照料和情感支持等问题，隔代养育也可以在很大程度上成为物质供给和精神慰藉的保障；

---

① 国家统计局：《2014年全国农民工监测调查报告》，http://www.stats.gov.cn/tjsj/zxfb/201504/t20150429_797821.html。

② 国家卫生和计划生育委员会流动人口司：《中国流动人口发展报告2016》，中国人口出版社2016年版。

但在家庭化迁移时期,这些将随着青壮年农民工长期定居城市和子女随迁而逐渐弱化,留守老人的境况可能会进一步恶化。就此而言,陈柏峰(2009),杨华、范芳旭(2009)等关于农村老人自杀的质性研究为我们敲了警钟。党的十九大提出"老有所养"的社会发展目标,当前在农村养老制度体系尚未完善的情况下,家庭养老依然是多数农村老人的主要选择,所以,从新型城镇化和农业转移人口市民化的角度看,我们需要密切关注农村老人的随迁问题。

关于老人的迁移流动,虽然有不少研究分析了老年流动人口,但把家庭迁移与老人流动联系在一起探讨农村老人随迁影响因素的研究尚不多。从解决农村老人留守和养老问题出发,本文认为需要关注两方面问题:一是迁移家庭的哪些因素影响农村老人随迁或者哪些特征的迁移家庭更有可能携老人迁移;二是农村迁移家庭中的随迁老人在城市的境况如何,包括他们在迁入地的经济来源、身体状况和社会交往等。基于对上述问题的关注,本文将使用全国流动人口监测调查数据,从家庭迁移特征与家庭禀赋的角度,深入分析老人随迁的影响因素和随迁生活境况。本文其余部分安排如下:第二部分对相关文献进行回顾和评述;第三部分是数据来源、变量测量和描述统计,第四部分为实证分析,利用2015年流动人口监测调查数据分析农村老人随迁的影响因素;第五部分将分析随迁老人在城市的生活境况;最后是文章的研究结论与讨论部分。

二 文献回顾

(一)国外研究回顾

国外对老年人流动迁移的研究以前主要集中在退休老人的迁移行为及影响因素的分析(宋健,2005),近年来在区分老年迁移与退休迁移的基础上逐渐转向一般老人迁移研究(Haas, et al., 2006),并发现诸多家庭因素对老人迁移存在显著影响。Zimmerman等(1993)比较了家庭收入与家庭照料对老年人迁移的影响,发现家庭人力资源比经济资源对老人迁移有更大影响，家庭中有人能为老年人提供照料会显著降低老年人的迁移意愿。William和Frank（2004）利用1996年加拿大人口普查中的家庭调查数据，以家庭为分析单位，研究了老年人流动迁移的影响因素。他们按户主年龄把家庭分为老年组（65岁及以上）、次老年组（55—64岁）和年轻组（25—54岁），同时按迁移规模分为夫妻家庭迁移和单人家庭迁移，比较不同组之间在影响因素上是否存在显著差异。他们分析发现，教育对老年人迁移的影响很小，即迁移人力资本模型不适用于老人；在夫妻迁移中，家庭人口数会显著提高老年组迁移的可能性，而年轻组则会降低迁移可能性，配偶的收入和教育水平对迁移也有显著影响；单人家庭迁移收入和教育也有类似作用，且交互分析表明，收入、教育等对女性的影响要大于男性。

子女因素是影响老人迁移的另一个重要方面。Gordon等（1995）基于1984年至1990年的老龄化追踪调查数据研究美国老年人的迁移动机和空间移动特征，他们发现，老年人距离子女居住地的路程超过一小时会促使他们选择迁移。Silverstein和Angelelli（1998）在老年迁移家庭特征的研究中重点分析了子女特征对老人迁移的影响，结果表明，为了获得照料，老年人倾向于选择迁移到经济状况较好的孩子身边；另外，相比儿子，老年人口更愿意通过迁移靠近女儿。此外，孙辈因素也会影响老人迁移，Van Diepen Albertine等（2009）在研究荷兰老年迁移行为与两代人距离远近关联程度时发现，当与孩子的距离逐渐变远时，老年人会更加倾向于向孩子靠近，有孙辈的老人会选择迁移靠近他们的孙辈。

（二）国内研究回顾

国内关于流动老人的研究大致分为两类，一是以年龄为依据，从流动人口中分离出老年流动人口进行分析。例如，孟向京等（2004）以退休年龄为依据将流动老年人界定为男性60岁、女性55岁的尚未迁移户籍的流动人口。但近年来，多数研究不分性别以60岁为界，把60岁及以上离开户籍地的老年人口视为流动老年人口（杨菊华，2018；梁宏、郭娟娟，2018；胡雅萍等，2018）。二是以流动方式或目的为依据，研究特定的流动老人群体，如随迁老人、移居老人等。刘庆、陈世海（2015a）把随迁老人定义为，60岁及以上离开户籍地半年以上，跟随子女跨市流动的老人；陈盛淦、吴宏洛（2016）所研究的随迁老人则为50周岁以上，拥有农村户籍并长期生活在农村，后跟随子女在城市生活半年以上的老人。移居老年人指的是在年老或退休后，迁离其工作生活过的原居地，搬迁到其他城市或地区居住的老年人（李珊、于戈，2011；刘庆、陈世海，2015b）。在现有研究中，"老漂族"这一概念使用含混，既有泛指老年流动人口，也有特指随迁老人（芦恒、郑超月，2016）。

在老年流动人口研究中，主要分析内容为群体特征、健康状况、居留意愿和社会融合。杨菊华（2018），梁宏、郭娟娟（2018）分析了老年流动人口的群体特征，从年龄、性别、户籍、流动目的等进行类型比较分析；宋全成、张倩（2018），杨博、张楠（2019）分析了老年流动人口健康状况及个体、流迁、医疗卫生和社会经济等因素的影响；杨妮等（2018）则研究了老年流动人口的定居意愿，分析表明个体、流动、工作与收入、社会融入和健康等因素存在显著影响；此外，胡雅萍等（2018）利用入户访谈资料分析了流动老人社会融合影响因素。在随迁老人方面，陈盛淦、吴宏洛（2016）和张航空（2018）分别从二孩政策与子女因素分析了随迁老人的城市居留意愿；靳小怡等（2015）、崔烨等（2016）以及刘庆、陈世海（2015）利用深圳市农村随迁父母调查数据分别研究了随迁父母的代际关系、心理福利和精神健康。

（三）研究述评

尽管国内外既有研究对老年人迁移做了许多分析，但这些研究仍有待继续扩展。首先，虽然国外研究表明许多家庭因素会影响老年人的迁移，但从迁移性质看，国外老年人迁移属于一般性老年人口迁移，与我国农村老年人随迁迁移存在本质差别。我国农村老年人随迁的制度背景是户籍制度，一方面，老年人随迁受户籍制度制约难以永久迁移，更多是短期迁居；另一方面，迁移方向多是从农村向城市，从不发达地区向发达地区迁移。因此，国外现有研究结论是否适用于我国农村老人的随迁仍然存疑。其次，国内缺乏系统研究老年人口的迁移决策，尤其是对农村随迁老人，主要关注点聚焦于留居意愿上。留居意愿的研究忽视了一些更为重要的问题，例如，有多少迁移家庭携老人随迁，哪些迁移家庭更可能携老人迁移，如果不能首先回答这些问题，随迁老人的留居意愿就缺乏现实基础。最后，现有关于随迁父母或老人的研究采用的数据主要是局部地区的小样本数据，研究结论存在较大局限。

基于上述问题，本文试图利用全国性代表数据分析农村迁移家庭的老人随迁及其影响因素，同时分析随迁老人的生活境况。本文的分析单位是迁移家庭，即排除老人的流入地家庭。根据既有文献和所掌握数据的变量情况，本文侧重考察两类与老人随迁相关的家庭因素。第一类是家庭结构特征，包括家庭人口数、家庭人口年龄结构、家庭成年人口的受教育结构、家庭未成年小孩的年龄分布等。结构特征通过家庭成员年龄、教育年限的均值、标准差、最大值和最小值等进行测量。第二类是家庭迁移特征，包括家庭成年人口的流动年限、家庭流动范围、夫妻外出安排，以及家庭月收入、食品支出、住房支出等经济因素。本文使用的数据调查了随迁老人的基本信息，但未调查老家留守老人的信息，所以无法纳入老人的社会人口特征变量进行控制，如年龄、性别、子女数，教育程度、是否外出过等，由此假设这些变量与前述家庭变量相互独立。

三 数据、变量和分析方法

（一）数据来源

本文使用数据为国家卫生和计划生育委员会发布的 2015 年"全国流动人口动态监测调查" A 卷数据，该调查涵盖了 31 个省（区、市）和新疆生产建设兵团，调查采用分层、多阶段、与规模成比例的 PPS 抽样，样本总量为 20.6 万人。调查对象为在本地居住一个月以上，非本区（县、市）户口的 15 周岁及以上男性和女性流动人口，是一个具有全国代表性和权威性的流动人口抽样调查。更为重要的是，2015 年开展的流动老人专题调查，在 A 卷第四部分一方面询问了"目前，您本人是否有年龄在 60 周岁及以上的父母在老家居住？"这一点是本文研究迁移家庭是否携老人随迁的关键；另一方面详细询问了本地随迁老人具体情况，包括流动原因、经济来源、社会交往、身体健康与锻炼及医疗卫生服务等。

本文的研究对象是农村迁移家庭的老人随迁，分析内容包括随迁影响因素和随迁生活境况。迁移家庭的筛选条件是：（1）农村户籍家庭；（2）家中在老家或本地有 60 岁及以上老人；（3）除老人外，家庭中其他成员均迁移至本地；（4）本地家庭成员在 2 人及以上，同时排除纯老人户及老人小孩（18 岁以下）组合户。识别家庭中是否有 60 岁及以上老人成员的方法是：问卷第一部分的家庭成员信息调查的是本地随迁老人的信息，没有老家留守老人的信息；而第四部分询问的是被访者本人在老家居住的父母，未清晰区分公公婆婆或岳父岳母，如果女性被访者报告的老家老人是其父母，我们很难确定他们是否是其家庭成员。鉴于我国农村目前仍主要是父权家庭制度，男性对父母负有主要赡养义务，因此本文的研究对象为男性被访者家庭；此外，若男性被访者把岳父母也报告为家里老人，我们把他的岳父母视为家庭成员纳入样本。按照条件筛选，获得迁移家庭样本 26821 个，占总样本的 13%。

本文关注的核心问题是迁移家庭特征对老人随迁的影响效应，分析对象是除老人外其他家庭成员均已迁移到本地的家庭。由于家庭住房支出、家庭食品支出和家庭月收入存在少数缺失值，因此需要删除部分样本，对比样本删除前后因变量的频率分布，发现各分类频率变化未超过 1%，说明样本删除影响较小，最终纳入回归分析的样本为 25792 个。

（二）变量测量与分析方法

本文的因变量是农村迁移家庭的老人随迁状况，操作化为家里有 60 岁及以上老人的农村迁移家庭中随迁老人的人数。首先，根据描述统计结果，家里有60岁及以上老人的数量范围是1—5人，但仅有1位老人的家庭约占32.93%，有2位老人的家庭占66.47%，两者合计为99.40%，因此本文仅分析家里有1位和2位老人的迁移家庭。其次，由于不同老人数家庭的随迁发生概率不一样，所以分析时需要对1位老人和2位老人家庭的随迁分别进行独立分析。对于仅有1位老人的迁移家庭，是否携老人随迁是一个二值选择模型，因此采用logit模型进行分析。对于有2位老人的家庭，随迁结果包括携0人、1人和2人的情况。从数据类型看，这是一个非负整数的离散变量，应该采用泊松回归等计数模型；但根据前文描述分析可知，2位老人是否随迁，何时随迁，并不是完全相互独立的事件，相反，随迁老人是一同迁移外出。这说明，应该把2位老人家庭携老人迁移视为一种策略或方案选择，包括未迁移、拆分迁移和一同迁移三种方案，因此本文采用Mlogit模型进行分析。

本文关注的主要解释变量分为两个方面，一个是家庭结构特征，另一个是家庭迁移特征。家庭结构特征包括家庭人口数（含老人）、家庭人口年龄结构、家庭成年人口受教育结构、未成年小孩年龄分布四组变量。其中，家庭人口年龄结构变量分别是：（1）年龄均值，表明家庭年龄层次，是老龄化的还是年轻化的；（2）年龄标准差，表明家庭成员年龄的离散程度，标准差越大说明家庭代际层次越多；（3）年龄最大值，表明家庭拥有的生活阅历和经验丰富程度；（4）年龄最小值，表明家庭抚养负担程度。家庭成年人口受教育结构变量分别是：（1）教育年限均值，表明家庭的整体受教育层次，以及工作和生产能力水平；（2）教育年限标准差，表明家庭成年人口教育的一致水平，标准差越大一致性水平越低；（3）教育年限最大值和最小值，表明家庭成年人口工作潜力的上限和下限。

在家庭迁移特征方面，笔者纳入了家庭成年人口流动年限、流动范围、夫妻安排、家庭经济四组变量。其中，家庭成年人口流动年限特征变量分别是：（1）流动年限均值，表明家庭成年人口外出时长的整体水平；（2）流动年限标准差，表明家庭成年人口外出安排，是一同外出,还是陆续外出;(3)流动年限最大值和最小值,分别表明家庭成年成员外出最长年限和最短年限。家庭迁移范围包括市内跨县、省内跨市和跨省迁移三个距离,以市内跨县为参照组。家庭外出安排包括夫妻均务工经商、丈夫务工经商妻子随迁和其他安排方式,以其他安排为参照组。家庭经济变量包括家庭月收入、家庭月食品支出和家庭月住房支出。表1对主要变量进行了描述统计。

表1　　　　　　　主要回归变量描述(N=25792)

变量		测量类型	家里仅1老人 (n=8495)		家里有2老人 (n=17143)	
			均值	标准差	均值	标准差
老人随迁	无老人迁移	0否,1是	0.88	0.32	0.95	0.21
	有1位老人迁移	0否,1是	0.12	0.32	—	—
	2位老人拆分迁移	0否,1是	—	—	0.02	0.13
	2位老人一同迁移	0否,1是	—	—	0.03	0.17
家庭人口规模	人口数(含老人)	离散变量	4.34	0.90	5.34	0.78
家庭年龄结构	人口年龄均值	连续变量	29.29	8.72	27.06	7.30
	年龄标准差	连续变量	14.24	5.46	14.16	4.76
	年龄最大值	连续变量	41.13	8.15	38.34	6.85
	年龄最小值	连续变量	14.07	12.67	11.72	10.52
家庭成年人口教育结构	教育年限均值	连续变量	9.02	2.08	9.43	2.00
	教育年限标准差	连续变量	0.98	1.26	0.76	1.12
	教育年限最大值	连续变量	10.09	2.44	10.26	2.34
	教育年限最小值	连续变量	8.01	2.62	8.66	2.36
家庭未成年人分布	4岁以下	0无,1有	0.18	0.38	0.20	0.40
	4—6岁	0无,1有	0.18	0.39	0.21	0.41
	7—14岁	0无,1有	0.42	0.49	0.48	0.50
	15—17岁	0无,1有	0.13	0.34	0.14	0.34

续表

变量		测量类型	家里仅1老人 (n=8495)		家里有2老人 (n=17143)	
			均值	标准差	均值	标准差
家庭成年人口流动	流动年限均值	连续变量	5.61	4.87	5.12	4.34
	流动年限标准差	连续变量	0.81	1.61	0.72	1.45
	流动年限最大值	连续变量	6.41	5.76	5.81	5.17
	流动年限最小值	连续变量	4.55	4.40	4.16	3.86
家庭流动范围	市内跨县流动	0否，1是	0.22	0.41	0.22	0.42
	省内跨市流动	0否，1是	0.33	0.47	0.33	0.47
	跨省流动	0否，1是	0.45	0.50	0.45	0.50
夫妻工作安排	夫妻均务工经商	0否，1是	0.57	0.50	0.57	0.49
	丈夫务工经商妻子随迁	0否，1是	0.34	0.47	0.37	0.48
	其他安排	0否，1是	0.09	0.29	0.06	0.23
过去一年家庭经济情况	月收入（千元）	连续变量	6.24	4.12	6.25	4.01
	食品月支出（千元）	连续变量	1.47	0.75	1.47	0.73
	住房月支出（千元）	连续变量	0.63	0.65	0.68	0.66

注：除了特别说明，以上家庭变量均是排除60岁及以上老人的家庭成员信息后计算获得的，其中家庭食品和住房支出是通过计算家庭成员平均值并排除随迁老人支出之后计算其他家庭成员支出得到的。

四 老人随迁影响因素分析

如表2所示，在家中仍有老人的迁移家庭中，老人随迁的比例为7.78%，其余九成多的农村迁移家庭老人仍处于留守状态。其中，随迁1人的比例为5.31%，随迁2人的比例为2.44%。从随迁人数看，随迁老人数以1人为主，随迁3人的情况极少。从随迁模式看，迁移家庭中老人均随迁的模式占多数，占6.69%，老人拆分随迁模式的比例仅为1.67%。由以上分析不难看出，农村老人在家庭迁移中的随迁情况并不乐观，迁移家庭中老人随迁的比例很低，绝大多数家庭的老人仍处于留守状态。

表2 迁移家庭中老年人口"留守—随迁"的联合分布（N=26821）

老家留守老人数	本地随迁老人数（%）				合计
	0人	1人	2人	3人	
0人	0.00	3.92	2.13	0.03	6.08
1人	28.91	1.11	0.08	0.00	30.11
2人	63.31	0.27	0.23	0.00	63.81
合计	92.22	5.31	2.44	0.03	100

如表3显示了迁移家庭携老人迁移的影响因素回归分析结果。模型1和模型2采用logit模型分析了家里仅1位老人的随迁影响因素。模型1控制了省份固定效应，结果表明，模型的准确预测比率为89.72%，说明模型有很高的拟合优度，模型2增加了家庭迁移变量，准确预测比率维持在90.48%的高水平，同时伪R^2从0.178上升到0.286，说明模型在增加家庭迁移变量后得到了很大改进。

对于仅1位老人的迁移家庭，在其他因素不变的情况下，家庭人口数、家庭年龄结构变量、家庭受教育水平等对迁移家庭的老人随迁具有显著的影响。家庭人口数对老人随迁具有显著的负向影响，即家庭人口数越多，农村迁移家庭携老人随迁的可能性越低，其中家庭人口数每增加一人，老人随迁的几率比减少46%（$e^{-0.770}=0.463$）。家庭人口年龄均值和年龄标准差也存在显著的负向作用。年龄均值的负向影响意味着老龄化迁移家庭很难携老人随迁，而年轻世代家庭携老人随迁的可能性大；年龄标准差的负向影响说明，家庭人口年龄越离散，代际层次越多，携老人随迁的可能性越小，年龄标准差每增加一岁，携老人随迁的几率比就会下降88%。家庭人口年龄最大值有显著的正效应，最大年龄每多一岁，随迁概率比增加37.6%。在教育水平方面，模型结果表明，家庭成员教育水平结构的影响主要体现在家庭成年人口的平均教育层次，分析发现，老人随迁的可能性与家庭成年人口平均教育年限呈显著的正"U"曲线关系，曲线的拐点在10.7年。当平均教育年限小于10.7年时，平均教育年限增加会显著降低老人随迁的可能性，即农村迁移家庭的平均受教育程度低于高中毕业水平时，教育年限越长反而携老人随迁的可能性越小。在仅1位老人的家庭中，是否有不同年龄段小孩对老人随迁缺乏显著影响。

表3　迁移家庭老人随迁的 Logit 和 Mlogit 多元回归模型

因变量：随迁状况（无老人迁移=0）		仅1位老人		有2位老人			
		模型1	模型2	模型3		模型4	
		有迁移	有迁移	拆分迁移	一同迁移	拆分迁移	一同迁移
家庭结构变量	家庭人口数	-1.205*** (0.097)	-0.770*** (0.092)	-1.524*** (0.151)	-1.466*** (0.127)	-1.262*** (0.152)	-0.681*** (0.127)
	家庭人口年龄均值	-0.357*** (0.020)	-0.259*** (0.023)	-0.355*** (0.035)	-0.273*** (0.032)	-0.277*** (0.037)	-0.091*** (0.035)
	家庭人口年龄标准差	-0.091*** (0.025)	-0.127*** (0.027)	-0.119*** (0.045)	-0.145*** (0.047)	-0.152*** (0.044)	-0.161*** (0.048)
	家庭人口年龄最大值	0.319*** (0.017)	0.283*** (0.017)	0.336*** (0.029)	0.213*** (0.030)	0.304*** (0.030)	0.106*** (0.033)
	家庭人口年龄最小值	0.045*** (0.017)	-0.010 (0.019)	0.017 (0.031)	0.027 (0.032)	-0.033 (0.031)	-0.053 (0.032)
	家庭成年人口教育年限均值	0.066 (0.119)	0.214* (0.127)	-0.378* (0.223)	-0.837*** (0.218)	-0.304 (0.224)	-0.436** (0.220)
	家庭成年人口教育年限均值平方	0.013*** (0.003)	0.010** (0.004)	0.013** (0.006)	0.015*** (0.004)	0.010* (0.006)	0.010** (0.005)
	家庭成年人口教育年限标准差	-0.203 (0.252)	0.047 (0.268)	-0.597 (0.487)	-1.237*** (0.432)	-0.241 (0.497)	-0.258 (0.477)
	家庭成年人口教育年限最大值	-0.027 (0.133)	-0.189 (0.139)	0.410 (0.263)	0.948*** (0.233)	0.226 (0.269)	0.342 (0.256)
	家庭成年人口教育年限最小值	-0.269** (0.125)	-0.172 (0.133)	-0.265 (0.241)	-0.348 (0.229)	-0.095 (0.245)	-0.012 (0.244)
	家里有4岁以下小孩	-0.271* (0.149)	-0.026 (0.158)	0.187 (0.232)	0.464** (0.191)	0.339 (0.238)	0.540*** (0.201)
	家里有4—6岁小孩	-0.134 (0.134)	0.110 (0.144)	0.139 (0.212)	0.654*** (0.174)	0.207 (0.218)	0.590*** (0.182)
	家里有7—14岁小孩	-0.027 (0.117)	0.234* (0.133)	-0.174 (0.198)	0.779*** (0.167)	-0.136 (0.214)	0.708*** (0.179)
	家里有15—17岁小孩	-0.089 (0.134)	-0.032 (0.151)	-0.192 (0.243)	0.441** (0.196)	-0.213 (0.259)	0.167 (0.211)

续表

因变量：随迁状况（无老人迁移=0）		仅1位老人		有2位老人			
		模型1	模型2	模型3		模型4	
		有迁移	有迁移	拆分迁移	一同迁移	拆分迁移	一同迁移
家庭迁移变量	家庭成年人口流动年限均值		0.046 (0.063)			-0.039 (0.103)	-0.146 (0.092)
	家庭成年人口流动年限标准差		-0.024 (0.095)			-0.110 (0.154)	-0.266** (0.134)
	家庭成年人口流动年限最大值		-0.002 (0.062)			0.078 (0.098)	0.190** (0.081)
	家庭成年人口流动年限最小值		0.004 (0.021)			0.004 (0.033)	0.049* (0.029)
流动范围	省内跨市流动		0.032 (0.111)			0.248 (0.186)	-0.277** (0.139)
	跨省流动		-0.100 (0.122)			-0.050 (0.204)	-0.372** (0.149)
夫妻安排	夫妻均务工经商		-2.013*** (0.119)			-1.106*** (0.188)	-2.056*** (0.134)
	丈夫务工经商妻子随迁		-2.133*** (0.129)			-1.358*** (0.207)	-1.969*** (0.142)
经济情况	过去一年家庭月收入（千元）		0.063*** (0.013)			0.066*** (0.010)	0.085*** (0.009)
	过去一年家庭食品月支出（千元）		-0.719*** (0.069)			-0.516*** (0.104)	-1.292*** (0.102)
	过去一年家庭住房月支出（千元）		-0.640*** (0.084)			-0.547*** (0.119)	-1.102*** (0.122)

续表

因变量：随迁状况（无老人迁移=0）	仅1位老人		有2位老人			
	模型1	模型2	模型3		模型4	
	有迁移	有迁移	拆分迁移	一同迁移	拆分迁移	一同迁移
现居省份固定效应	YES	YES	YES	YES	YES	YES
常数项	1.300** (0.593)	1.137* (0.643)	2.508** (1.047)	4.570*** (0.804)	2.477** (1.062)	3.313*** (0.879)
N	8495	8495	17126	17126		
准确预测比率（%）	89.72	90.48	—	—		
pseudoR²	0.178	0.286	0.099	0.215		

注：（1）模型1、模型2为logit模型，模型3、模型4为Mlogit模型；（2）流动范围以市内跨县为参照组，夫妻安排以其他安排为参照组；（3）显著性水平为 $*p<0.10$，$**p<0.05$，$***p<0.01$，括号内为标准误。

在家庭迁移变量方面，流动年限和流动范围对仅1位老人家庭的老人随迁没有显著影响，夫妻安排和家庭经济有显著作用。在夫妻外出安排中，与其他安排相比，夫妻均务工经商或丈夫务工经商妻子随迁两种安排均显著降低老人随迁的可能性，前者可能在于无法照顾老人，而后者可能是妻子替代了老人的家庭照料功能。家庭经济因素分析显示，家庭月收入水平越高，老人随迁的可能性越大；相反，家庭食品和住房消费支出越大，老人随迁的可能性越小；且与收入的效应相比，支出的影响更大，收入每增加1000元，老人随迁几率比仅增加6%，而食品月支出每增加1000元，随迁几率比下降105%，说明迁移家庭对消费支出的扩大十分敏感。

模型3和模型4采用Mlogit模型分析了有2位老人家庭的随迁影响因素，并进行了不相关选择项独立性假定（Independence of Irrelevant Alternatives，IIA）检验，结果接受原假设，模型满足IIA假定的要求。模型4在模型3的基础上增加了家庭迁移变量，伪 R^2 从0.099增加到0.215，说明模型得到了很大改进。

在具体的影响效应上，家庭人口数、家庭教育年限、未成年小孩分布、流动年限、流动范围、夫妻安排和家庭经济等变量均对家里有2位老人的随迁存在显著影响。与模型1和模型2结果一致，家庭人口数、家庭成员年龄均值和年龄标准差均对老人随迁的两种方案有显著的负向影响；家庭人口年龄最大值则有显著的正向作用。家庭成年人口的平均教育年限仍然呈现显著的正"U"形曲线。此外，夫妻安排和家庭经济也存在相一致的显著作用。

与仅1位老人家庭不同，未成年小孩、流动年限和流动范围对有2位老人家庭的老人随迁有显著影响，但主要是影响2人一同迁移的可能性。具体而言，迁移家庭中有4岁以下婴儿、4—6岁幼儿以及7—14岁儿童会显著提高两位老人一同迁移的可能性，但对拆分迁移没有显著影响。在家庭迁移变量方面，家庭成年人口越是陆续、分散迁入本地，家里两位老人一同随迁本地的可能性越小，流动年限标准差每增加一年，一同随迁本地的几率比就下降76%。此外，家庭成年人口流动年限的最大值和最小值存在显著的正效应，最大值或最小值的流动年限越长，两位老人一同随迁本地的可能性就越大，这说明迁移家庭成年成员在本地生活时间越长，老人一同随迁的可能性就越高。家庭流动范围的分析结果表明，与市内跨县相比，省内跨市和跨省流动家庭中两位老人一同随迁的可能性低，说明流动距离越长，2位老人一同迁移的可能性越小。

从模型间的比较来看，无论在1位老人家庭还是2位老人家庭，1人随迁的影响因素是一致的，包括家庭人口数、家庭年龄结构、家庭教育年限、夫妻安排和家庭经济等因素，而2位老人一同随迁除了上述因素外，还受到未成年小孩分布、流动年限和流动范围的影响，说明迁移家庭携2位老人一同随迁的条件更为苛刻。

五 随迁老人的境况分析

那么农村迁移家庭随迁老人的社会特征是什么，生活境况又如何？为了解不同类型随迁老人的特征和境况，笔者按照家庭随迁人数和性别，把随迁老人分为四个群体进行分析。如表4所示，在仅1人随迁家庭中，女性随迁老人的平均年龄约68岁，男性约66岁；在具体年龄分布上，如图1所示，男性更多集中在65岁以下，而女性65岁以上年龄的比例均高于男性，这说明1人随迁家庭中的男性老人更偏年轻，而女性更为年老。相反，在2人随迁家庭中，男性老人的平均年龄比女性大约2岁，由图1可知，女性集中在65岁以下，男性集中在65岁到70岁之间。据图比较两类家庭可知，70岁是一个类型转换节点，2人随迁在70岁以后转换成1人随迁的概率上升。

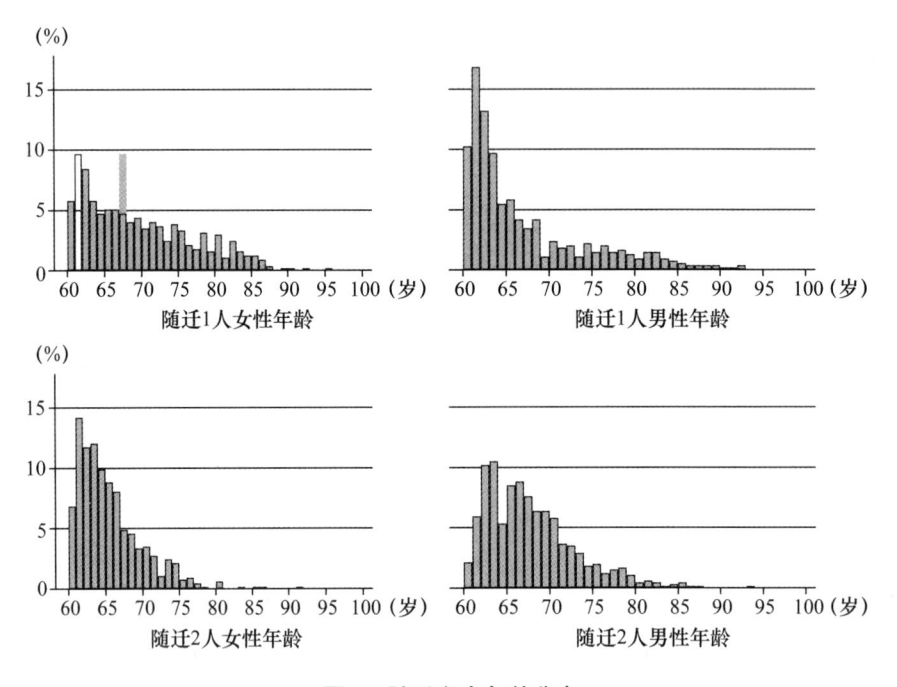

图 1　随迁老人年龄分布

表 4　　　　　　随迁老人的社会人口特征（N=2087）

变量	随迁1人		随迁2人	
	女性（n=616）	男性（n=807）	女性（n=650）	男性（n=654）
年龄	68.48（7.45）	65.57（6.83）	64.68（4.46）	66.81（5.42）

续表

变量	随迁1人		随迁2人	
	女性（n=616）	男性（n=807）	女性（n=650）	男性（n=654）
有配偶	0.38（0.49）	0.62（0.49）	1.00（0.07）	0.99（0.08）
教育年限	3.51（3.50）	5.91（3.51）	4.85（3.42）	6.22（3.15）

注：（1）表标题中N表示迁移家庭样本量，表中n表示个体老人的样本量；（2）上表显示的统计量为均值，括号内为标准差。

从配偶情况看，如表4所示，随迁2人家庭中的老人几乎均有配偶，统计分析显示他们绝大多数都是夫妻；与之不同，随迁1人家庭中的男性有配偶占比达到62%，而女性仅为38%，这意味着女性老人可能更多是投靠子女，后文的分析表明了这一点。在教育水平上，农村家庭迁移随迁老人普遍教育水平低，平均教育程度为小学水平，其中女性的受教育程度比男性低，1人随迁女性老人的教育年限最短，平均不到4年。

如表5所示，在1人随迁家庭中，男性的平均流动时间比女性长约0.7年；从流动时年龄看，男性老人外出流动的平均年龄要比女性小约4岁，这说明在1人随迁家庭中老人的迁移时间存在差别。在2人随迁家庭中，男性与女性的平均流动时间均约为7年，中位值均为5年，说明2人随迁家庭的老人多数是一同随迁外出。从中位值可以看出，有约一半的随迁老人并不是在60岁以后才随迁外出，且有部分老人50岁以前就已经外出，这意味着随迁老人有些本身就是老一代移民；同时还有小部分较高龄老人在70岁以后才随迁外出。

表5　　　　　　　　**随迁老人的流动时间**（N=2087）

变量	统计量	随迁1人		随迁2人	
		女性（n=748）	男性（n=612）	女性（n=813）	男性（n=816）
流动年限	均值	5.43	6.15	6.93	6.98
	标准差	5.97	6.19	6.68	6.88
	中位值	3	4	5	5

续表

变量	统计量	随迁1人		随迁2人	
		女性（n=748）	男性（n=612）	女性（n=813）	男性（n=816）
本次流动时年龄	均值	63.05	59.42	57.75	59.83
	标准差	8.92	9.33	7.60	8.52
	中位值	62	59	59	60

从流动范围看，如表6所示，农村随迁老人多数是远距离迁移且不同类型之间的差异很小，其中跨省流动占多数，在40%左右。但流动主要原因的差别很大，表现出较为明显的家庭分工。如前文推测，1人随迁的女性老人配偶比例仅为1/3，所以她们中有39%的人随迁原因是养老，大大高于1人随迁男性老人和2人随迁老人，后两者的比例均在25%左右。不过，无论哪类随迁老人，他们多数流动的主要原因是照顾孙辈或子女，尤其是女性老人，照顾比例均在50%以上。此外，男性流动老人有较高比例的务工经商，其中1人随迁男性约占33%，远高于1人随迁女性；2人随迁男性也高于女性，达到24%。总的来看，农村家庭迁移随迁老人进入城市与家人一起生活，多数不是纯粹的养老享福，而是参与家庭分工，为子女操劳。

表6　　随迁老人的流动范围与主要原因（N=2087）

变量	测量	随迁1人（%）		随迁2人（%）	
		女性（n=616）	男性（n=806）	女性（n=650）	男性（n=653）
流动范围	市内跨县	24.03	21.71	27.85	27.72
	省内跨市	34.42	36.10	32.00	32.62
	跨省	41.56	42.18	40.15	39.66
	合计	100	100	100	100
流动主要原因	务工经商	4.31	32.68	12.31	23.58
	照顾子女	11.03	7.23	16.81	10.76
	照顾孙辈	39.31	27.54	36.44	33.70
	治病	1.21	0.70	0.67	0.63
	养老	39.48	25.87	25.12	24.37
	其他	4.66	5.98	8.65	6.96
	合计	100	100	100	100

续表

变量	测量	随迁1人（%）		随迁2人（%）	
		女性（n=616）	男性（n=806）	女性（n=650）	男性（n=653）
经济来源	家庭其他成员（不含配偶）	69.66	46.87	56.91	49.21
	劳动收入	5.52	32.13	14.81	25.32
	离退休金/养老金	8.79	9.46	12.98	15.66
	其他收入	8.97	5.70	9.98	5.85
	最低生活保障金	6.03	4.17	3.33	2.53
	储蓄及理财	0.52	1.39	2.00	1.42
	房租	0.52	0.28	0.00	0.00
	合计	100	100	100	100

在经济来源方面，如表6所示，农村家庭迁移中随迁老人的经济来源主要依赖家庭其他成员，少数依靠自身劳动收入和退休金或养老金，拥有储蓄及理财的比例极低。女性随迁老人对家庭更为依赖，其中约70%的1人随迁女性的经济依赖于家庭其他成员，2人随迁女性也达到57%；相比而言，男性不到50%，1人随迁的男性约32%的人有劳动收入，这与主要流动原因的结果相一致。除上述两项外，拥有其他经济来源的比例很低，尤其是老人们基本都没有储蓄。

在流入地生活中，如表7所示，与本地人交往和身体锻炼是随迁老人的重要生活内容，也是适应本地生活的重要方式。比较来看，1人随迁女性老人的本地朋友数最少，均值不到6个，50%的人在3个以下，无朋友者占21%；相反其他三类老人的平均朋友数在7个以上，中位值为5个，无朋友比例仅在12%左右。在锻炼时间方面，随迁老人基本没有太大差异，每天锻炼时间均在1小时左右。

表 7　　　　　随迁老人的本地社交与锻炼（N=2087）

变量	统计量	随迁 1 人		随迁 2 人	
		女性（n=616）	男性（n=806）	女性（n=650）	男性（n=653）
朋友数（个）	均值	5.49	7.50	7.46	8.31
	标准差	7.10	9.47	8.38	9.28
	中位值	3	5	5	5
无朋友	百分比	21.10	13.43	12.25	11.59
锻炼时间（分钟）	均值	58.94	62.06	61.55	62.08
	标准差	46.37	45.21	45.18	44.75
	中位值	60	60	60	60

在身体健康状况方面，如表 8 所示，1 人随迁家庭中的女性老人出现健康状况差的比例最高，其中不健康尚能自理的比例约为 14%，生活不能自理的约占 3%，两者差不多是男性老人的两倍；2 人随迁家庭中的两位老人不健康的发生比例介乎前面两者之间。从平时小病的治疗途径看，1 人随迁女性老人与其他三类老人也存在差别，她们有超过 50% 的人需要到医院看医生。

表 8　　　　　随迁老人的健康状况与疾病治疗（N=2087）

变量	统计量	随迁 1 人（%）		随迁 2 人（%）	
		女性（n=616）	男性（n=806）	女性（n=650）	男性（n=653）
健康状况	健康	41.53	52.43	42.29	45.47
	基本健康	42.07	38.43	47.04	44.33
	不健康但能自理	13.58	7.71	9.75	8.69
	生活不能自理	2.82	1.43	0.92	1.51
	合计	100	100	100	100
平时小病治疗	看医生	50.67	45.00	48.75	48.99
	自己治疗	46.77	53.00	49.80	49.37
	其他方式	2.56	2.00	1.45	1.64
	合计	100	100	100	100

总的来看，迁移家庭的随迁老人总体情况尚佳。与其他三类老人相比，1人随迁的女性老人生活境况较差，具体表现为：年龄高，受教育少，大部分没有配偶，流动时间短且外出时年龄高，多数需要照顾子孙，大多数依赖其他家庭成员提供收入，本地朋友数量少，无朋友比例高，身体不健康情况发生比例大。

六 结论与政策启示

本文使用2015年全国流动人口监测调查数据，对我国农村家庭化迁移老人随迁问题进行实证分析。根据描述统计和回归分析结果，本文有如下发现：

第一，农村老人在家庭迁移中的随迁情况并不乐观。在其他成员均已迁移的农村迁移家庭中，有老人随迁的家庭的比例不到8%，也即绝大多数迁移家庭的老人仍留守农村。在多老人家庭中，随迁以一同迁移为主，拆分迁移为少数。

第二，在仅有1位老人的迁移家庭中，老人是否随迁受家庭人口数、家庭人口年龄结构、家庭成年人口受教育结构、夫妻外出安排以及家庭收入和支出的显著影响。其中，家庭人口数、家庭人口年龄层次、家庭人口代际层次以及家庭月生活支出等连续变量有显著的负向作用，而家庭人口最大值和家庭月收入有显著的正向影响。此外，家庭成年人口均值与老人随迁可能性呈现正"U"形曲线关系；与其他安排相比，夫妻均务工经商、丈夫务工经商妻子随迁两种安排的家庭中，老人随迁的可能性显著更低。

第三，在有2位老人的迁移家庭中，上述因素对拆分迁移和一同迁移两种策略存在基本一致的显著效应。此外，一同迁移还受到未成年小孩年龄分布、家庭成年人口流动年限、家庭流动范围的显著影响。其中，迁移家庭中有4岁以下婴儿、4—6岁幼儿以及7—14岁儿童会显著提高两位老人一同迁移的可能性；家庭成年人口流动年限标准差有显著的负向影响，流动年限的最大值和最小值存在显著的正效应；与市内跨县相比，省内跨市和跨省流动家庭中两位老人一同随迁的可能性更低。

第四，总体而言，那些跟随家庭的随迁老人在流入城市的生活境况尚可，绝大多数人健康状况较好，生病可以及时医治，能够融入本地社会，有较为充足的锻炼时间，生活经济来源有依靠。不过，从流动的主要原因看，他们主要不是去养老享福，多数是照顾家庭或务工。值得注意的是，与其他三类老人相比，1人随迁的女性老人生活境况较差，她们年龄更高，受教育少，大部分没有配偶，流动时间短且外出时年龄高，多数需要照顾子孙，本地朋友数量少，无朋友比例高，身体不健康情况发生比例大，所以她们中随迁养老的比例较大。

上述结果表明，虽然家庭化迁移已经成为农村人口迁移的趋势，且越年轻的夫妻越可能同地外出，其子女也越可能外出（李代、张春泥，2016），但携老人随迁的比例仍很低。即使农村迁移家庭携老人随迁，一方面大多数老人不是去养老享福，而是去照顾家庭或者继续劳动获得收入，另一方面对于养老比例较高的1人随迁家庭女性老人，也表现出迁移晚、时间短、健康差。从这个角度看，随迁老人的境况"尚佳"很可能是一种选择结果，即那些有能力照顾家庭或继续工作的老人才有资格获得随迁的机会。杨华和欧阳静（2013）研究农村老人的自杀认为，中国的底层社会问题是通过城乡二元结构与资源积聚机制转嫁给农村，而农村社会又通过家庭内部的代际分工与剥削机制，将被分配的底层问题转嫁给老年人，最终通过牺牲农村老年人而得以解决和消化。如果这一推断成立的话，那么随着我国城镇化和农业转移人口市民化进程的快速推进，农村老人将不仅被社会所抛弃，还将被家庭所抛弃，使他们陷入更为绝望的境地。

基于本文的研究发现，笔者提出以下几方面建议：首先，在城镇化进程加快的今天，全社会应该更加关注农村老人的生存处境，农村家庭化迁移趋势不仅没有解决他们的生存问题，而且可能进一步恶化他们的处境；其次，从家庭结构特征看，可以为那些家庭人口多、人口整体老化、代际层次多的迁移家庭提供一定的生活保障和经济补贴，降低老人随迁的阻力；最后，从家庭经济看，老人随迁对家庭的食品和住房支出十分敏感，政府应该在城镇化进程中，尤其是在家庭化迁移密集的城市或地区，稳定物价和住房租金价格，为老人随迁创造有利的经济环境。

参考文献

陈柏峰：《代际关系变动与老年人自杀——对湖北京山农村的实证研究》，《社会学研究》2009年第4期。

陈盛淦、吴宏洛：《二孩政策背景下随迁老人城市居留意愿研究——基于责任伦理视角》，《东南学术》2016年第3期。

崔烨、靳小怡：《家庭代际关系对农村随迁父母心理福利的影响探析》，《中国农村经济》2016年第6期。

邓睿、冉光和：《子女随迁与农民工父母的就业质量——来自流动人口动态监测的经验证据》，《浙江社会科学》2018年第1期。

杜鹏、丁志宏、李全棉、桂江丰：《农村子女外出务工对留守老人的影响》，《人口研究》2004年第6期。

段成荣、程梦瑶、冯乐安：《新时代人口发展战略研究：人口迁移流动议题前瞻》，《宁夏社会科学》2018年第2期。

葛维春、代祥：《随迁农民工子女的升学困境及应对措施》，《北京社会科学》2014年第7期。

国家卫生和计划生育委员会流动人口司编：《中国流动人口发展报告2017》，中国人口出版社2017年版。

贺聪志、叶敬忠：《农村劳动力外出务工对留守老人生活照料的影响研究》，《农业经济问题》2010年第3期。

胡霞、丁浩：《子女随迁政策对农民工家庭消费的影响机制研究》，《经济学动态》2016年第10期。

胡雅萍、刘越、王承宽：《流动老人社会融合影响因素研究》，《人口与经济》2018年第6期。

靳小怡、崔烨、郭秋菊：《城镇化背景下农村随迁父母的代际关系——基于代际团结模式的分析》，《人口学刊》2015年第1期。

柯宓、朱钢：《城市公办学校就读门槛降低对农民工子女随迁的影响——基于样本城市自然实验的分析》，《经济问题》2017年第4期。

李代、张春泥：《外出还是留守？——农村夫妻外出安排的经验研究》，《社会学研究》2016年第5期。

李珊、于戈：《移居老年人心理健康状况分析》，《中国公共卫生》2011年第6期。

梁宏、郭娟娟：《不同类别老年流动人口的特征比较——基于2015年国家卫生计生委流动人口动态监测数据的实证分析》，《人口与发展》2018年第1期。

刘成斌、童芬燕：《农民工子女随迁现状与推进路径》，《青年研究》2016年第1期。

刘庆、陈世海：《随迁老人精神健康状况及影响因素分析——基于深圳市的调查》，《中州学刊》2015年第11期。

刘庆、陈世海：《移居老年人社会适应的结构、现状与影响因素》，《南方人口》2015年第6期。

卢海阳、钱文荣：《子女外出务工对农村留守老人生活的影响研究》，《农业经济问题》2014年第6期。

芦恒、郑超月：《"流动的公共性"视角下老年流动群体的类型与精准治理——以城市"老漂族"为中心》，《江海学刊》2016年第2期。

吕利丹、王宗萍、段成荣：《流动人口家庭化过程中子女随迁的阻碍因素分析——以重庆市为例》，《人口与经济》2013年第5期。

孟向京等：《北京市流动老年人口特征及成因分析》，《人口研究》2004年第6期。

宁光杰、马俊龙：《农民工子女随迁能够提高其教育期望吗？——来自CEPS 2013—2014年度数据的证据》，《南开经济研究》2019年第1期。

宋健：《流迁老年人口研究：国外文献评述》，《人口学刊》2005年第1期。

宋锦、李实：《农民工子女随迁决策的影响因素分析》，《中国农村经济》2014年第10期。

宋全成、张倩：《中国老年流动人口健康状况及影响因素研究》，《中国人口科学》2018年第4期。

王春超、张呈磊：《子女随迁与农民工的城市融入感》，《社会学研究》2017年第2期。

王琼琳：《子女随迁对流动人口家庭务工地消费的影响》，《劳动经济研究》2015年第6期。

熊易寒：《整体性治理与农民工子女的社会融入》，《中国行政管理》2012年第5期。

徐慧：《子女随迁、城市就学与农民工的城市认同》，《教育经济评论》2019年第2期。

杨博、张楠：《流动老年人健康自评的性别差异：基于健康双因素的多层模型研究》，《人口与发展》2019年第2期。

杨华、范芳旭：《自杀秩序与湖北京山农村老年人自杀》，《开放时代》2009年第5期。

杨华、欧阳静：《阶层分化、代际剥削与农村老年人自杀——对近年中部地区农村老年人自杀现象的分析》，《管理世界》2013年第5期。

杨菊华：《流动时代中的流动世代：老年流动人口的多维特征分析》，《人口学刊》2018年第4期。

杨妮、许倩、王艳：《"老漂族"长期定居意愿研究——基于成功老龄化的框架》，《人口与发展》2018年第3期。

张航空：《子女因素对随迁老人居留意愿的影响》，《人口与发展》2018年第2期。

周祝平：《农村留守老人的收入状况研究》，《人口学刊》2009年第5期。

左冬梅、李树茁：《基于社会性别的劳动力迁移与农村留守老人的生活福利——基于劳动力流入地和流出地的调查》，《公共管理学报》2011年第2期。

Haas W. H. , et al. , "In Retirement Migration, Who Counts? A Methodological Question With Economic Policy Implications", *The Gerontologist*, Vol. 46, No. 6, 2006.

Jong G. F. D. , et al. , "Motives and the Geographic Mobility of Very old Americans", *Journal of Gerontology: Social Sciences*, Vol. 50, No. 6, 1995.

Marr W. & Millerd F. , "Migration of Elderly Households in Canada, 1991 – 1996: Determinants and Differences", *Population, Space and Place*, Vol. 10, No. 6, 2004.

Silverstein M. & Angelelli J. , "Older Parents' Expectations of Moving Closer to Their Children", *Journal of Gerontology: Social Sciences*, Vol. 53B, No. 3, 1998.

Van Diepen A. M. L. & Mulder C. H. , "Distance to Family Members and Relocations of Older Adults", *Journal of Housing and the Built Environment*, Vol. 24, No. 1, 2009.

Zimmerman R. S. , et al. , "Interpersonal and Economic Resources as Mediators of the Effects of Health Decline on the Geographic Mobility of the Elderly", *Journal of Aging and Health*, Vol. 5, No. 1, 1993.

公民社会经济地位对基层投票选举的影响研究：基于 CSS 四期数据的纵向比较分析*

汤志伟　方錄　问延安**

摘　要：基层群众自治制度是中国共产党领导下的伟大政治创造，其中村（居）委会投票是核心内容。为更好地推进基层民主投票选举，发挥出村（居）委会设置的真正效能，推进基层治理现代化，从现有关于公民社会经济地位同其基层投票选举影响存在矛盾的结论出发，运用 CSS 2013 年至今四期截面数据加以探索验证，发现公民社会经济地位并非真正影响公民基层投票选举的因素，而是存在其他因素，这也进一步说明政治参与的社会经济地位模型并不适用中国的基层群众自治制度分析。因此，在未来的研究中不必再拘泥于探索公民社会经济地位对其基层投票选举的影响，而是可以从更广泛的角度加以验证分析。

关键词：社会经济地位；基层政治参与；投票选举；纵向比较；CSS 数据

---

* 深圳市社会科学规划重点项目"深圳民生'七有'研究"（SZ2021A007）；安徽省高校人文社科研究重大项目"安徽省实施乡村振兴战略的人力资源精准驱动路径研究"（SK2020ZD17）；安徽省高校人文社会科学研究重点项目"突发公共卫生事件下府际合作研究"（SK2020A0177）。

** 汤志伟，电子科技大学公共管理学院教授，智慧治理研究院院长；方錄，电子科技大学智慧治理研究院科研助理；问延安，安徽工业大学公共管理与法学院讲师。

一 问题的提出

自 2013 年党的十八届三中全会提出"国家治理体系和治理能力现代化"以来，党和国家不断采取措施推进政党治理、政府治理、社会治理现代化，其中对于基层治理现代化尤为关注。2020 年党的十九届五中全会专门论述"加强和创新社会治理"，提出"完善社会治理体系，健全党组织领导的自治、法治、德治相结合的城乡基层治理体系"以实现 2035 年"在政治上人人平等参与的权利得到充分保障"的远景目标。① 2021 年中共中央国务院印发的《关于加强基层治理体系和治理能力现代化建设的意见》是当前推进基层治理体系和治理能力现代化的纲领文献，其中文件开篇指出，"基层治理是国家治理的基石，统筹推进乡镇（街道）和城乡社区治理，是实现国家治理体系和治理能力现代化的基础工程"，这一论述充分表明基层治理在国家治理中的重要性与关键性，而其中关于健全基层群众自治制度又特别从"加强村（居）民委员会规范化建设"等四方面加以强调。② 因此关注基层治理中的基层群众自治制度亦具有重要意涵。

民主是中国特色社会主义的生命线，中国共产党团结带领全国各族人民开辟了人民代表大会制度、中国共产党领导的多党合作和政治协商制度、民族区域自治制度等多种形式的中国特色社会主义民主制度。其中，始于 20 世纪 80 年代的基层群众自治制度，是观察和研究中国基层民主政治的一扇重要窗口（任中平、张露露，2018）。作为基本政治制度之一，基层群众自治制度已经成为中国特色社会主义民主的重要组成部分，对于保障基层群众的民主权利以及提升基层群众参政议政素养具有重要意义。基层民主是群众在政治、经济、文化等领域直接行使民主

---

① 《中共中央关于坚持和完善中国特色社会主义制度推进国家治理体系和治理能力现代化若干重大问题的决定》，《人民日报》2019 年 11 月 6 日第 1 版。

② 《中共中央国务院关于加强基层治理体系和治理能力现代化建设的意见》，《人民日报》2021 年 7 月 12 日第 1 版。

权利，参与公共事务管理的制度与实践，是社会主义民主的基础性工程与重点（徐勇，2008），可以说，基层群众自治制度是当前中国参与最广泛、影响最深刻的政治制度之一，已经成为群众正式的制度性政治参与形式。基层群众的政治参与是当前国家民主建设的重要助力，亦是维护社会和谐稳定的重要纽带（胡溢轩，2017）。但是，如何衡量基层民主抑或是基层群众自治制度发展程度亦是学界关注的重点，习近平总书记在庆祝中国人民政治协商会议成立65周年大会上提出的"人民是否享有民主权利，要看人民是否在选举时有投票的权利，也要看人民在日常政治生活中是否有持续参与的权利"[①]这一论断为此指明了方向。本文基于这一论断，从基层群众参与村（居）委会投票选举切入，以此测量基层民主发展程度。本文的贡献在于：一是立足基层群众自治制度这一中国特色政治制度，研究基层群众参与村（居）委会选举这一特殊中国现象，阐述影响当前群众参与村（居）委会选举的因素；二是基于中国社会状况综合调查（CSS）2013年至今四期数据，发现个体的社会经济地位并非一直影响其村（居）委会选举，因此学界可以不必再纠结经济因素是否对基层群众政治参与有影响；三是建构了主客观社会经济地位两个维度，进而分析其对基层政治参与的影响，也为后续研究提供一种思路；四是基于CSS数据采用实证研究方法，发现研究结论，但在某种程度上属于一种探索性研究，即在现有矛盾的研究结论中，通过纵向比较加以探索验证。

二 文献综述与研究假设

（一）理论基础

民主的本质在于参与，没有人民群众的广泛、真实参与，民主将失去基础（徐理响，2019）。政治参与是指公民通过各种合法方法、方式

[①] 习近平：《在庆祝中国人民政治协商会议成立65周年大会上的讲话》，《人民日报》2014年9月22日第2版。

和途径参加政治生活，并对政治体系构成、运行方式、运行规则和政策过程产生影响的行为（王浦劬、李锋，2016），是公民或者公民团体影响政府活动的行为（王邦佐等，2006）。党和国家尤为重视公民的政治参与，2017年党的十九大报告提出，"扩大人民有序政治参与，保证人民依法实行民主选举、民主协商、民主决策、民主管理、民主监督"①。虽然长期以来，我国基层群众自治发展过程先后经历"重选举、轻治理"和"重治理、轻选举"的两种错误认识（任中平、张露露，2018），但是，由于选举参与是人民群众参与公共政治生活最基本、最重要的形式之一（徐理响，2019），"民主选举"是首要和基本的民主实现形式，其发展程度会影响到其他几个方面（黄卫平，2018），选举依旧具有极为重要的地位。基层投票选举是政府为保障居民基本政治选举权利而建构的一种基层政治参与形式，亦是居民投身政治生活实践、表达自身诉求的主要途径（胡溢轩，2017），已经成为影响中国政治、经济格局的重要因素（张川川，2016）。村民民主选举是村民自治的基础和前提条件，也是村民自治的核心内容（赵爱明、史仕新，2010）。村（居）委会选举是基层群众组织民主的关键环节（易承志，2015）。笔者认为，基层选举是基层群众自治的基础和前提条件，是基层群众自治的核心内容，同时又是扩大公民有序政治参与的具体表现形式。政治投票是政治参与中制度化程度最高、参与人数最多和最集中的一种参与形式（李向健等，2015），从微观层面看，村民的选举表现为有选举权的村民投票（武中哲，2018），那么基层群众选举同样表现为有选举权的基层群众的投票行为。其中众多学者认为，村委会选举是村民自治运行过程中的基础（赵鹏程、张鑫，2016），是乡村基层治理体系的逻辑起点和制度基石（葛章明等，2022），是我国基层民主政治建设的重要内容（桂华，2018）。目前在推进基层治理体系和治理能力现代化的背景下，居委会选举和村委会选举是我国基层群众自治运行的基础和基层民主建设

---

① 习近平：《决胜全面建成小康社会 夺取新时代中国特色社会主义伟大胜利》，《人民日报》2017年10月28日第1版。

的重要内容，也是基层治理体系的逻辑起点和制度基石，因此本文同时将居委会选举与村委会选举纳入考察，将其投票选举作为研究的被解释变量，以期丰富基层投票选举的研究成果。

(二) 文献回顾

目前，与农民政治参与研究一样（刘振滨等，2017），基层投票选举的研究成果中也只包括行为主义和制度主义两方面。所谓行为主义就是围绕基层群众政治参与行为展开研究（刘振滨等，2017），例如，李周强运用"中国乡镇民主与治理调查数据库"的957个样本，基于乡村社会信任角度发现信任对村民参与村委会投票选举具有显著积极影响，特殊信任较普遍信任起到影响村民的选举投票行为（李周强，2016）；王晶晶从腐败感知视角基于"中国乡镇民主与治理调查数据库"的522个样本实证研究发现，村民对政府及自治组织的腐败感知越强，其政治参与积极性越低，其中对自治组织的腐败感知显著影响其政治参与行为（王晶晶，2016）；张铤通过浙江农村地区的调研发现，当前农民在政治参与中主要存在农民的政治认知能力有待进一步增强等问题，进而提出农村的经济发展水平不平衡等是影响农民政治参与的主要因素（张铤，2014）。而在制度主义研究中则主要关注基层群众政治参与的制度安排（刘振滨等，2017），例如，齐薇薇以珠三角L村为个案探讨了富人治村的机制，分析了富人治村形成原因及其规范化的运行机制（齐薇薇，2021）；郑涛在阐述当前居民自治面临的双重困境后，分析了居民自治的法教义学、惯例解读以及宪法秩序重述，阐述了政治性是居民自治的根本，行政权是辅助，需要重新导入群众路线疏解基层政府权责不对等问题（郑涛，2020）；马步广等则从村委会选举监督效果不理想问题出发，引入选举观察员制度加以探讨，发现在实践中该制度起到促进基层民主发展等效果（马步广、高青莲，2017）。当然还可以依据其他角度对现有研究加以划分，如农民和居民政治参与视角、现状问题研究和演进变迁研究等，当然就行为主义视角来看，目前关注基层政治参与行为多从社会资本（刘小燕等，2014；王丽华，2010）、经济水平（臧雷振、孟天广，2012）、认知态度（白描、苑鹏，2013）、文化氛围等角度展开（任映红、荆琦，2013），主要可以概括为人口统计学因素和社会资本因素（李周强，2016）。

由于阶层地位是分析当前中国公众政治参与的有效理论工具（刘欣、朱妍，2011），本文主要从社会经济地位角度展开研究。目前关于社会经济地位的主要定义是对家庭成员社会和经济地位的度量，依据个体能够获取或者利用的社会资源数量对其进行社会阶层划分，受教育程度、职业和收入构成社会经济地位的主要内容（任春荣，2010）。当然，家庭收入、个人受教育程度以及职业属于客观社会经济地位范畴，除去客观社会经济地位范畴，还有个人对自身经济地位的感知，笔者将其称为主观社会经济地位，其是客观社会经济地位的主观映像（陈云松、范晓光，2016），因此本文将分别探讨主客观社会经济地位对基层投票选举的影响。

1. 客观社会经济地位与基层投票选举

目前基于客观社会经济地位角度的基层群众投票选举行为主要从收入水平、受教育程度以及职业角度展开，已有研究验证居民社会经济地位与其投票行为无关联（李向健等，2015），但是由于该学者只用了一年截面数据，而在其他研究中则存在矛盾。在对收入水平的研究中：段俏基于CSS 2017年数据研究发现，农民个体收入水平与其政治参与行为不存在显著影响，而与其政治参与意愿存在显著负向影响；乐章等发现，家庭收入越高的村民政治参与热情越高（乐章、涂丽，2015）；刘欣等发现，人们的收入越高、越认同中产阶层，就越有可能参加投票（刘欣、朱妍，2011）；臧雷振等研究发现，家庭经济水平对农民投票行为有显著正向影响，家庭收入"收大于支"比"入不敷出"人群投票行为显著提升（臧雷振、孟天广，2012）；郑建军分析表明，低收入水平与其县乡人大代表选举投票行为明显弱于中高收入水平者。在这一方面研究中发现既有研究结论存在矛盾，因此本文将会关注家庭收入对群众投票选举影响。

在个体受教育水平对基层投票选举影响的研究中：臧雷振等研究认

为，教育几乎对村民投票与否没有影响（臧雷振、孟天广，2012）；李向健等同样研究发现，村（居）委会投票参与同居民受教育程度无关（李向健等，2015）；而欧庭宇等则在研究中指出，政治参与的意识与教育程度高低呈现正向关系（欧庭宇、闫艳红，2017）；何凡在研究中发现，个体受教育程度与其基层民主投票参与存在显著负向影响（何凡，2018：35），这之间又形成了一个矛盾。居民职业对其基层投票选举影响的研究较少，刘欣等发现，公职新中产、市场新中产、小业主与自雇者均比工人更有可能参加投票（刘欣、朱妍，2011）；许汉泽等运用中国综合社会调查（CGSS）2005年数据研究得到，职业性质不同的居民，居委会换届投票的水平不同（许汉泽、徐明强，2013）；如果从更宽泛的角度看，李世荣验证得到，不同职业在社区治理政治参与认知与态度上存在显著差异（李世荣，2018）。上述文献总结归纳了目前具有代表性的一些研究结论，本文将从家庭收入、受教育水平和职业三方面分析影响居民基层投票选举行为，由于本文属于探索验证式研究，所以不提出假设。

2. 主观社会经济地位与基层投票选举

主观社会经济地位又可称为主观社会地位、阶层认同，其是社会成员基于某项标准对自己的阶层归属做出主观认定，把自己归属于社会分层体系中的某一层。在主观社会经济地位对基层投票选举影响的研究中，臧雷振等验证得到，主观社会地位正向影响居民投票（臧雷振、孟天广，2012）；孙敬良基于CGSS 2014年数据分析得到，个体社会阶层同其在村（居）委会换届投票选举中投票并无显著关系（孙敬良，2018）；许汉泽等运用CGSS 2005年数据验证发现，家庭的社会经济地位在本地所处层次越高的群体参与社区居委会换届投票选举概率越大（许汉泽、徐明强，2013）；何凡通过中国家庭追踪调查（CFPS）2014年数据实证研究得到，个体社会地位对公民基层民主投票选举参与具有重要影响，公民个体社会经济地位越高，越有可能参与投票（何凡，2018）。在上述研究之中又存在矛盾的结论，因此本文也将进一步依据CSS 2013年至今的四期数据对这一主观社会经济地位加以探索验证。

综合上述研究，本文将从客观和主观社会经济地位两个维度探索验证其对公民基层投票选举行为和意愿的影响，由于现有研究之中存在矛盾，因此本文暂不做出假设。

三　数据来源与研究设计

（一）数据来源

本文研究数据源自中国社科院社会学研究所 2005 年发起的全国范围内中国社会状况综合调查（CSS），该调查为每两年进行一次的纵贯调查，采用概率抽样的入户访问方式，调查区域覆盖全国 31 个省/自治区/直辖市，包括 151 个区、市、县，604 个村/居委会，每次调查访问 7000 到 10000 个家庭，目前最新数据为 2019 年数据。基于新时代的研究图景，特选取 CSS 2013 年、2015 年、2017 年和 2019 年四期数据。

（二）变量选择

1. 因变量

本文的研究对象为公民的基层投票选举，因此决定选取与公民日常工作生活直接相关的村（居）委会选举作为因变量。选定 CSS 数据库中"近期您是否参加过村委会/居委会选举"作为衡量公民基层投票选举行为的指标，选取"如果没有参与过村委会/居委会选举，你是否愿意参与"衡量公民基层投票选举意愿。从表 1 中发现，从 2013 年至今参与村委会/居委会选举的比例明显下降，而在是否愿意参加村委会/居委会选举中则明显上升，虽然 2017 年出现异常，但是问卷设置该题是由未参加过村委会/居委会的受访者填写，而 2017 年 10143 位受访者均填写该题，可见 2013 年至今，公民参与村委会/居委会意愿明显上升。

表1　　　　　　　是否参加过村委会/居委会选举

年份	2013年		2015年		2017年		2019年	
	样本量	百分比(%)	样本量	百分比(%)	样本量	百分比(%)	样本量	百分比(%)
是	4464	43.7	4433	43.3	3301	32.5	3335	32.4
否	5605	54.9	5786	56.5	6820	67.2	6948	67.6
有效样本	10069	98.7	10219	99.8	10121	99.8	10283	100.0
总计	10206	100.0	10243	100.0	10143	100.0	10283	100.0

表2　　　　　　　是否愿意参加村委会/居委会选举

年份	2013年		2015年		2017年		2019年	
	样本量	百分比(%)	样本量	百分比(%)	样本量	百分比(%)	样本量	百分比(%)
是	2776	48.3	2789	46.4	3824	37.7	3952	56.9
否	2685	46.8	2760	45.9	2967	29.3	2771	39.9
有效样本	5461	95.1	5549	92.4	6791	67.0	6723	96.8
总计	5743	100.0	6008	100.0	10143	100.0	6948	100.0

2. 自变量

本文基于主客观社会经济地位对公民基层投票选举进行实证研究，客观社会经济地位从收入、受教育程度和职业方面测量；主观社会经济地位从过去、当前和未来主观社会经济地位认同方面衡量。客观社会经济地位定位在问卷中分别是，收入为问卷中调研年份上一年个人总收入加1后取对数表示；受教育程度由问卷中教育程度代替；根据从事的工作选填非农职业，因此选择问卷之中"您目前的工作状况"测量职业。关于主观社会经济地位认同，由于2013年问卷中只有当前社会经济地位认同，而缺乏过去和未来5年社会经济地位的自我估计，因此2013年以"您认为您本人的社会经济地位在本地大体属于哪个层次"作为衡量当前主观社会经济地位认同观测指标、以"与5年前相比，您的生活水平有什么变化？"作为过去主观社会经济地位认同测度指标、以"您感觉在未来的 5 年中，您的生活水平将会怎样变化？"作为未来主观社会经济地位期待测度指标；2015—2019 年则以"您认为您本人的社会经济地位目前在本地大体属于哪个层次？"衡量当前主观社会经济地位认同、"5 年前，您认为您本人的社会经济地位在本地大体属于哪个层次？"衡量过去主观社会经济地位认同、"在未来的 5 年，您认为您本人的社会经济地位在本地大体会属于哪个层次？"衡量未来主观社会经济地位期待。

3. 控制变量

控制变量一般将反映人口统计学变量纳入，本文将受访者年龄（受访年份－出生年份）、性别、婚姻状况、政治面貌、城镇农村纳入衡量指标。此处将性别、婚姻状况、政治面貌以及城镇农村重新编码为 0，1 作为二分虚拟变量。以上因变量、自变量以及控制变量的具体编码以及定义见表 3。

表 3　　　　　　　　　　　　变量定义

变量属性	变量名称	变量符号	变量编码	变量类型
因变量	基层投票选举行为	behavior	否＝0、是＝1	二分变量
	基层投票选举意愿	desire	否＝0、是＝1	二分变量
自变量	绝对收入	ln income	调研年份前一年个人总收入加 1 后取对数	定距变量
	受教育年限	education	未上学＝0、小学＝1、初中＝8、高中或中专或职高技校＝11、大学专科＝14、大学本科＝15、研究生＝18	定距变量
	工作状况	job	只务农＝0、既务农又从事非农工作＝1、只从事非农工作＝2	分类变量
	当前主观社会地位认同	now	下＝1、中下＝2、中＝3、中上＝4、上＝5	定序变量
	过去主观社会经济地位认同	before	下＝1、中下＝2、中＝3、中上＝4、上＝5	定序变量
	未来主观社会经济地位期待	future	下＝1、中下＝2、中＝3、中上＝4、上＝6	定序变量

续表

变量属性	变量名称	变量符号	变量编码	变量类型
自变量	与5年前相比，您的生活水平有什么变化（2013年）	change1	下降很多=1、略有下降=2、没变化=3、略有上升=4、上升很多=5	定序变量
	未来5年，您的生活水平将有什么变化（2013年）	change2	下降很多=1、略有下降=2、没变化=3、略有上升=4、上升很多=5	定序变量
控制变量	性别	gender	男=1、女=0	分类变量
	年龄	age	调查年份–出生年份	定距变量
	婚姻状况	marriage	有配偶=1、无配偶=0	分类变量
	政治面貌	politics	中共党员=1、非中共党员=0	分类变量
	城镇农村	region	城镇=1、农村=0	分类变量

（三）模型设定

由于本文因变量有两个，分别是：基层投票选举行为和基层投票选举意愿，其均为二分变量，即0，1表示否和是，选择二元Logistic回归模型，该模型表达式为（李昕、张明明，2015）：

$$y = \ln\left(\frac{p}{1-p}\right) = exp(\beta_0 + \beta_i x_i + \varphi controls + \varepsilon)$$

具体来看，投票选举行为：$y_A = \ln\left(\frac{p}{1-p}\right) = exp(\beta_{A0} + \beta_{Ai} x_i + \varphi_A controls + \varepsilon_A)$

投票选举意愿：$y_B = \ln\left(\frac{p}{1-p}\right) = exp(\beta_{B0} + \beta_{Bi} x_i + \varphi_B controls + \varepsilon_B)$

以上公式中y_A表示基层投票选举行为概率，y_B表示基层投票选举意愿概率，x_i表示收入、受教育程度、职业以及过去、当前、未来主观社会经济地位认同，$controls$表示一系列控制变量，ε表示误差项。当其他变量保持不变时，β_i每增加一个单位，如果自变量系数为正，则exp值大于1表示概率增加，反之概率则降低，对于Logistic回归模型可以采用极大似然法或者迭代法。

四　实证结果及其分析

（一）描述统计分析

表4报告了本文主要的因变量、自变量与控制变量的基本情况。从2013年至今，参与过村（居）委会选举的平均值均未达到0.5，且平均值呈现相对变小的趋势，由此可以发现，近些年参与村（居）委会选举的比例逐渐下降；对于基层投票选举意愿，在未参加过村（居）委会投票选举的公民之中，其平均值在不断增加，表示公民的参与意愿在不断提升；在公民受教育年限这一列中，平均值呈现出越来越大的趋势，表明随着国家义务教育的普及以及高等学历大众化的推行，居民普遍受教育程度有了更好地发展；在职业状况之中只务农的比例在逐渐下降，表明随着我国城镇化的发展，越来越多的农民转变只从事务农的状况，开始从事非农业职业；2013年的现在同过去比较和未来同现在比较平均值为3.87和2.38，表明公民认为当时同之前生活水平无大变化，以及未来同当时相比生活水平还有可能下降，说明当时公民的获得感相对较低。2015—2019年，公民自评过去5年、当前以及未来5年社会经济地位均呈现越来越好的态势，即认为自身现在比过去好、未来比现在好。而从整体看，当前主观社会经济地位认同的均值呈现"V"形，即2013年后有个明显下降过程，但是2019年又有明显上升。此外，在本文研究样本之中，男女比例基本均衡、受访者平均年龄基本在45—46岁、目前有配偶的公民居多、政治面貌中大多数公民为非中共党员、城镇农村比例基本相同。

（二）模型诊断

模型之中如果变量过多，很可能会出现多重共线性等问题，由此导致系数估计的不准确，对此可以采用方差膨胀因子（VIF）及平均VIF值进行衡量，如果报告的变量VIF值大于10同时平均VIF值大于1则说明存在严重多重共线性（马慧慧等，2017a）。对四期数据中研究变

表4　基本变量描述统计分析

2013年	behavior	desire	education	ln income	job	now	change1	change2	gender	age	marriage	politics	region
样本量	5633	2943	5633	5633	5633	5633	5629	5633	5633	5633	5633	5633	5633
平均值	0.45	0.51	7.75	9.15	1.06	3.88	3.87	2.38	0.51	44.76	0.87	0.10	0.50
中位数	0	1	8	9.62	1	4	4	3	1	45	1	0	0
标准差	0.50	0.50	4.19	1.97	0.92	0.88	0.84	0.90	0.50	12.17	0.33	0.30	0.50
最小值	0	0	0	0	0	1	1	1	0	18	0	0	0
最大值	1	1	18	16.12	2	5	5	5	1	70	1	1	1

2015年	behavior	desire	education	ln income	job	now	before	future	gender	age	marriage	politics	region
样本量	6003	3013	6003	6003	6003	6003	6003	6003	6003	6003	6003	6003	6003
平均值	0.48	0.51	7.68	9.26	1.03	2.24	2.11	2.72	0.51	45.97	0.89	0.11	0.48
中位数	0	1	8	9.86	1	2	2	3	1	46	1	0	0
标准差	0.50	0.50	4.24	2.17	0.92	0.89	0.94	1.05	0.50	12.12	0.32	0.31	0.50
最小值	0	0	0	0	0	1	1	1	0	18	0	0	0
最大值	1	1	18	15.10	2	5	5	5	1	70	1	1	1

2017年	behavior	desire	education	ln income	job	now	before	future	gender	age	marriage	politics	region
样本量	5946	3773	5946	5946	5946	5946	5946	5946	5946	5946	5946	5946	5946
平均值	0.36	0.58	7.98	9.16	1.09	2.04	1.96	2.52	0.52	46.31	0.85	0.11	0.49

续表

	behavior	desire	education	ln income	job	now	before	future	gender	age	marriage	politics	region
中位数	0	1	8	9.90	1	2	2	3	1	47	1	0	0
标准差	0.48	0.49	4.17	2.51	0.93	0.89	0.94	1.08	0.50	12.54	0.35	0.31	0.50
最小值	0	0	0	0	0	1	1	1	0	18	0	0	0
最大值	1	1	18	14.22	2	5	5	5	1	70	1	1	1
2019年	behavior	desire	education	ln income	job	now	before	future	gender	age	marriage	politics	region
样本量	5641	3538	5641	5641	5641	5641	5641	5641	5641	5641	5641	5641	5641
平均值	0.36	0.60	8.43	9.41	1.15	2.38	2.19	2.90	0.50	46.12	0.85	0.12	0.52
中位数	0	1	8	9.94	2	3	2	3	1	47	1	0	1
标准差	0.48	0.49	4.18	2.43	0.91	0.92	0.98	1.10	0.50	12.45	0.36	0.32	0.50
最小值	0	0	0	0	0	1	1	1	0	18	0	0	0
最大值	1	1	18	15.89	2	5	5	5	1	69	1	1	1

量的 VIF 值和平均 VIF 值分析发现，平均 VIF 值略大于 1 但是 VIF 值均未大于 10，因此本文研究数据不存在严重多重共线性问题。但是，四期数据的异方差检验结果发现其 p 值均小于 0.05，故不排除存在异方差可能性（马慧慧等，2017），因此需要在模型中予以修正。

（三）基层投票选举行为的二元 Logistic 回归结果分析

首先，以基层投票选举行为进行二元 Logistic 回归分析，回归结果见表 5。可以看到，2013 年客观社会经济地位的 3 个指标均对公民村（居）委会投票选举行为具有显著影响，其中教育年限每增加 1 个单位，公民是否参与村（居）委会投票行为的概率增加幅度约为 1.03 倍；收入对数对其投票行为具有显著负向影响，收入对数每增加一个单位，是否投票行为的概率减少幅度约为 0.96 倍；在职业状况中，每增加 1 个单位，其是否投票行为减少幅度约为 0.77 倍。在主观社会经济地位指标中，仅有当前主观社会经济地位认同显著正向影响公民投票行为，即公民当前主观社会经济地位增加一个单位，其是否投票行为的概率增加幅度约为 1.09 倍。在控制变量中，男性比女性投票概率大、年长者比年轻者投票概率大、有配偶者比无配偶者投票概率大、中共党员比非中共党员投票概率大，然而城镇公民比农村公民参与投票概率低。2015 年的分析结果表明，原先在 2013 年数据中显著影响公民投票行为的受教育程度、收入由相关变为不相关，与此同时，职业状况和当前主观社会经济地位认同仍然显著影响公民投票行为，并且当前主观社会经济地位认同对其影响更加强烈。所有控制变量对其投票行为的影响均与 2013 年分析结果类似。2017 年数据结果表明，主观社会经济地位与其投票行为毫无关联，客观社会经济地位指标中仅有职业状况与其呈现显著负向影响，控制变量中婚姻状况也与其投票行为无关。2019 年结果表明，主观社会经济地位指标中仍然无指标与其投票行为相关，客观社会经济地位之中仅有职业状况指标与其显著相关，但是优势比值明显增加，由此其不投票概率较之前降低。所有控制变量除了婚姻状况外均与其投票行为显著相关。

表5　基层投票选举行为的二元 Logistic 回归结果

behavior	2013 年				2015 年			
	优势比	稳健标准误	z	p	behavior	优势比	稳健标准误	z	p
education	1.029766	0.0093727	3.22	0.001	education	1.016962	0.008761	1.95	0.051
ln income	0.957130	0.0153126	-2.74	0.006	ln income	1.016537	0.015278	1.09	0.275
job	0.772703	0.0366236	-5.44	0.000	job	0.712180	0.031784	-7.61	0.000
now	1.089705	0.0403588	2.32	0.020	now	1.124304	0.055886	2.36	0.018
change1	1.027517	0.0384255	0.73	0.468	before	1.037705	0.038835	0.99	0.323
change2	1.042638	0.0350696	1.24	0.214	future	1.026446	0.037093	0.72	0.470
gender	1.171603	0.0696293	2.66	0.008	gender	1.200007	0.069673	3.14	0.002
age	1.025863	0.0028487	9.20	0.000	age	1.024503	0.002841	8.73	0.000
marriage	1.621155	0.1464110	5.35	0.000	marriage	1.509452	0.141017	4.41	0.000
politics	1.338725	0.1307326	2.99	0.003	politics	1.420063	0.131942	3.77	0.000
region	0.671830	0.0516908	-5.17	0.000	region	0.546594	0.038709	-8.53	0.000
cons	0.168676	0.0427544	-7.02	0.000	cons	0.172059	0.037854	-8	0.000
	N =5629		Log pseudolikelihood = -3632.8722			N=6003		Log pseudolikelihood = -3817.4479	
	Wald chi2 (11) =437.27		Pseudo R2 = 0.0628			Wald chi2 (11) =589.03		Pseudo R2 = 0.0814	
	p = 0.0000					p = 0.0000			

续表

behavior	2017年			behavior	2019年		
	优势比	稳健标准误	z	p	优势比	稳健标准误	z	p
education	1.016537	0.0092673	1.80	0.072	education	1.003757	0.009356	0.40	0.687
ln income	1.018424	0.0133641	1.39	0.164	ln income	1.018744	0.014164	1.34	0.182
job	0.6640668	0.0278891	-9.75	0.000	job	0.821646	0.037759	-4.27	0.000
now	0.9872732	0.0494446	-0.26	0.798	now	1.05673	0.045867	1.27	0.204
before	1.024709	0.0384521	0.65	0.515	before	1.010315	0.034066	0.30	0.761
future	1.021917	0.03693	0.60	0.549	future	0.9900175	0.032384	-0.31	0.759
gender	1.232394	0.0742635	3.47	0.001	gender	1.274088	0.078759	3.92	0.000
age	1.026953	0.002941	9.29	0.000	age	1.023767	0.003037	7.92	0.000
marriage	1.08741	0.095096	0.96	0.338	marriage	1.002366	0.087632	0.03	0.978
politics	1.828298	0.174354	6.33	0.000	politics	2.231352	0.207587	8.63	0.000
region	0.7861097	0.050728	-3.73	0.000	region	0.580867	0.042695	-7.39	0.000
cons	0.1480428	0.0316321	-8.94	0.000	cons	0.1706901	0.039031	-7.73	0.000
	N = 5946		Pseudo R2 = 0.0668			N = 5641		Pseudo R2 = 0.0649	
	Wald chi2 (11) = 492.96		Log pseudolikelihood = -3632.4439			Wald chi2 (11) = 445.09		Log pseudolikelihood = -3436.8784	
	p = 0.0000					p = 0.0000			

(四) 基层投票选举意愿的二元 Logistic 回归结果分析

由于 CSS 数据库调研时的本意是想调查未参加过村（居）委会投票行为的公民是否愿意参与村（居）委会选举，因此本文在此筛选出未参加过投票的公民展开基层投票选举意愿研究，其分析步骤与上述一致，分析多重共线性与异方差，发现变量间不存在多重共线性和异方差问题，可以直接进行回归分析，表 6 为二元 Logistic 回归结果。

表 6 以基层投票选举意愿为因变量进行二元 Logistic 回归分析，分别报告了四期数据分析的结果。2013 年，客观社会经济地位指标中受教育程度以及收入水平均与投票意愿呈现显著负向关系，二者每增加一个单位，是否投票意愿减少幅度分别为 0.97 倍和 0.94 倍。主观社会经济地位指标中，仅有当前主观社会经济地位认同和未来生活水平变化对其投票意愿产生显著影响，其中当前主观社会经济地位认同每增加一个单位，是否投票意愿增加幅度约为 1.12 倍，而其未来生活水平变化每增加一个单位，其是否投票意愿减少幅度约为 0.89 倍。在控制变量之中，年龄越大其投票意愿越发减弱，城镇居民投票意愿较农村居民更低，其他控制变量在投票意愿上不存在显著差异。

2015 年，客观经济地位三个指标均与公民投票意愿无关，在主观社会经济地位指标中，仅有未来社会阶层变化与其产生显著正相关，即未来主观社会经济地位增加一个单位，其是否投票意愿增加幅度约为 1.16 倍。在控制变量之中，男性比女性的投票意愿高，而城镇居民的投票意愿比农村居民投票意愿低。

2017 年，客观社会经济地位指标中，收入水平和职业状况与其呈现负向影响，收入每增加一单位，其是否投票意愿减少幅度约为 0.97 倍，工作状况中三种类型的工作，从只务农到只从事非农工作，每更换一个工作，其是否投票意愿减少幅度约为 0.87 倍。在主观社会经济地位衡量指标之中，无任何指标与其投票意愿显著相关。控制变量之中，男性比女性投票意愿高、年长者比年轻者投票意愿高、中共党员比非中共党员投票意愿高。

表6 基层投票选举意愿的二元 Logistic 回归结果

behavior	2013年				behavior	2015年			
	优势比	标准误	z	p		优势比	标准误	z	p
education	0.971871	0.0114278	-2.43	0.015	education	1.009428	0.011467	0.83	0.409
ln income	0.944875	0.0211832	-2.53	0.011	ln income	0.995971	0.018744	-0.21	0.830
job	1.061158	0.0714211	0.88	0.378	job	1.075105	0.068888	1.13	0.258
now	1.115122	0.0537491	2.26	0.024	now	0.915497	0.061107	-1.32	0.186
change1	1.000244	0.0499455	0.00	0.996	before	1.047893	0.052546	0.93	0.351
change2	0.889770	0.0404025	-2.57	0.010	future	1.158574	0.055559	3.07	0.002
gender	1.068069	0.0834122	0.84	0.399	gender	1.265560	0.09734	3.06	0.002
age	0.989411	0.0036142	-2.91	0.004	age	1.007223	0.00374	1.94	0.053
marriage	1.093769	0.1161450	0.84	0.399	marriage	1.033041	0.112875	0.30	0.766
politics	1.128828	0.1554512	0.88	0.379	politics	1.076757	0.145644	0.55	0.585
region	0.791043	0.0866609	-2.14	0.032	region	0.696891	0.071954	-3.50	0.000
cons	2.882891	0.9603716	3.18	0.001	cons	0.517031	0.14136	-2.41	0.016
N = 2942					N = 3013				
46.44			Log pseudolikelihood = -2015.4077		Wald chi2 (11) = 41.30			Log pseudolikelihood = -2067.6242	
p = 0.0000			Pseudo R2 = 0.0114		p = 0.0000			Pseudo R2 = 0.0099	

续表

behavior	2017年				behavior	2019年			
	优势比	标准误	z	p		优势比	标准误	z	p
education	1.016343	0.010855	1.52	0.129	education	1.012116	0.01105	1.10	0.270
ln income	0.969825	0.014056	-2.11	0.035	ln income	0.980013	0.015249	-1.30	0.194
job	0.868732	0.044375	-2.75	0.006	job	1.000787	0.056828	0.01	0.989
now	1.017031	0.059237	0.29	0.772	now	1.062586	0.054536	1.18	0.237
before	0.92488	0.040868	-1.77	0.077	before	0.944586	0.038025	-1.42	0.157
future	1.040626	0.044009	0.94	0.346	future	1.057366	0.041473	1.42	0.155
gender	1.252137	0.087431	3.22	0.001	gender	1.135909	0.081918	1.77	0.077
age	1.01015	0.003406	3.00	0.003	age	1.000286	0.003581	0.08	0.936
marriage	1.151053	0.108806	1.49	0.137	marriage	1.04483	0.103516	0.44	0.658
politics	1.512473	0.195856	3.20	0.001	politics	1.080862	0.139165	0.60	0.546
region	0.944886	0.072828	-0.74	0.462	region	0.752882	0.068089	-3.14	0.002
cons	0.987165	0.236519	-0.05	0.957	cons	1.436786	0.380731	1.37	0.171
	N = 3773		Pseudo R2 = 0.0137			N = 3538		Pseudo R2 = 0.0058	
	Wald chi2 (11) = 70.52		Log pseudolikelihood = -2531.2661			Wald chi2 (11) = 27.47		Log pseudolikelihood = -2367.704	
	p = 0.0000					p = 0.0039			

2019年，本研究所确定的主客观社会经济地位指标与其投票意愿均无关联。在控制变量中，仅有地区差别存在投票意愿差异，即城镇居民投票意愿比农村居民投票意愿低。

表7汇总了四期数据所有指标的验证结果，基于纵向维度分析发现，在所有指标之中，仅有受访者工作状况一直与其投票选举行为有关，而其他因素并非一直相关。

表7 所有指标验证结果

被解释变量	behavior						desire					
自变量	education	ln income	job	now	before	future	education	ln income	job	now	before	future
2013年	+	−	−	+	○	○	−	−	○	+	○	−
2015年	○	○	−	+	○	○	○	○	○	○	○	+
2017年	○	○	−	○	○	○	○	○	−	○	○	○
2019年	○	○	−	○	○	○	○	○	○	○	○	○

注：+表示显著正向影响；−表示显著负向影响；○表示无关。

五 结论与讨论

（一）结论

本文试图以CSS 2013年以来的四期数据基于纵向维度得出一个对公民基层投票选举具有指导意义的结论。基于回归分析对现有研究中存在矛盾的结论进行验证。

对于基层投票选举行为，通过分析发现，一直以来对公众的村（居）委会投票行为具有影响的是其职业状况，并且是只务农的公民参与投票行为的概率最大。而在主观社会经济地位衡量指标之中，无一任何指标可以一直影响其投票行为。相对来说，当前主观社会经济地位认同对自身投票行为影响较另两个主观社会经济地位指标要大。在控制变量之中，几乎所有控制变量都对投票行为产生影响，男性比女性投票概率大、年长者比年幼者投票概率大、中共党员比非中共党员投票概率大，城镇居民比农村居民投票概率低。

对于基层投票选举意愿，客观社会经济地位指标的受教育程度、职业状况和收入水平先后影响其投票意愿。而在主观社会经济地位衡量指标之中，未来的变化对其投票意愿具有显著影响，只不过出现了生活水平变高而其投票意愿可能降低与其主观社会经济地位上升其投票意愿也上升的悖论，这可能是由于，虽然生活水平提升，但是自身感觉与他人差距变大。控制变量之中，城乡差别对于投票意愿影响较大，且城镇居民投票意愿低于农村居民投票意愿。

个体的收入水平和受教育水平出现从最初的显著影响基层投票选举行为到后期无显著影响的转变，其职业状况一直显著负向影响其投票选举行为，当前个人主观社会经济地位对其投票选举行为出现从显著正向影响到无关转变，过去和未来的主观社会经济地位对其投票选举行为毫无影响。在基层投票选举意愿中，个体收入水平对其投票选举意愿呈现负向影响、无关交替转换，个体受教育水平由负向影响转变到无显著影响，过去主观社会经济地位对其投票选举意愿毫无影响。

（二）讨论与展望

本文的研究初衷是希望通过四期数据，找到一直影响公民基层投票选举行为与意愿的主要因素及其演进规律，虽然最后仅发现职业状况一直影响公民基层投票选举行为，而其他因素非公民基层投票选举行为的常态影响因素，但是仍然有这样几个问题值得进一步探讨：一是只务农的公民为何投票行为的概率和投票意愿的概率高于既务农又从事非农职业和只从事非农职业者？二是城镇居民较之农村居民拥有更好的生活水平和参与条件，其投票选举行为和意愿为何低于农村居民？三是现如今主要的主、客观指标均对公民的村（居）委会投票选举及其意愿不产生影响，那么如今具有重要影响的是哪些因素？对CSS 2019年数据分析结果发现，本文所有指标对其均无影响，表明很有可能有其他因素还未发现，这些问题值得深入探讨，从而为全面建设社会主义现代化国家征程中推进基层治理现代化提供政策建议。

作为曾经影响过基层投票选举行为的因素，未来为了扩大基层投票选举参与、激发公民基层投票选举参与活力，同样需要考虑。要在注重提升公民的收入水平、受教育水平的同时，关注参与行为和意愿概率低的公民，注重不同区域、性别以及年龄段公民的差异，有针对性地加强引导，进而更好地完善中国共产党领导的基层群众自治制度和组织，发挥制度和组织的效力和效能。

总之，通过上述分析可以得出的结论是，影响公民基层投票选举行为及其意愿的因素是多方面的，不同阶段的主要影响因素是不同的，几乎不存在一成不变的影响因素，因此也可以证明，政治参与社会经济地位模型不适用于中国基层群众自治制度。本文虽未通过纵向维度研究找到具有普适性的影响因素，这并不代表本文研究失败，相反本文更为开展研究公民的基层投票选举行为与意愿提供了一个思路，即可以从更广阔的维度探讨，不必拘泥于主、客观社会经济地位中某一个或者某些因素从而冀望全面掌握公民政治参与行为与意愿的运行逻辑。新时代，要推动基层治理现代化与公民基层政治参与的有序性，更需要全方位、立体式考察公民投票选举行为与意愿各方面的影响因素。

参考文献

白描、苑鹏：《农民参加村委会选举的行为研究——基于三省六县农户调查数据的实证分析》，《农业技术经济》2013年第11期。

陈云松、范晓光：《阶层自我定位、收入不平等和主观流动感知（2003—2013）》，《中国社会科学》2016年第12期。

葛章明等：《选举参与、公共投资与农村生活用水体系》，《农业技术经济》2022年第6期。

桂华：《竞争性选举、党的领导与农村基层民主实践——对我国东部沿海两地经验的比较分析》，《南京社会科学》2018年第8期。

何凡：《社区社会工作对公民基层民主选举投票影响研究》，硕士学位论文，华中师范大学，2018年。

胡溢轩：《"形式"抑或"实质"：中国基层政治参与的实证分析》，

《探索》2017年第3期。

黄卫平：《中国基层民主发展40年》，《社会科学研究》2018年第6期。

乐章、涂丽：《农村基层自治组织功能与农民政治参与程度——基于十省农户调查数据实证分析》，《经济与管理》2015年第2期。

李世荣：《我国城市居民个体参与社区治理意向影响因素研究》，硕士学位论文，云南大学，2018年。

李向健、孙其昂、孙旭友：《地位、政治关注、政府信任与基层民主选举中的投票参与——一项来自CGSS2010的Logistic回归模型研究》，《新疆大学学报》（哲学·人文社会科学版）2015年第4期。

李昕、张明明编：《SPSS 22.0 统计分析从入门到精通》，电子工业出版社2015年版。

李周强：《村民参与村委会选举投票及其影响因素分析——主要基于乡村社会信任的视角》，《湖南农业大学学报》（社会科学版）2016年第6期。

刘小燕、李慧娟、王敏等：《乡村传播基础结构、政治信任与政治参与的实证研究——"政府与乡村居民间的距离"研究报告之二》，《国际新闻界》2014年第7期。

刘欣、朱妍：《中国城市的社会阶层与基层人大选举》，《社会学研究》2011年第6期。

刘振滨、林丽梅、郑逸芳：《生活幸福感、政治认知与农民选举参与行为》，《江西财经大学学报》2017年第5期。

马步广、高青莲：《选举观察制度：基层选举监督新形式的探索与实践》，《江淮论坛》2017年第1期。

马慧慧主编：《Stata统计分析与应用》（第3版），电子工业出版社2016年版。

欧庭宇、闫艳红：《新生代农民工政治参与的现实困境与对策选择》，《西南交通大学学报》（社会科学版）2017年第3期。

齐薇薇：《新时代背景下富人治村的机制研究——以珠三角L镇调

研为个案》,《贵州师范大学学报》(社会科学版) 2021 年第 2 期。

任春荣:《学生家庭社会经济地位 (SES) 的测量技术》,《教育学报》2010 年第 5 期。

任映红、荆琦:《村落文化情境中农民的政治参与——兼析 H 村村治变迁中的文化因子》,《浙江社会科学》2013 年第 7 期。

任中平、张露露:《新时代基层民主选举与民主治理的均衡发展——以四川省基层民主发展的路径演化为例》,《探索》2018 年第 6 期。

孙敬良:《政治效能感与基层政治选举的耦合性实证研究——基于 CGSS2014 数据的多元回归分析》,《许昌学院学报》2018 年第 5 期。

王邦佐、孙关宏、王沪宁、李惠康主编:《新政治学概要》(第二版),复旦大学出版社 2006 年版。

王晶晶:《腐败感知及其对村民政治参与的影响分析——基于中国乡镇民主与治理调查数据》,《湖南农业大学学报》(社会科学版) 2016 年第 3 期。

王丽华:《少数民族乡村传统社会资本及其对基层政治参与的影响——以云南省沧源佤族自治县 G 村为例》,《思想战线》2010 年第 6 期。

王浦劬、李锋:《试析公务员对于公民政治参与的态度——基于六个地级市问卷结果的结构方程模型研究》,《政治学研究》2016 年第 1 期。

武中哲:《村民选举制度的实践过程及差异化后果——基于对 LZ 市村民选举的调查》,《社会科学》2018 年第 10 期。

徐理响:《论基层群众选举认知与行动间的悖论》,《学术界》2019 年第 11 期。

徐勇:《基层民主:社会主义民主的基础性工程——改革开放 30 年来中国基层民主的发展》,《学习与探索》2008 年第 4 期。

许汉泽、徐明强:《城市居民社区政治参与影响因素的实证分析》,《西南石油大学学报》(社会科学版) 2013 年第 5 期。

易承志:《政治信任与内在效能感对基层选举投票的影响》,《华中师范大学学报》(人文社会科学版) 2015 年第 6 期。

臧雷振、孟天广:《中国农村基层民主选举中经济投票行为研究》,《社会科学》2012 年第 2 期。

张川川、胡志成:《政府信任与社会公共政策参与——以基层选举投票和社会医疗保险参与为例》,《经济学动态》2016 年第 3 期。

张铤:《当前农民政治参与状况分析——以浙江省 7 个行政村调查为例》,《中州学刊》2014 年第 12 期。

赵爱明、史仕新:《村民参与民主选举行为的影响因素探析》,《经济体制改革》2010 年第 2 期。

赵鹏程、张鑫:《基层民主选举实态演绎与困境摆脱——基于豫北 D 村个案分析》,《社会科学论坛》2016 年第 12 期。

郑涛:《我国城市基层自治的宪制结构与秩序》,《华中科技大学学报》(社会科学版) 2020 年第 5 期。

把支部建在业委会：区域化党建的空间拓展与治理创新*

李婷婷**

摘　要：打造"红色业委会"，把党的支部建在业委会上，是区域化党建、社区党建空间拓展的重要尝试，是从促进社区业主有效有序自治的实际需求出发，将社区党建与社区治理联结起来的重要创新。在建设"红色业委会"的过程中，通过"政党嵌入"和"体制吸纳"的双向互动，实现了党员数量在业委会的绝对优势以及党组织在业委会中的有效嵌入。"红色业委会"的创生虽然具有显见的实践价值，但仍面临党员素质不均、中青年党员后备力量薄弱、党建"无限责任"风险、主职干部工作压力倍增、新"一肩挑"与"交叉任职"在双重选举机制下存在实现的不确定性、工作方法和工作策略存在显著局限性等实践困境。要促进"红色业委会"在小区党建中持续发挥积极作用，推进区域化党建的有效覆盖，需要从提高小区党员队伍的建设水平、细化"红色业委会"运行机制、慎推"一肩多职"、填补制度罅隙、研究工作方法和策略五个方面发力。

关键词：区域化党建；社区党建；业委会党建；"两新"组织；红色业委会；党建创新

---

* 2023 年度国家外国专家项目"基于城市社区分型的协作治理工具比较研究"（G2023202004L），中央高校基本科研业务费项目中国民航大学专项"社区公共冲突解决技术与运作机制研究"（3122017092）。

** 李婷婷，中国民航大学经济与管理学院公共事业管理系副教授。

城市基层治理面临着结构性和功能性的双重困境。（邓念国，2021）大流动时代应如何应对社区空间、利益关系和治理结构的碎片化状态（李强、葛天任，2013），改善多元协同薄弱、指挥反应不灵，实现社区有序整合和有效治理？相关探索成为研究解决社会治理、国家治理中各种失灵问题的关键内容。从党的十八届三中全会到党的十九大，再到党的十九届四中全会，对于党组织在基层治理中的地位和作用益加明确，加强基层党建、协调各方实现共治，已然成为夯实党的执政基础、提高基层治理能力的破局之举。以区域整合为主要特征的区域化党建，取代传统以单位党建为主的垂直管理模式成为党建引领社会治理的重要内容和政策工具（薛小荣、杨文豪，2022）。

一 区域化党建：研究回顾与问题提出

党的基层组织体系与经济社会发展形态的契合度直接关系党建任务的完成程度。城乡经济社会结构转型带来了大量新型社会空间形态。与之相适应，基层党建格局也在相应调整，区域化党建应运而生。这种基层党建的新形式旨在全面整合一定区域内社区、村庄、经济组织等不同领域的党组织资源，通过动态组建党组织、开放党的活动、实施一体化的党员教育管理服务等，实现各类基层党组织的功能协同，以区域内党建工作的统筹发展来增强区域性党组织的辐射带动作用，从而实现党的组织建设、社会治理与基层民主的有机结合。（徐彬，2019）

2009年9月，《中共中央关于加强和改进新形势下党的建设若干重大问题的决定》（以下简称《决定》）发布，该《决定》对扩大基层党组织覆盖面、推进基层党组织工作创新提出明确要求。2010年，中组部要求各地贯彻"三有一化"要求，落实"十化"措施，以改革创新的精神全面推进城市区域化党建。① 此后，随着区域化党建地方实践的

---

① 中组部：《落实"十化"措施推进城市区域化党建》，中央政府门户网站：http://www.gov.cn/jrzg/2010-09/21/content_1707586.htm，2023年2月19日。

兴起，相关研究也显著增多。

从党建领域看，既有研究主要分布于区域党建、城市基层党建、社区党组织建设、非公企业党建、驻区单位、在职党员和流动党员的管理等（雷火剑、卢春伶，2016）；以地域和单位为基础的党组织建设是其中的焦点议题（卢爱国、黄海波，2016），这种状况吻合了《决定》中对"以地域、单位为主设置基层党组织"这一党建基础性工作的要求和表述。

论及党建目标，有学人指出，在现今国家—社会转型复合化和政党整合困境复合化的背景下，应以"一体五联"为内涵的"复合式党建"为取向来建构城市基层党建区域化体制（卢爱国、陈洪江，2017）。

在实践路径上，虽然相较于传统党建，区域化党建的治理路径是扁平化、多中心互动式的（严玥，2022），但在实践中呈现出的区域化党建其实是"中心制—耦合型"的"一核多元"结构（何增科，2009），在这个结构中，党组织是核心，党政、人大、政协、工青妇、社区组织等多元主体结成伙伴关系，协同参与到区域化党建工作中（崔运武、陈家喜，2011）。虽则这种伙伴关系仍然带有一定的行政色彩，但党在共治结构中主要是通过与其他治理主体的良性互动来发挥作用，这是显著区别于单位制时代的"全能型政党"的（陈亮、谢琦，2019）。那么，要推动区域化党建的实践，从制度层面看，其着力点在于以城市管理重心下移的改革促进社区协同共治的实现（丁晓强，2012）；与之相关，党政关系、条块关系、街居关系等也都需要进一步理顺（杨雄、周海旺，2015）。

而从功能上看，区域化党建作为党建引领基层社会治理创新的主要模式（祁文博，2019），通过价值理念、结构功能、组织体系、方式方法、体制机制等维度的有益探索（孙涛，2018），不仅强化党在基层治理中的社会功能、让政党回归国家与社会之中，还通过多维协商模式锻炼和强化了社会管理体制的自治特征，具有显著的复合效用（刘玉东，2011）；基于"同心圆"的政治引领功能和"连心桥"的服务群众功能的同步实现，党在社区权力秩序建构中的核心领导地位得到加强。（曹海军，2018）依据区情不同，"武昌模式""清河模式""北仑模式"（冯志峰、罗家为，2019）和浙江金华"红色网格"实践等因地制宜的创新也不断涌现出来（向春玲，2018）。

在区域化党建取得显著治理成效的同时，也有问题逐渐呈现出来，譬如，区域化党建的覆盖范围和工作开展的力度并不均衡，"两新"组织党建工作在实践中远落后于其他领域。从空间结构维度来看，区域化党建的工作规划与布局包含"市/县/区层面统筹协调—街/镇/园区层面节点建设—村/社区层面组织建设—片区层面组织建设"四个层次，而就社区层面的党建而言，主要是沿着行政组织、驻区单位、居民区三条路径开展的（马西恒，2005）。街道党工委和社区党组织承担了居民区党建的任务，行政动员是其主要工作方式，但这种工作方式并不能将辖区内全部党建资源都有效吸纳进来，比较典型的就是社区内"两新"组织在基层党建中的"游离"（程勉中，2013）。

这一方面是因为，这些组织没有行政隶属关系，在形式上相对独立，党组织对其难以发挥直接的影响力（吴楠楠，2022）；另一方面也是因为，这些组织的人员组成复杂且流动性较高，建设相对稳定和具有凝聚力的党组织存在较多制约和挑战（李卓莉，2013），党建在拓展工作空间上仍然需要寻找合适的突破口。因此，少有的、关于"两新"组织特别是新社会组织党建的理论研究基本是从"两新"组织党建的制度环境（葛亮，2018）、理念变革（焦连志、桑玉成，2015）、战略思维（赵刚印，2014）和认同获取机制（唐睿，2011）等宏观和中观维度进行思考，关注的对象也是大型园区、行业协会这类有一定规模和影响力的、主流的新经济组织和新社会组织，并未关注底层生活实践中的社会组织。而区域化党建想要扎根、做实，必须要思考和解决社区内社会组织的党建问题，理论研究也应关注地方探索，及时提炼总结以反哺实践。基于这种考量，本文拟对"红色业委会"这一"支部建在业委会"的创新样式做出阐释。

二 支部建在业委会：区域化党建空间拓展的创新性实践

在"红色党建"的旗帜下，作为区域化党建最主要的一块工作内容，各地展开了如火如荼的"红色社区"建设实践，从开展各式社区党建教育和学习项目，到建立社区党群服务阵地，再到建立红色网格、打造红色物业，"红色社区"广泛而深入地蓬勃发展起来。然而社区层面的党建还不足以实现社区的有效治理：大量的政治性和行政性任务、资源等沉淀在社区，社区党建出现了"党员空挂、组织空转、党建虚抓、党建与社区治理联系松散而导致党建工作关门搞"等问题，无法更进一步渗透进小区治理中。这使得党组织意图解困基层治理政权"悬浮化"做出的"政党嵌入"和"体制吸纳"等努力（陈文，2011），在面对"末梢神经"的居民小区时，仍有隔靴搔痒、难以施力之感。党组织如何进一步下沉小区，引领多元主体实现小区善治亟待探索。地方实践中开始尝试将"支部建在社区里""支部建在小区上"进一步作拓展性探索，把"支部建在业委会"[①]。小区党建，特别是业主委员会（以下简称"业委会"）党建，成为党建引领社区治理创新、从"最后一公里"的社区向"最后一百米"的小区下沉的重要突破口。

业委会在我国已经历近三十年的发展。20 世纪 90 年代初，业委会组织形式经我国香港地区引入内地一线城市，2003 年《物业管理条例》颁布后开始在全国范围内发展。2007 年《中华人民共和国物权法》出台后，业委会开始以"维权、业主自治"为核心特征的组织面貌普遍进入大众视线。但由于缺乏实践经验和完善的制度设计，小区业委会筹

---

① 业委会是业主委员会的简称。从狭义角度看，只有在民政部门履行了法人登记手续的业主委员会才能算是社会组织，而业主委员会在经业主大会选举产生后，通常是在房地产行政主管部门履行备案手续的。本文之所以将业委会纳入"两新"组织中新社会组织的范围，是因为民法典和其他法律法规并未明确其组织属性，大致属于群众自治组织的范围。此外，有个别地方（如大同、包头、鄂尔多斯等地）也确实为业主委员会进行了社团登记。故而，从学术讨论的角度，将业主委员会纳入"两新"组织在逻辑上是合理的。

建和运行过程中引发的社区矛盾层现叠出，成为新的社区不稳定因素。

（一）"难心"的业委会

业委会享有的法定权力覆盖了小区生活的方方面面，是小区治理极为重要的主体之一。按照《中华人民共和国民法典》（以下简称《民法典》）的规定，业委会是物业管理区域内代表全体业主实施自治管理的组织，业委会的决定对业主具有法律约束力。业委会可以依法申请使用建筑物及其附属设施的维修资金，对任意弃置垃圾、排放污染物或者噪声、违反规定饲养动物、违章搭建、侵占通道、拒付物业费等损害他人合法权益的行为，有权依照法律、法规以及管理规约，请求行为人停止侵害、排除妨碍、消除危险、恢复原状、赔偿损失。业委会还有依法选聘物业服务人并代表业主订立物业服务合同的权力，所签订的合同对业主具有法律约束力。此外，业委会还有权要求物业服务人定期向其报告物业服务的事项、负责人员、质量要求、收费项目、收费标准、履行情况，以及维修资金使用情况、业主共有部分的经营与收益情况。

然而，这一重要的主体却屡屡成为社区治理中难啃的"硬骨头"。业委会选举阶段因候选人没有准入门槛，人员素质无法保证，拉票贿选、选票造假、程序失范、空口承诺时有发生；成立后的业委会自主管理、自主运行的水平良莠不齐，成员推退出机制过于简单，组织结构不稳定，公共收益收支不明，物业选聘内有"猫腻"等导致业主与业委会间冲突频繁发生，居民意见纷纷，投诉量巨大，社区安全稳定受到极大影响。有研究表明，80%以上的群众信访和投诉与小区管理有关，而这其中50%以上的投诉焦点是业委会选举和自治（顾强，2019）。

虽然《民法典》中规定了地方人民政府有关部门、居民委员会应当对选举业委会给予指导和协助，但《民法典》颁布的时间还不长，在此之前成立的众多业委会没有经过街道和居委会的把关，由业主自行依程序成立。因此，业委会的成员在与基层政府、居委会的合作和沟通上也常常出现罅隙，导致基层治理难以顺利"落地"，这些都使得业委会非但没有很好地成为小区和基层治理的润滑剂，反而为小区治理和基层治理的耦合平添了诸多阻碍。而彼时的情况是,业委会这一自治组织,成为了"党建真空"地带,基层党组织很难有效介入、对其发挥影响。

(二) 打造"红色业委会":"支部建在业委会"的探索

打造"红色业委会"是地方探索实现"支部建在业委会"的重要举措。它的出现是为了尝试解决业委会运作中出现的组建失序、运行失灵和管理失效等现实问题。从实践看来,"红色业委会"较之通常所指称的业委会,其特色在于"红色",即通过党员人数占业委会人数的绝对优势,实现业委会中的党建引领。街道和社区党委通过把关业委会组建、推进业委会党组织建设、充分发挥业委会党组织的作用、强化对业主委员会履职的指导监督等举措,使业委会在充分发挥业主自治、自我服务、自我监督、自我管理功能的同时,也能够发挥政治引领作用。这是对原先区域化党建吸收业委会参与社区议事协商的进一步发展,从组织结构上开始对业委会进行治理革新。

2017年,"红色业委会"作为党建下沉小区的尝试在浙江省杭州市初露头角,① 通过关口前置把关业委会组建和换届中的人员选择,采取单建、联建、区域建、派驻党建指导员等多种方式加快党的组织和工作覆盖,推动社区"两委"班子成员与业委会"双向进入、交叉任职"等措施,把党的组织有效嵌入业委会中。2018年9月,杭州市委组织部、市住保房管局、民政局出台《关于以党建引领推进业主委员会和物业服务企业建设的指导意见》和《杭州市业主大会和业主委员会工作指导规则》,虽然并未使用"红色业委会"的提法,但实际奠定了"支部建在业委会"的基本原则、构建途径和实践样式。同一时期,福建省厦门市湖里区也出台了类似的"1+4+N"党建引领小区治理的系列实施文件,强调要"加强党对小区治理工作的全面领导,发挥小区

---

① 中共杭州市委组织部:《浙江杭州市:以党建引领推进业委会和物业企业建设》,中国共产党新闻网:http://dangjian.people.com.cn/n1/2018/1018/c420318-30349485.html,2023年2月20日。

党支部的领导核心作用""业主委员会接受社区、小区党组织的领导"等,明确了小区党支部主导小区业委会筹备(换届)、引领小区重大事项决策、领导业委会、监管物业公司等职能,将"党的领导"写入"业委会议事章程"。(林建,2018)

2019 年,"红色业委会"这一专门的概念开始被天津等地使用。《天津市社区物业管理办法》要求,在全区开展打造"红色物业""红色业委会"专项行动,推进物业服务企业(项目)和业委会中党的组织全面有效覆盖,引导物业服务企业(项目)和业委会自觉接受社区党组织领导,积极参与社区建设。但这一时期"红色业委会"的构建主要服务于"红色物业"党建工作,只偶有零星的实践。① 2020 年新冠疫情社区防控期间,人员的高流动性和基层的低组织化之间的矛盾被放大凸显出来。(刘炳辉,2020)为从源头掌握社区治理的主动权,山东等地开始以"打造'红色业委会'"作为专门主题,② 创新城市基层治理机制。

2021 年 6 月,《中国共产党组织工作条例》印发,再次强调要"把各领域党的基层组织建设成为宣传党的主张、贯彻党的决定、领导基层治理、团结动员群众、推动改革发展的坚强战斗堡垒"。2021 年 7 月,《中共中央 国务院关于加强基层治理体系和治理能力现代化建设的意见》(以下简称《意见》)正式发布。该《意见》是对 2019 年党的十九届四中全会《中共中央关于坚持和完善中国特色社会主义制度、推进国家治理体系和治理能力现代化若干重大问题的决定》的细化、深化和持续推动。这份未来数年内社区治理最重要的指导性文件对完善党全面领导基层治理制度提出了更为细致的要求:加强乡镇(街道)、村(社区)党组织对基层各类组织和各项工作的统一领导,以提升组织力为重点,健全在基层治理中坚持和加强党的领导的有关制度,涉及基层

---

① 魏巍、单达、明华:《南开区打造"红色物业""红色业委会"工作推动会召开》,搜狐网,https://www.sohu.com/a/321049306_120043784,2023 年 2 月 21 日。
② 山东省德州市武城县:《"红色业委会"打造城市基层治理新高地》,共产党员网,http://www.12371.cn/2020/10/29/ARTI1603943110899840.shtml,2023 年 2 月 20 日。

治理重要事项、重大问题都要由党组织研究讨论后按程序决定。积极推行村（社区）党组织书记通过法定程序担任村（居）民委员会主任、村（社区）"两委"班子成员交叉任职。注重把党组织推荐的优秀人选通过一定程序明确为各类组织负责人，确保依法把党的领导和党的建设有关要求写入各类组织章程。创新党组织设置和活动方式，不断扩大党的组织覆盖和工作覆盖，持续整顿软弱涣散基层党组织。虽然"红色业委会"尚未在各地全面推开，但可以预期的是，在这种政治号召下，其蔚然成势指日可待——2020年起，在广东省广州市白云区、河南省洛阳市、山东省聊城市高唐县、安徽省合肥市包河区、广东省汕头市龙湖区等地，已明确提出建设"红色业委会"、推行"支部建在业委会"、创新城市社区治理。

三 "红色业委会"的实现方式与典型实践

虽然"红色业委会"仍算得上新生事物，但从目前地方实践来看，"红色业委会"已经具备了一些典型的实践特征，主要可以概括为三个方面：首先，从政治站位上说，"红色业委会"要彰显党的政治色彩，强化党的政治属性，发挥党的政治功能，把牢业委会工作的正确方向；其次，在人员组成上，"红色业委会"强调党员在业委会成员总人数上的绝对优势（一般大于50%）；最后，在工作机制上，"红色业委会"强调业委会工作以街道社区党组织为领导核心，通过"双向进入、交叉任职"、街道社区党组织牵头的多方联席会议、协同处置、协同监督等机制，整合社区与小区的服务资源，集聚各种服务力量，着力解决好小区业主反映突出的各种物业管理及小区建设与发展的问题。

在这三个实践特征中，最核心的是业委会中实现党员人数占绝对优势，它是党建引领得以落实最为坚实的组织基础。关于业委会中党员人数占绝对优势，其实现方式大体可分为两类。

（一）直接要求在职党员参选业委会成员

这一实现方式以山东最为典型。2020 年，山东省德州市武城县探索实施"红色业委会"，将社区党建工作延伸至小区业委会。该县实践的最大特点是直接将"红色业委会"作为实施口号提出，并主要着眼于在职党员"下沉"小区。

武城县出台《关于规范小区物业管理完善城市社区治理工作的实施方案》，印发《武城县成立业主大会和业主委员会指导手册》和《住宅小区党支部选举工作手册》，对"红色业委会"的建设标准和工作流程做出规范。一方面，该县加快县域内业委会的组建，积极推动有条件的居民小区组建业主委员会，2020 年，该县备案业主委员会 378 个，较 2019 年年底增加 231 个，增长 1.6 倍；另一方面，对在职党员实行"一方隶属、双重管理"，组织机关企事业单位党员干部到居住小区报到，接受所在单位党组织和小区党支部双重管理，将"8 小时之外"在职党员组织起来，形成小区治理"红色力量"。引导党员干部按程序参选支委会、业委会，选不上的充实到志愿者队伍中，参与小区志愿服务。全县 3000 名在职党员干部参与小区党支部和业委会选举，2689 名小区楼道长中党员占 67%，481 名业委会成员中党员占 73%，其中机关干部占 45%，99 个小区党支部中在职党员担任支部委员占 88%，从成员的政治身份上保证了业委会的"红色"属性。

为确保党员在业委会中的工作表现，武城县制定了"红色业委会"人员履职情况考核办法，采取党支部、业委会自评，党员、业主代表座谈会评议，街道和社区综合评价等形式，每月开展一次考核，及时发现、梳理业委会履职中难点、痛点问题，确保业委会能够实现良性运作。对表现突出的，选树先进典型，在全县进行通报表彰；对履职不力、违规违纪的，责令业委会根据业主大会的授权终止其成员资格。这样，就从组建、运作、考核上全流程对"红色业委会"进行了规范化管理。

（二）街道审核候选人资格，遴选"红色细胞"候选人

这种实现方式包括两种情形。一种是"显性的"，即将党员业主的遴选放在明面上，彰显其为"社区治理创新点"，代表性的地区有浙江省杭州市、浙江省嘉兴市、四川省成都市、上海市闵行区和黄浦区、福建省厦门市、安徽省合肥市、湖北省武汉市等。①

以浙江省杭州市为例，为解决小区"党建真空没法抓"的问题，2017年，杭州市在下城、江干、拱墅三个区先行试点。主要做法是，抓住业委会组建的契机，在业委会组建和换届时街道社区和主管部门提前介入，严格把关筹备组成员和业委会候选人人选，同时依循合法合规的程序来提高业委会成员中党员比例，把组织认可的人、群众信任的人推到前台，以从源头上掌握主动权。比如，上城区、下城区、西湖区等地在指导意见中明确不适宜担任业委会委员的负面清单，② 鼓励党员业主积极参选，旗帜鲜明树立导向。2017年，下城区新成立或换届业委会34个，党员平均占比达63.64%。2018年，在总结试点经验基础上，杭州市出台《关于以党建引领推进业主委员会和物业服务企业建设的指导意见》《杭州市业主大会和业主委员会工作指导规则》，在全市进行推广。

此外，杭州市还推动交叉任职，以此提升组织合力。积极通过法定程序推动"双向进入、交叉任职"，推荐社区"两委"班子成员进业委会，推荐党小组长和楼道长担任业主代表，推荐业委会主任担任社区党委或居委会兼职委员，促成"同频共振、同向发力"的组织体系。如，江干区在2017年社区组织集中换届中，新增76名业委会主任进入社区"两委"兼职。

---

① 部分案例参见《全国城市基层党建创新案例评选结果公布》，人民网，http://dangjian.people.com.cn/n1/2019/0920/c117092-31363966.html，2023年2月20日。
② 杭州市《业主大会和业主委员会工作指导规则》中更是明确规定，违反国家法律法规、违反党纪党规、拒缴物业服务费等9种形式的人员不得参选业主委员会。参见《杭州市业主大会和业主委员会工作指导规则》，杭州本地宝，http://hz.bendibao.com/news/20181011/73656.shtm，2023年2月20日。

四 "红色业委会"的建设经验

党员业主占绝对优势比例的人员结构为业委会与党组织保持坚实的政治联系创造了条件。良好的政治关系既能够为业委会带来更多的信息、资源和政策优待,对于组织提高治理效率和产出水平等产生积极影响,也确保了党组织有效延伸到小区治理的末梢、深入业主之中(范德繁,2019)。

从实践经验来看,"红色业委会"需要党委和地方政府的重视和强力推进,需要四个主要支撑性条件。

(一)有制度合法性依据

其一是制度依据,要有地方法规、规章或其他规范性文件为其实施提供合法性。首先是对业委会中设立党组织、党领导业主大会和业主委员会的明确。杭州市《业主大会和业主委员会工作指导规则》和成都市《关于全面提升物业服务管理水平建设高品质和谐宜居生活社区的实施意见》均明确提出,在业主委员会中设立党的基层组织,开展党的活动,加强对业主委员会和广大业主的政治引领。其次是对党组织对业委会的指导监督地位的明确。杭州市《业主大会和业主委员会工作指导规则》明确规定,业主大会和业主委员会在党的领导下开展物业管理活动,对社区重大事项应先召开业主委员会党组织会议或党员委员会议讨论,形成共识后再提交业主委员会或业主大会决定。最后是对引导和支持党员参选业委会的明确。杭州市《业主大会和业主委员会工作指导规则》、厦门市《党建引领小区治理实施意见》、成都市《关于全面提升物业服务管理水平建设高品质和谐宜居生活社区的实施意见》都规定,要引导和支持业主中的党员通过法定程序成为业主代表、业主委员会成员,并推动社区"两委"班子成员通过法定程序进入业主委员会,实行"双向进入、交叉任职"。

(二) 从双重维度把握人员选择

其二是人员选择,要从入口遴选和双向任职双重维度进行把握。在职党员社区"双报到"成为多地组建"红色业委会"的重要契机,为组织摸底遴选、推荐业委会候选人创造了条件。一方面,街道、社区和民政、房管等主管部门提前介入,确定区域内符合条件待组建业委会和期满未换届的物业管理区域名单,及时督导业委会的筹备、组建和选举工作;采取社区"两委"推荐、业主联名推荐与业主个人自荐相结合的方式,推荐业委会委员候选人初步人选。严格遴选专业适合、组织认可、群众支持的党员业主参选,把业主中符合资格条件的社区"两委"成员、"三长三员"(门栋长、小组长、中心户长;保洁员、治安员、网格员)、机关企事业单位在职党员、优秀志愿者等,推荐为候选人,以提高和确保业委会成员中党员的比例。对候选人的详细了解必不可少,如采取逐一见面谈话等形式,摸清候选人基本情况、参选动机和工作思路,综合分析民主推荐、资格审查、谈话考察、走访调研等情况,确定正式候选人,并张榜公示。业委会组建或换届时,街道和居委会可通过组织各种宣传活动,增加党员业主候选人的社区曝光度,为参选营造氛围,确保党员可以当选业委会主任或副主任,以便党的工作能在基层落地。另一方面,街道、社区党组织结合实际,推荐符合条件的社区"两委"中的党员、网格党支部书记、"三长三员"等,参选业委会委员,推荐业委会中的党员担任社区区域化党组织成员,积极推动符合条件的社区党组织书记、副书记和居委会主任通过法定选举程序兼任业委会主任,挑选优秀的党员业委会主任担任社区居委会兼职委员,促进物业管理有序推动。

(三) 规范业委会履职方式

其三是对履职指导和工作方式的规范。构建组织只是完成了党建引领的第一步,要具体发挥引领业委会和业主实现小区治理和建设的作用还要看具体的工作过程。一方面,以教育培训等学习机制确保党建精神和其他履职能力在业委会的持续化注入。相较于原先的业委会,"红色业委会"强调业委会成员熟练掌握基层党建知识，正确树立党性观念，熟悉物业服务标准和小区治理的诸种专业知识，了解并严格遵守业委会工作流程和办事规则。除了在区、街道两级全面开展业委会培训，邀请相关职能部门以及专家围绕基层党建知识、物业服务标准、履职能力等进行主题授课外，湖北等地还针对业委会日常工作中的重点、难点问题制定了专门的《业委会办事指南》，为业委会履职提供政策性帮助。另一方面，强调党员对业主组织的行动引领，即党员在业委会工作中要自觉亮明政治身份，并积极发挥典型示范作用。亮明政治身份通过佩戴党员徽章等方式实现，典型示范作用则主要表现为以身作则、积极承担业主责任和义务，主动"救急"和"兜底"（吴晓林，2020），参与解决社区治理难题，带头走入业主之中，切实履行作为业委会主任和成员的职责等。通过党员委员强素质、亮身份、做示范等方式积极参与业委会活动和社区活动，带动和促进业主对小区治理的主动参与，提升小区共治水平。

（四）设计考核和奖惩机制

其四是保障机制，要有考核与相应奖惩的设计。例如，《武城县关于建立"红色业委会"城市社区治理运行机制的实施意见（试行）》将机关单位参与小区治理情况纳入机关党建和文明单位考核，机关干部个人作用发挥好的，精神文明奖奖励金额最高可达本单位人员发放平均数的3倍。杭州市制定了详细的业委会履职情况考核方案，每年对业委会的履职进行考核，并将其作为评先表彰和换届的重要依据。上海市闵行区业委会主任每年年底要向居民区党组织进行述职评议并接受考核，考核结果面向社区公开，并将其作为"红黑榜"评价的重要依据；黄浦区半淞园路街道制定了包括6大规范、36条标准的业委会法治评估办法；青浦区夏阳街道则出台了《夏阳街道住宅小区业主委员会规范化运作考评办法（暂行）》，强调街道作为指导部门，将建立健全"党政双牵头"工作机制，对依法组建运作满半年的住宅小区业主委员会进行考评，按照当年度考评结果为全体业委会进行排名，其中排名前十的授予"十佳业委会"称号，并奖励每家业委会现金10000元，对排名

11到20名的业委会每家奖励5000元，对任期内考评结果均达到"运作优良"的业主委员会的委员，在同等条件下优先推荐为下一届业主委员会委员候选人，对年度考评结果是"运作欠规范"的业主委员会，街道组织专题业务培训，限期整改，连续2年考评结果是"运作欠规范"的业主委员会，由所在居委会向全体业主进行通报。夏阳街道的考评办法还附有《夏阳街道业主委员会工作管理制度》和《夏阳街道业主委员会规范化运作考评标准》两个文本，对考评标准做出了详细的操作化说明。①

五 "红色业委会"实践中面临的困境

以强调党员在业委会总人数上的绝对优势、推动党的组织有效嵌入业委会为典型组织特征的"红色业委会"，它的创生提升了业委会的组织化程度，促进了业主组织的规范化成长，塑造了社区秩序，推动了社区空间内纵、横向治理网络中多元主体的协同治理，重建了社区公共性，有助于社区治理共同体的形成（张振，2021），体现了党建引领在基层的领域扩展和工作深化，具有显见的价值和积极的实践效果。然而，作为一种新兴的党建形式，在满足政治要求和受制于社区现实情境的双重约束下，"红色业委会"在实践和发展中仍存在诸多问题。

（一）党员素质不均，中青年党员后备力量薄弱，影响"红色业委会"可持续发展

一方面，小区内居民素质不一，党员的素质也不是整齐划一的。身为党员的业主不按时、足额缴纳物业费的情形在日常生活中也不鲜见。

---

① 考评项目的基本分是100分，这100分包括日常工作制度建立执行情况（59分）、专项维修资金和公共收益使用管理规范（16分）、物业选聘与监督规范（13分）、换届及变更规范（7分）、党建引领（5分）和专项分（10分）[包括岗前培训（2分）、岗前承诺（2分）、工作纪律（2分）、工作津贴（2分）、代记账（2分）]。参见上海市青浦区夏阳街道办事处：《夏阳街道住宅小区业主委员会规范化运作考评办法（暂行）》，上海市青浦区人民政府网，https://www.shqp.gov.cn/xiay/xyzwgk/ml/yw/20201230/815023.html，2023年2月20日。

"党员社区报到、亮明党员身份"同样会将不带头履行业主义务的党员曝光公众前。街道、社区、小区、业委会党组织如何发现、主动监督素质不高党员的不当行为,如何予以有效约束和纠正,这些问题都需要探索研究。

另一方面,虽然制度法规中并没有设置明确的年龄上限限制,但在地方操作中,对于社区党支部班子的年龄一般有指导性要求,如通常规定,新参选的社区党支部成员候选人一般不超过55周岁、党支部书记一般不超过45周岁(当然,对于特别优秀的候选人,年龄实际也都可以适当放宽)。

虽然中国共产党党员队伍中55岁以下的中青年党员约占总党员数的62.9%、45岁以下的中青年党员约占总党员数的44.0%[①],但分散在近61万个社区和行政村中[②],均数则大致是每个社区和行政村中有98名55岁以下的党员;若以45岁作为社区党支部书记的指导性年龄上限,则在每个社区和行政村中的中青年党员均数进一步下降为69名。以大多数城市社区动辄两三千户的规模来看,党员业主的数量优势并不明显。社区内中青年党员后备力量薄弱,也显著影响了"红色业委会"的可持续发展。

(二)新"一肩挑"与"交叉任职",隐含着党建"无限责任"风险

在"红色业委会"实践中出现了新"一肩挑"和"交叉任职"现象[③]。

---

① 2021年《中国共产党党内统计公报》显示,截至2021年6月5日,中国共产党党员总数为9514.8万名。从党员的年龄来看,30岁及以下党员1255.3万名,31至35岁党员1112.6万名,36至40岁党员939.0万名,41至45岁党员876.0万名,46至50岁党员938.2万名,51至55岁党员867.1万名,56至60岁党员833.7万名,61岁及以上党员2693.0万名。参见中共中央组织部《2021年中国共产党党内统计公报》,人民网,http://politics.people.com.cn/n1/2021/0630/c1001-32144879.html,2023年2月20日。

② 《2021年1季度民政统计数据》显示,全国有49.5万个村委会、11.3万个居委会。参见民政部《2021年1季度民政统计数据》,民政部网站,http://www.mca.gov.cn/article/sj/tjjb/2021/202101qgsj.html,2023年2月20日。居委会往往下辖数个小区,这意味着在平摊到小区(业委会选举范围)时,党员数量会更少。

③ 我们通常所说的社区治理中"一肩挑"和"交叉任职",是指2019年5月8日《中共中央办公厅关于加强和改进城市基层党的建设工作的意见》第四部分第一节内容规定的"全面推行社区党组织书记通过法定程序担任社区居民委员会主任、"两委"班子成员交叉任职"。"红色业委会"实践中的"一肩挑""交叉任职"和通常提法在内涵上存在显著差异。

武城县鼎盛小区实行小区党支部书记和业委会主任"一肩挑",并且小区党支部与业委会双方交叉任职人数不少于3人;杭州市推荐社区"两委"班子成员进业委会、业委会主任担任社区党委或居委会兼职委员。

从形式上看来,"红色业委会"契合了《中共中央 国务院关于加强基层治理体系和治理能力现代化建设的意见》中"注重把党组织推荐的优秀人选通过一定程序明确为各类组织负责人"的要求,创新了小区党建工作,但这其中所蕴含的治理风险也不容忽视。作为引领者,面对治理难题,党组织责无旁贷,并是最终的负责者,于是,治理责任变成了无限责任,迁延不决的治理难题、难以整合的资源,都由组织牵头和处理。由此引发双重问题:一是基层党组织的负责人将成为社区治理的"天花板",该负责人的行为将直接关系该社区的活力和治理效果,导致社区治理存在对该负责人"过度依赖"的可能;二是社区治理的活力源头将从社区倒转回基层党组织,"多元"社区治理和创新不进反退。

(三) 一肩多职,导致主职干部工作压力倍增和小区治理的复杂化

一方面,"红色业委会"在充分发挥党员带头作用和先锋模范作用的同时,8小时之外的业委会服务也实实在在增加了在职党员的负担。将业委会的人员配置、分工、协作完全建立在党员特别是在职党员的奉献精神和服务热情的基础上,其可持续性发展难以保障。

另一方面,新"一肩挑"和"交叉任职"显著增加了小区党支部书记、居委会主任、业委会主任等主职干部的工作压力。社区党支部书记兼任业委会主任,又同时兼任居委会主任,从组织结构上看,是政党对自治性组织的深度嵌入。嵌入的初衷是用以控制、规约并协调社区治理诸主体的分隔与冲突、缓解基层政权"悬浮化"问题(陈亮、李元,2018),整合碎片化的社区,引领社区建设和发展。但这种嵌入性并非越高越好。从直观的工作量上看,一肩多职带来的是多重工作角色的交叠和工作量的倍增,这种复杂性会带来新的不确定性和诸多新问题,如决策时滞和角色冲突导致的主体非理性化等。此外,从更为隐含的视角

来看，嵌入在将外部问题内部化解决的同时，也使得内部问题复杂化，丧失了特定内部问题向外部转移的机会，增加了组织治理的困难度和风险水平。牵一发而动全身的"一肩担多职"，一方面降低了信息与资源的交换水平，使得治理维持成本升高，另一方面也间接使得小区多元治理局面重新返回一元独大的尴尬局面，这实际上背离了社区治理和社会治理的历史发展趋势。

（四）新"一肩挑"与"交叉任职"在双重选举机制下存在实现的不确定性

现有选举机制下实现新"一肩挑"存在高度不确定性。以《杭州市业主大会和业主委员会工作指导规则》为例，该文件第三十六条规定，"落实在职党员社区报到制度，引导和支持业主中的党员、'两代表一委员'，以及具有财务、法律、工程、环境等专长的业主积极参选业主委员会。推动符合条件的社区'两委'班子成员或网格党支部书记、党小组长，通过法定程序进入业主委员会，有条件的可兼任业主委员会主任"。社区两委班子成员兼任业委会成员和主任的"法定程序"，在文件中并未另行规定。从现有制度来看，社区党委会和业委会这两种组织的选举机制存在显著差异性，依照现有规则进行选举，新"一肩挑"的实现存在高度不确定性。

按照《中国共产党章程》《中国共产党支部工作条例（试行）》《关于进一步加强和改进街道 社区党的建设工作的意见》等制度规定，社区党支部委员会由党支部党员大会选举产生，党支部书记、副书记一般由党支部委员会会议选举产生，不设委员会的党支部书记、副书记由党支部党员大会选举产生。选出的党支部委员，报上级党组织备案；党支部书记、副书记，报上级党组织批准。党支部书记、副书记、委员出现空缺，应当及时进行补选。确有必要时，上级党组织可以指派党支部书记或者副书记。除上级党组织指派外，社区党委书记的选举是在党员内部产生，遵循的是一人一票的计票原则。

而根据《民法典》等的规定，业委会成员的选举范围是全体业主，且需要符合计票"双门槛"(由专有部分面积占比三分之二以上的业主且人数占比三分之二以上的业主参与表决,并经参与表决专有部分面积过半数的业主且参与表决人数过半数的业主同意)的规定。在业委会成立后,业委会召开会议内部推选出业委会主任和副主任。

这两种选举机制在设计上存在显著区别,如果严格按照法律程序,一名党员能够竞选成为业委会委员,且被推选为业委会主任,同时又被选举为社区党委会书记,这样的结果当然很好,但考虑到选举的各种概率,目前程序的规范运作下能够实现这样的结果"巧合"的可能性很低,更常见的可能是社区党支部书记落选业委会主任。

(五)工作方法和工作策略存在显著局限性

一方面,劝说式思想工作方法效用短期性显著。公民型文化的发展、人与信息的高度流动,都对执政党的社会管理理念和实践方式形成现实的约束、并不断对其加以解构。(刘伟,2017)行之有效的工作方法还需要进一步研究和改进。例如,在鼓励党员业主参与业委会选举时所使用的话术上,如"你是党员,要发挥领头雁的作用,主动参与小区的管理""特殊时期,越是有困难,我们的党员同志越是要站出来"等。这皆是街道和居委会工作人员在走访社区党员业主家,鼓励其参与业委会选举时常常挂在嘴边的劝解语。访谈表明,这种方面局限性较为明显,即便前期党员业主"听劝"参与了筹备组的工作,后期退出率也较高,即工作参与的持续性仍达不到理想状态。

另一方面,推进"红色业委会"建设,特别是推动新"一肩挑"过程中要特别注意工作策略问题。如广东省某市一小区在推选业主代表、成立业主大会筹备组、召开业主大会重新选聘物业的过程中,业主通过民主选举推选出 7 名候选人,而居委会又告知业主另外增加 8 名自荐的党员候选人,且街道负责人称,将由街道从这 15 名候选人中推选出 7 人。此举引发业主强烈异议,认为街道意图操纵选举、"控制"党员业主在业委会选举中成功"上岸"的概率,完成该市对"换届或新成立的业主委员会候选人，党员比例原则上不低于50%"的要求。① 此外，街道和居委会在推动社区支部书记和委员等参选业委会委员和主任、推进新"一肩挑"时，如果政策宣讲工作不到位、贸然举动，也容易给业主带来错误认知，认为业委会成员已经"内定"，业委会选举只是走个过程，容易引发业主不满，威胁社区和谐稳定的治理局面。

六 破解"红色业委会"实践困境的前路探析

"红色业委会"的出现是基层党建主动适应社区群体结构和组织结构变化而做出的适应性创新，其积极意义显而易见。要破解"红色业委会"实践困境，促进"红色业委会"在小区党建中持续发挥积极作用，需要从以下方面发力。

（一）提高小区党员队伍的建设水平

提升党员能力素质，加强党员队伍建设，是小区党建和"红色业委会"充分履职的基石。从质的角度看，提高小区党员队伍的建设水平要从政治素养和小区治理业务能力两方面提升党员的素质能力。一方面，通过组织覆盖或者工作覆盖形式，加强业委会党建。明确坚持党的领导，规范开展党内学习和教育，把好党员的"方向关"。另一方面，应组织法律专家、房管部门等为小区党员（包括但不限于业委会成员）培训《民法典》、物业政策法规、小区治理业务知识等，不断提高党员业主、党员业主委员会成员的法律意识，做到知法、懂法、守法、用法，增强党员的"专业关"。将党建引领和业委会治理有效融合，通过党组织和党员作用的发挥，有效开展业委会工作。

从量的角度看，要提高小区党员队伍的建设水平，属地镇街和社区党委要进一步拓宽选拔渠道，扩充基数，培养小区治理的后备力量。要

---

① 《小区选举业委会筹备组，到底谁说了算》，珠江云，http://www.yipanqi.net/zxbk/whzx/zjy/t20201209_ 169103.htm，2023年2月20日。

从大学生村官、公益性岗位和社区后备力量等各类能人中选拔"两委"后备人才；要加快发展年轻党员，把优秀的年轻人才吸纳进党的组织中来，逐步解决老龄化问题。引导优秀党员通过法定程序当选社区两委成员、业委会成员。将加强党的领导写入《业主大会议事规则》和选举办法，切实加强对业主委员会成立和换届选举的指导，注重在业主委员会委员、业主代表中发展党员，逐步提高业主委员会成员中党员比例。积极推进机关、企事业单位退休党员组织关系属地化管理，鼓励机关、企事业单位退休党员及时将党组织关系转往居住地所在社区党组织，参与社区党组织活动，以业主身份参选业主委员会，支持业主委员会党组织开展工作。推动落实在职党员社区报到制度，积极鼓励引导在职党员参选业主委员会，在居住地发挥作用。

（二）细化"红色业委会"的运行机制，形成组织形式和工作效果同频共振

党员任职不等于社区自治一定会取得满意的效果。要形成组织形式和工作效果同频共振，离不开对"红色业委会"内外部运行机制的精心设计。

从外部运行机制来说，要将"红色业委会"嵌入社区党建之中，依托社区党建来促进"红色业委会"党建引领作用的实现，即通过外部机制的指导、监督效用促进"红色业委会"内部治理的规范化。这就需要由街道党工委牵头，联合相关职能部门在社区范围内成立治理联席会，对街道范围内的小区治理予以全面指导。社区党委牵头，街道班子成员、物管办人员、社区党委成员、小区治理专家等加入进来，组成小区治理指导委员会，对业委会选举人选确定等小区治理工作进行具体指导和把关。除了组织领导机制，规范参与机制、共识塑造机制以及长效监督机制也需要予以关注和创新。

从内部运行机制来说，首先要完善在职党员兼任业委会委员和主任的工作制度安排，不应在其正常工作之外增加过重负担。其次要健全业委会议事规则、财务管理等方面的管理规范，减少潜在冲突。健全业主

委员会议事规则的关键是遵循民主议事事项由党组织先议的原则，即属于业主大会或业主委员会民主议事范围内的工作，一般应先由业主委员会党支部研究讨论；重大事项要做到上级党组织预审，即关系全体业主利益的重大事项，如制定和修改管理规约、选举业主委员会或者更换业主委员会委员、选聘和解聘物业服务企业、筹集和使用专项维修资金等，业主委员会党支部讨论后应向社区党组织报告，听取其意见。在健全业主委员会财务管理制度方面，要求使用规范文本，按照规范程序，提高收支公示频次，杜绝随意支出、重大支出不公示等各种财务管理乱象。最后要及时组建业主委员会党支部，增强业委会的向心力。

（三）慎推"一肩多职"，降低小区治理复杂化和一元化风险

主职干部身兼数职，权力更加集中，需要整体谋划、统筹推进"一肩挑"后的监督管理。破解一肩多职带来的治理复杂化和一元化风险，关键有二：

一是加强基层精细化管理，避免"一刀切"。对人选条件暂时不具备的小区和社区慎推社区党支部书记、居委会主任、业委会主任"一肩三职"，可以通过其他党建形式加强对于业委会的领导和指导。

二是以制度设计加强对"一肩多职"主职干部的权力监督，发挥上级监督、同级监督和民主监督的协同作用。其一，严格小微权力清单管理。聚焦社区和小区管理的重点领域，以街道为单位，进一步深化权力清单管理，加强归档力度，真实有效记录小区小微权力的运行与管理。其二，严格执行履职红线清单。街道党委、纪委进一步细化完善政治纪律、组织纪律、中央八项规定精神等红线负面清单内容，开展廉政风险排查，建立健全廉政风险预警机制。其三，健全巡察全覆盖机制。通过专项巡察、常规巡察、机动式巡察、交叉巡察、巡察"回头看"等方式，推进社区、小区巡察全覆盖，压实街道党委和社区党组织主体责任。其四，用好监察工作联络站。强化街道纪委监察办对居监会、社区、小区监察工作联络站规范化建设的业务指导和力量支持，健全完善工作月例会、片区交叉检查、绩效考评等长效制度。其五，严格执行社

区党务、居务公开制度，监督小区业委会依法履行法定义务，完善民主恳谈听证、居民询问质询等制度。其六，健全个人重大事项报告制度，特别是重大决策失误、重点工作耽误、重要维稳贻误的，因涉黑涉恶、违纪违法受到党纪政务处分的，被司法机关追究刑事责任的，要向街道党委"即事即报"。其七，健全社区、业委会财务常态审计制度，完善任期内审计全覆盖和离任必审的原则。其八，深化业主大会述职述廉制度。健全完善业主大会机制，开展社区党组织书记、居委会主任、业委会主任公开向全体业主现场述职述廉，群众当面"问廉"，现场接受业主不记名满意度评议，实现社区党支部书记、居委会主任、业委会主任失职失德劣迹曝光常态化、制度化。其九，深化群众自治监督机制。修订完善《居民公约》《业主大会议事规则》和《业主公约》，就社区、小区重大事项决策、党务居务财务公开、惠民资金分配等方面作出详细规定，保障居民和业主对社区事务的参与权、决策权、监督权。广辟监督渠道，广泛吸纳党员、老干部、业主代表等群体作为"廉情监测员""监察信息员"。健全完善"信、访、网、电"四位一体信访举报受理体系，让群众监督更加有力。

（四）填补制度罅隙，提升"红色业委会"的合法性水平

要解决社区党委会选举与业主自治的法律衔接问题，一是要解决"一肩挑"主职干部的选拔和管理问题。一方面，要解决"一人一票"选举和"双门槛"计票两重规则的统筹与协调问题，确保社区两委班子成员兼任业委会成员和主任可以依照法定程序实现。另一方面，要明确"一肩挑"干部多重职责行使范围、工作程序设计、考核激励机制和救济规定。完善民主决策、民主管理制度，优化社区"两委"运行机制，明确"一肩挑"干部权力边界与职责分工，健全权力约束机制，杜绝权力腐败。落实"一肩挑"干部岗位目标管理责任制，健全"一肩挑"干部述职报告制度和评价机制。加大考核奖惩力度，定期组织街道党政班子成员、社区工作人员、党员群众代表、业主代表等对"一肩挑"干部履职服务情况进行考核评议，对特别优秀的"一肩挑"

干部优先考虑评先评优、推荐考录街道公务员和事业干部，对不胜任、不合格、不作为的及时进行撤换调整。建立完善"一肩挑"干部工作报酬保障和绩效管理机制，让"一肩挑"干部担得起、做得稳、干得好。

二是要加强对"红色业委会"的规范和监督。作为一种党建拓展式的尝试和探索，"红色业委会"的组织设计打通了原本"封闭"的业主自治组织与社区、街道的联系路径，实现了党的组织和工作新的覆盖。在这种新情境下，各级各部门应对业委会加强指导和监督，填补业委会监管真空，明确业委会的权责边界，防止小区业委会"既做运动员、又做裁判员"，确保其合法合规实行自治，避免小区冲突的发生。街道、组织部门、民政部门等除了要加强对"一肩挑"主职干部的指导，增强他们的工作能力，建立业委会主任向社区党组织定时报告工作制度外，还要切实督促"红色业委会"完善内部工作机制、工作程序、工作纪律，探索适合小区情况的业委会评价和考核制度，形成业委会持续发展的长效机制。此外，街道还应指导业委会探索在社区党组织领导下、与居委会、物业服务企业以及其他业委会的协同工作机制。

（五）研究工作方法和策略，提升业主对业委会党建的熟悉度和接纳度

做实党员社区"双报到"、克服党员业主参选业委会内生动力不足等瓶颈问题，还要从工作方法和策略入手。

一是引导党员业主发挥模范带头作用。引导党员业主进一步发挥小区业主主人翁意识，牵头举办各种小区文化活动，加强与其他业主的交流互动。发挥党员业主主人翁意识和党员先锋作用，对小区业主不文明行为、业委会乱履职、公共收益账目不清等问题及时提出反对意见。引导党员业主亮明身份，带头开展志愿服务，通过安全巡察、文明劝导、秩序维护、环境保洁、普法宣传等形式服务小区，提升党员业主在小区的知悉度和认可度，带动形成小区业主共建共治共享浓厚氛围。

二是夯实"红色业委会""入口关"的民意基础。引导党员和群众积极推荐，确保将威望高、群众引领力强的优秀人选推荐上来。积极发展社区中、业委会中非党员的优秀人选，将社区、业委会作为发展党员的重要阵地。在规范严格党员发展标准的同时，从程序上严格把好党员发展关，做好跟踪培养和思想交流，推动社区支部党员发展制度化、规范化，提升新发展党员的自豪感、光荣感，增强党性观念，不断提升积极分子的综合素质和工作能力，增强其服务社区、服务业委会的工作积极性。

三是善用包括头衔、工作、补贴等在内的政治资源，加强党员的内部凝聚力，增强在职党员参选业委会、服务社区的意愿。另外，也可以根据实际情况出台对党员业委会成员的社会荣誉奖励机制，在评选最美、好人系列乃至政协委员等方面给予一定比例倾斜，通过业绩宣传，增强工作时间之外党员奉献小区自治工作的社会回馈性，促进业主对党员业委会成员的理解和认可。

七 结语

打造"红色业委会"，把党的支部建在业委会上，是区域化党建、社区党建空间拓展的重要尝试，是从促进社区业主有效有序自治的实际需求出发，将社区党建与社区治理联结起来的重要创新。在建设"红色业委会"的过程中，"政党嵌入"和"体制吸纳"的双向互动一方面奠定了党在新社会组织中的领导地位，为社会组织治理带来了体制内的政治资源；另一方面，也为居民诉求向体制内传达开拓了渠道，为利益协调和精准提供公共服务指明了方向。党建有了合力的同时，社区治理也形成了合力。

党支部建设从小区走向网格，再走向业委会等新社会组织，表明了小区党建"全覆盖"的显著进展，小区党支部正建设成为小区治理的坚强组织基础。党组织的强劲建设一方面强化了党在社区的核心领导地位，另一方面也为精准掌握社区需求、串联资源、引导自治、提升社区治理水平提供了契机。

持续提高党建的科学化水平，不断创新并优化对包括业委会在内的新社会组织的党建引领方式，不仅有益于促进社会组织的结构优化和健康发展，也有利于构建监管有力、民主自律的社会组织管理新格局，推动覆盖全面、健全高效的社会组织党建新格局，实现党的建设与社区治理的协同发展。

参考文献

曹海军：《党建引领下的社区治理和服务创新》，《政治学研究》2018年第1期。

陈亮、李元：《去"悬浮化"与有效治理：新时期党建引领基层社会治理的创新逻辑与类型学分析》，《探索》2018年第6期。

陈亮、谢琦：《城市社区共治过程中的区域化党建困境与优化路径》，《中州学刊》2019年第6期。

陈文：《政党嵌入与体制吸纳——执政党引领群众自治的双向路径》，《深圳大学学报》（人文社会科学版）2011年第4期。

程勉中：《区域化党建的空间结构与分布方式研究——基于苏南区域实践的视角》，《中共天津市委党校学报》2013年第6期。

崔运武、陈家喜：《政府与城市社区建设：基于云南省城市社区建设的调查分析与理论探索》，云南大学出版社2011年版。

邓念国：《整体智治：城市基层数字治理的理论逻辑与运行机制——基于杭州市S镇的考察》，《理论与改革》2021年第4期。

丁晓强：《党内民主：党的建设与工作的生命线》，人民出版社2012年版。

范德繁：《"六联工作法"做实居民小区党建——解决好城市基层党建"最后一米"的问题》，《人民论坛》2019年第7期。

冯志峰、罗家为：《新时代基层党建的实践发展、阶段特征与创新路径——以2013年—2017年全国基层党建创新案例为样本》，《中共天津市委党校学报》2019年第2期。

葛亮：《制度环境与社会组织党建的动力机制研究——以Z市雪菜

饼协会为个案》,《社会主义研究》2018 年第 1 期。

顾强:《加强城市小区业委会党建的意义与举措》,《国家治理》2019 年第 3 期。

何增科主编:《中国社会管理体制改革路线图》,国家行政学院出版社 2009 年版。

焦连志、桑玉成:《"回归社会":非公经济组织党建的理念变革与创新》,《理论探讨》2015 年第 5 期。

雷火剑、卢春伶:《社区区域化党建:经验、问题与对策》,《理论导刊》2016 年第 7 期。

李强、葛天任:《社区的碎片化——Y 市社区建设与城市社会治理的实证研究》《学术界》2013 年第 12 期。

李卓莉:《城市基层管理体制改革背景下的新型城市社区区域化党建工作研究——以贵阳市白云区大山洞社区为例》,硕士学位论文,天津大学,2013 年。

林建:《支部建在小区上 服务沉到家门口》,《学习时报》2018 年 11 月 5 日。

刘炳辉:《高流动性与低组织化——中国社会危机治理的双重挑战》,《文化纵横》2020 年第 2 期。

刘伟:《从"嵌入吸纳制"到"服务引领制":中国共产党基层社会治理的体制转型与路径选择》,《行政论坛》2017 年第 5 期。

刘玉东:《"区域化党建"对社区治理体系的影响——基于南京华侨路街道的田野调查》,《理论与改革》2011 年第 6 期。

卢爱国、陈洪江:《"复合式党建":城市基层党建区域化体制构建的目标选择》,《探索》2017 年第 6 期。

卢爱国、黄海波:《近年来城市基层区域化党建研究述评》,《湖南师范大学社会科学学报》2016 年第 3 期。

马西恒等:《城市社区党建:内涵与体系》,学林出版社 2005 年版。

祁文博:《新时代城市基层党建创新的特征、动因与趋势——基于 266 个基层党建样本的分析》,《重庆社会科学》2019 年第 10 期。

孙涛：《新时代城市基层党建引领社会治理创新路径探析》，《新疆大学学报》（哲学·人文社会科学版）2018年第4期。

唐睿：《"两新"组织党建"构筑利益推动点中获取认同"机制分析——基于对浦东新区四个国家级开发区基层党组织的调查》，《社会科学》2011年第7期。

吴楠楠：《新时代城市基层党建创新引领社会治理的挑战、成效与对策》，《中共南宁市委党校学报》2022年第5期。

吴晓林：《党如何链接社会：城市社区党建的主体补位与社会建构》，《学术月刊》2020年第5期。

向春玲：《"红色网格"：基层党建引领社会治理的新探索》，《科学社会主义》2018年第5期。

徐彬：《区域化党建激发基层治理新活力》，《光明日报》2019年2月15日。

薛小荣、杨文豪：《组织整合与关系重建——社会治理视阈中区域化党建的政治赋能与行动逻辑》，《辽宁行政学院学报》2022年第3期。

严玥：《C市党建引领社会组织参与基层治理路径研究》，硕士学位论文，云南财经大学，2022年。

杨雄、周海旺主编：《上海社会发展报告（2015）：从社会管理转向社会治理》，社会科学文献出版社2015年版。

张振：《合法性建构：党建引领城市社区业主组织发展的策略机制——以全国城市基层"红色业委会"党建创新为例》，《内蒙古社会科学》2021年第2期。

赵刚印：《"两新"组织党建的战略新思维》，《中共中央党校学报》2014年第1期。

城市社区治理的复杂性及其适应性转化[*]

赵 吉[**]

摘 要：社区治理面临的难题大多并非新问题，却因为复杂多元的社会环境而使一些既有问题表现得更为突出。社区是典型的复杂系统，要随着外部环境的变化而不断地调整内部治理，只有实现复杂适应性转化，才能最终实现社区治理现代化。现阶段，要在社区治理的价值、组织、技术等方面实现不断优化。在价值选择方面，城市社区治理现代化应当实现社区的人本主义转向，重视开放有序的社区参与；在组织模式选择方面，需要建立起居委会、物业和业委会的有效协作模式，建立起以党组织领导的社区治理共同体；在技术选择方面，要重新找回社区治理中简约治理的逻辑，建设"未来社区"要注重科技赋能与社区需求及社区场景的匹配。

关键词：复杂性；社区治理现代化；复杂适应性治理；社区人本主义

社区是城市的细胞，是城市治理的基本单元，更是国家建设与社会建设的战略交汇。城市社区的治理现代化不仅关系到国家现代化治理模

---

[*] 国家社会科学基金青年项目"城市基层居民自治制度自我完善和发展的动力机制与实现路径研究"（21CZZ019）。

[**] 赵吉，上海交通大学国际与公共事务学院助理教授，上海交通大学国家安全研究院研究员。

式的建立，也关系到人民美好生活的实现。近年来，我国高度重视国家治理的强基工程：一方面是主张坚持和完善共建共治共享的社会治理制度，建设人人有责、人人尽责、人人享有的社会治理共同体；另一方面是不断巩固党的基层组织，改善党的基层组织的活动方式。这意味着从执政党和国家改革与发展的全局看，社区不仅是形成社会治理共同体的重要载体，更是党执政大厦的坚实地基。然而，社区治理中仍然存在一些问题制约着强基工程的效能：一是社区行政化运作，无法有效回应和满足居民多元诉求；二是社区参与弱化，居民对社区事务和服务表现冷漠；三是社区工作形式化与内卷化，各种形式主义现象层出不穷，治理创新难以直接提升社区治理效能。这些问题的出现并非完全因为社区工作缺失或不到位等功能发挥问题，也不能简单归结为制度和体制等结构性问题。实际上，如今的社区治理面临的难题大多并非新问题，却因为复杂多元的社会环境而使一些既有问题表现得更为突出。大力推进治理资源向社区下沉及推进社区治理创新的诱导性政策，也并未在根本上对这些社区治理难题的解决产生效果。面对复杂且不确定性不断增强的基层治理情境，社区治理现代化依然在摸索中前行，对众多价值选择、组织革新和技术适配的基础性问题仍然需要进一步呈现分歧，在论争中把握社区治理现代化的未来进路。

一　面向风险社会的社区治理复杂性

城市的复杂性从不是产生于某一刻，正如城市史研究中把城市形象描述为"一座珊瑚礁，一个生物学的杰作，它（使）数百万人聚集于多个世纪层层累积的成果之上"（彼得·克拉克，2019）。城市发展不仅有良性成果的累积，也有恶性病害的叠加。威廉·科贝特（William Cobbett）在1821年将作为大都会的伦敦痛斥为一个"地狱的粉瘤"，一个靠全体国民来赖以养肥的巨大肿瘤（1830）。无论是在东方还是西方，城市与问题之间不可撕裂的联系似乎是根深蒂固的。随着城市的发展，人类面临的问题也会发生变化，并且问题可能会出现叠加、极化从而使复杂性成为城市的一种客观事实。风险不仅仅是重要的学术话题，它也日益直接影响人类生活，成为城市社区复杂性的重要来源。忽视或错误判断风险，错误估计不确定性，或者对复杂危险情况的过于乐观将直接面对的是受苦、生病、死亡或严重的社会损失，而这种直接后果在基层的表现则更容易被识见。从一般意义来看，风险问题本身就是重要的公共事务，同样是公共行政不可规避的内容。但是风险问题确实有其特殊性，它们使得社区治理现代化面对的社会情境更为复杂。因此置身于风险社会中，社区治理的现代化问题需要着重探讨。

（一）风险社会加剧社区治理的复杂性

风险与基层社会之间具有极强的互构性。著名社会学家乌尔里希·贝克（Ulrich Beck）在《风险社会》一书中提及发达现代性，风险和不安脱离并重塑了工业社会的内在结构，如社会阶级、家庭模式、性别地位等，并对根植于工业社会的生活样式的基本确定性发起了挑战（乌尔里希·贝克，2004）。这是一种长周期社会史观的叙事，如果转换成公共行政的视角，风险则会直接倒逼人类行政管理方式的改变，从而对基层社会组织化模式产生影响。举例来说，灾害发生后进行对口支援的"一帮一"做法在抗日战争和解放战争时期就已出现，中华人民共和国成立后在城乡之间、厂社之间、灾区与非灾区之间也保留下这种传统（钟开斌，2011）。如今，不仅在全国性层面存在对口支援，在基层治理中也存在"结对帮扶"等组织化方式。而从另一个侧面看，社会不同阶段的差异化组织方式，往往又会与风险源产生差异化的作用，最终导致风险问题的表现形式不尽相同。例如，在新冠疫情中，东亚国家的社会基础秩序与社会联结机制为疫情的有效防控奠定了基础。互构关系的存在，表明风险与社会之间不是线性的因果关系，可能存在循环反复的复杂作用关系。

风险与人的心理和认知具有交互性。一直以来，国际学术界对风险是一种社会建构还是现实现象的争论不绝于耳。不同的文化对于人们所认为的"风险"可能有不同的心理表征，如经济合作与发展组织

(Organisation for Economic Co-operation and Development)心理模型。这类观点通常认为,风险不是真实的现象,而是源于人的心灵。风险代表着人们在现实中的观察和经历,对某人来说是风险的东西,对另一个人来说可能是天意,甚至对第三方来说可能是机会。风险作为一种精神概念是由人类参与者创建和选择的。因此在具体的基层风险治理中,哪些问题被考虑和哪些问题被忽略是有选择性的(Douglas,1990)。也就是说,我们没有理由再将风险作为一种纯粹客观范畴的朴素存在。特别是在城市社区,人类公共价值、社会关注和对风险的认知等方面的差异都会加剧识别、理解和管理风险的复杂性。

(二)社区:作为一种复杂系统

米勒(Miller)曾有这样一段经典的论述:"社会学家们在很长一段时期并没有找到应对复杂现象的有效方法,对社会现象复杂性的认识仅停留在哲学观念上,因此也常将复杂性'当成一个便利的抓手肆意滥用',结果是总以复杂性为托辞,逃避对整个社会面临的迫切问题进行抽丝剥茧的分析和解决的责任。"(约翰·米勒,2017)复杂性理论为理解复杂性提供了重要的基础。复杂性理论是一种源于自然科学的科学哲学,用来研究传统实证科学方法无法解释的现象和事件。复杂性理论虽然起源于自然科学,但却在20世纪后半叶作为一种独特的理论方法在社会科学的所有主要领域获得了势头(Ansell & Geyer,2017)。复杂性理论并不隶属于某一个人类具体的知识领域,而是横亘于人类各领域知识之中的横跨思维,因此对于复杂性的理解往往是相对抽象的。当前复杂性理论的体系中也衍生出了一批重要的解释性概念,这些概念在传统公共行政研究中并不常用,在当前国内的公共行政研究中也很少使用,如非线性、反馈循环、涌现、网络和适应性等。理解这些概念能够帮我们更清晰地认识治理中的复杂性。

从复杂性角度来理解社区,可以在如下方面认为,社区的本质是一种典型的复杂系统(保罗·西利亚斯,2006)。第一,社区中存在着大量的要素,不仅包括量级巨大的个体能动者(agent),还包括数目繁多的组织能动者。第二，形形色色的能动者通过权力关系、利益关系、情感关系而相互作用，并且随着时间的变化，这些关系也会产生相应的变化。第三，能动者会与大量的要素相互作用，如邻里、居委会、物业管理公司以及社会组织和其他能动者等；一些基层能动者会显得更为积极主动，使得社区中的相互作用更为频繁。第四，要素的相互作用并不遵从线性规律，微小的互动可能引起巨大的后果，而大规模的互动未必产生强有力的影响。第五，这些相互作用往往与地理尺度相关，更多的互动是在小尺度即近距离范围内产生的。但是，随着信息技术的发展，特别是引动互联网的发展，尺度对相互作用的影响相对变小。第六，能动者的行为最终会通过一系列过程和环节产生反馈，但是，这种反馈可能是正反馈也可能是负反馈。第七，社区是一个开放性系统，从互动的角度划分其边界是困难的。并且社区也极易受到政治、行政、经济乃至气候、风险事件的深刻影响。第八，社区亦是在远离平衡态的条件下运行，社区总会受到权力、资本、社会力量的影响而保持不断变化的动力。第九，社区作为一个系统而言，其时间维度不可忽视，过去的行为会对现在产生影响，当下的改变也会对未来产生影响。第十，社区中的能动者在行动者并不能完全知道其他能动者的行为及心理时，他也只能对局部的信息做出响应。

尽管有更多的关于复杂系统的理解方式，但是从最根本的性质上来讲，一个系统之所以被称为是复杂的，是因为对该系统的行为状态和动力学机制的认识上存在困难性（Phillips & Drake，2000）。需要说明的是，社区复杂系统并不能以物理边界作为切割，社区复杂系统仍然包括诸多不在社区空间内，却与社区内诸要素发生紧密互动的要素，诸如从外部注入的权威、制度、资源及组织。从现实来看，我国城市社区治理的特殊复杂性，其根源在于时空两个维度的特征。在时间维度上，快速的现代化过程将不同类型的问题压缩到一定的时间段内，提升了治理的复杂性；在空间维度上，则面对大国集中统一领导与地方特点的张力。在时间要素与空间要素的共同作用下，加之价值观日益多元化的个体，异质性更为突出的社会结构，以及流动性持续加快的现代交互，复杂社会的化合反应便更为剧烈。从这种意义上，社区之所以被理解为复杂系统，不仅源于社区内部庞大的要素互动而带来的规模问题，还包括非线性、动态性、开放性、多层次性、非平衡态和主体能动性等多种原因。即便是对于城市治理最基本的单元社区，依据现有知识实现完全计划式、制式化的治理依然是困难的。因此，在对价值、组织、技术等基本方面进行反思的同时，也要从方法论上重新探讨城市社区治理的现代化路径。

二 复杂适应性的分析框架

城市基层治理的复杂性正在被这个快速变化的时代揭开。特别是在中国，国家治理现代化的目标为社区治理的革新带来了强劲动能。然而近十年来，人们却逐渐发现，单纯依靠行政赋权和资源下沉等机制已经不能有效应对繁杂的基层事务，不确定的偶发因素、错综复杂的利益关系、日益繁忙的基层与群众的冷漠不解，似乎成为城市基层治理的常态。人们认识到了社区治理的复杂所在，社区内部和社区所处的外部环境都日益变得更为复杂，这已经不自觉运用了复杂系统理论的思维。复杂性理论认为，现实中的社会系统与外部环境相互关联、相互作用。从复杂性理论的角度来说，观察基层社会不能只观察一个理想中的独立的社区，还要观察社区所处的外部环境，以及科层的系统化场域。正是由于外部环境的复杂和社区所在的政治和社会系统的变化才使得基层的复杂问题不断涌现。

20 世纪 90 年代，圣塔菲研究所的科学家开始建立复杂适应系统或成复杂适应系统（Complex Adaptive System，CAS）。复杂适应系统是传统系统理论的迭代，它最早出现在生态学和生物学等领域，旨在解释自然环境在微观和宏观尺度上出现的非线性适应现象（Hartvigsen & Peterson，1998）。雷尔斯巴克（Railsback）认为，复杂适应系统分析的核心是试图展示微观层面上单个元素之间的简单交互如何导致宏观层面上复杂行为的产生（2001）。有学者指出，尽管复杂适应系统有解释系统行为复杂性的潜力，但社会科学在采用复杂适应系统作为分析人类行为和更大的社会系统的可能手段方面一直非常缓慢（Holden，2005）。实际上，复杂适应系统为我们提供了一种分析和理解社会的新视角，它有助于我们理解社会是作为相互作用的不同个体的集合。简单来说，对复杂适应性系统的研究尝试回答，"如何简单但却在引导变化的强有力规则，如何使得从无序中产生复杂的结构和交互模式"（Levin，1998）。

圣菲研究所的复杂适应系统理论把构成系统的基本要素视为适应性主体（adaptive agent）。所谓具有适应性，就是指它能够与环境以及其他主体交互作用，主体在连续不断的交互作用过程中，不断地学习或积累经验，并根据学到的经验改变自身的结构和行为方式。正如有学者所说的，复杂适应系统是基于"系统元素（或能动者）之间以及系统元素（或能动者）与环境之间交互所产生的复杂行为"（Rammel & Stagl，2007）。一个复杂适应系统通过与环境的互动和学习，改变它的行为以适应环境的变化。由此而言，不仅在微观层面，整个宏观体系的演化，包括新层次的产生、分化和多样性的出现，以及新聚合而成的更大主体的出现等，都是在适应性转化中逐步派生出来的（Alexander，2009）。因此，复杂适应系统理论充分强调了社会中能动者的自主性、适应性，揭示了微观个体之间及其与环境之间的交互作用如何推动整体有序的宏观社会结构的出现。

本文将城市社区理解为一个复杂系统，社区内部的多种主体以及与社区相关的多种要素之间的交互作用构成了这一系统，风险社会构成了社区复杂系统的外部环境。一般而言，复杂适应系统分析框架（CAS框架）可以用来分析主体为追求个人或集体目标而行动和相互作用的过程如何导致系统结果。与此同时，CAS框架还将包含来自系统环境的反馈，以及系统内部代理的操作所产生的结果。图1是分析复杂适应系统的简化图。

按照复杂适应系统的理论，社区治理必须要适应环境的变化，根据环境的变化实现社区内部的复杂化。也就是说，社区治理现代化本身是一种应对外部环境而使得治理的组织和技术越发复杂的过程。学术界对

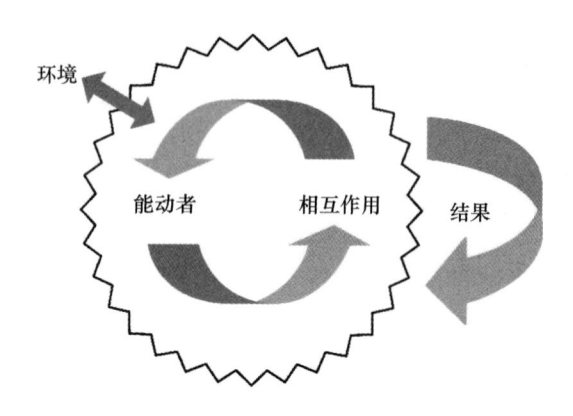

图 1 复杂适应系统（CAS）的简化模型

图片来源：作者自制

于社区治理现代化的理解往往存在结构性与功能性的双重意涵。从结构论的角度看，社区治理现代化核心关切的是基层共建共治共享格局形成，即培育和发展社会组织和居民自治，实现多元主体的有序协商与参与；从功能论角度看，其核心关切的是密切社会交往、缔结社会联结等构建以居住空间为载体的生活共同体。而按照本文的分析框架，社区治理现代化必须实现面向复杂社会的适应性治理优化。而这种复杂适应性治理的路径无疑将从社区治理的全链条上重塑社区治理。因此本文以价值判断与价值选择为起点，分析未来社区发展的基本取向的适应性转化；在价值选择的基础上构建适宜的社区治理体系和组织模式；在价值与组织模式的选择基础上，确定社区治理中的技术逻辑及其应用方式。据此，本文基于对上海、成都、武汉等地的基层治理经验观察，从价值选择、组织模式、技术面向三个方面分析当前城市社区治理化需要回答的核心理论问题。

三 城市社区治理价值选择的适应性转向

社区治理的根本取向受制于价值判断和价值选择，实现社区治理的适应性转化，最根本的就是实现价值选择的转化。从 20 世纪 80 年代中期开始,我国经济体制改革的重点由农村转向城市,"单位制"的衰微使得街道办事处和居委会开始承担重要的社会管理职能。随着1987年社区服务的提出、2000年社区建设的正式开展和推进,社区制逐步成为我国基层社会的管理体制,并发生了一场"社区制逐步取代单位制以及城市街道制体制的改革"(魏娜,2003)。国家治理现代化的目标提出后,社区的管理功能也在向治理功能发生转变。特别是近年来,以社会组织为代表的社会力量和以企业为代表的市场力量参与社区治理的程度日益加深,同时社区居民围绕着产权、权利和生活需要的各种诉求也日益增多,社区治理在庞杂的任务中如何进行取舍,需要首先反思城市社区治理的价值选择问题。

(一) 从"社区效率主义"转向"社区人本主义"

近年来,随着城市治理的重心下移,社区承担起众多行政事务,成为悬挂于科层体系末端的治理单元。对社区治理行政化、社区科层化的判断在学术界已经成为共识。社区应对各类台账、系统表格、文山会海等事务不断增加,以科层的取向为目标开展社区治理,疏于精力服务居民、联系居民、满足居民需求,造成了典型的"社区效率主义"。

所谓的"社区效率主义",是指社区治理服务于指标性绩效,社区治理在目标设置、组织搭建、行为选择和实施路径等方面与科层体系的激励和压力导向紧密契合。"社区效率主义"主要有三方面表现。其一,趋利化的亮点工程。社区治理注重"眼球效应"(彭勃,2017);建设脱离群众需求的设施场馆,包装一些"短于内涵、乏于参与"的社区活动。其二,精细化的数目字管理。精细化的数目字社区管理往往以量代质,重量轻质,以数字指标的增减评价社区发展。数字的指标不能够真实反映社区的发展状况及问题,社区作为城市信息采集的触点,往往主观性和随意性大。如果数字技术缺乏必要的信度与效度,则数字技术越发达,城市治理就越有可能陷入"内卷化"陷阱(唐皇凤,2017)。其三,避责化的形式主义。在科层压力下,社区治理节奏越来越"快",对于短时间内难以完成的复杂任务职能通过"痕迹管理"

或"会议落实"等方式予以应对。笔者在对上海某社区的研究中就发现，随着条线部门的任务下沉，社区权责出现失衡，一系列围绕社区分工的改革反而强化了社区效率主义，这种追求行政效率的结果就是降低了满足群众需求的能力和精力（赵吉，2020）。整体来看，社区效率主义是在治理重心下沉背景下发生的，是有悖于社区发展规律和社区治理需要的不良现象。这种现象的发生既有我国社区发展先天不足的因素，也有城市基层治理体系不健全的原因。但社区治理效率主义的核心取向是过度看中物的价值，社区被套上繁杂事务的枷锁。

社区治理的现代化必须重新找回人的价值，实现社区人本主义导向的社区治理。人本主义的核心是以人为本，在不同的发展阶段，人本主义的内涵和外延有所不同。文艺复兴和启蒙运动时期，将宗教神学对人本主义的反动进行了全面的清理，把人本主义思想从价值中轴的隐性地位突显出来，人本主义开始显现于人的现实生活（潘洪林，2000）。马克思也继承了费尔巴哈人本主义的唯物主义立场，提出共产主义社会是"个人的独创的和自由的发展不再是一句空话的唯一的社会"（马克思、恩格斯，1960），关注"人的解放"成为马克思主义的鲜明特征。在中国特色社会主义道路探索中，执政党也越发注重"以人民为中心"的"人民城市"建设。找回城市中人的价值，应该更多结合城市的特性以及居民的需要来展开，不用回溯到观念史的历史中去。城市社区是人民社会生活的家园，更要注重在社区治理中"把群众找回来"。一方面，要重视满足社区居民的需求，将社区居民的合理需求纳入社区治理关键议程之中；另一方面，要重视居民对社区治理的深度参与，祛除社区治理机构的悬浮化。需要说明的是，"社区人本主义"转向是一种价值转向，并不是说要放弃社区治理的效率提升，而是强调社区治理中的设施建设、技术提升与能力强化能够真实凸显人本主义的核心价值，以居民的满意度和幸福感作为社区治理的目的和归宿。

（二）秩序偏好主导下注重强化社区参与

2013年党的十八届三中全会首次使用"社会治理"这一概念。尽管治理的内涵在中国学术界有差异化的理解，但是仍不可否认，重视多主体的作用仍然是社区层面使用"治理"区别于管理、管制的重要方面。然而，近年来我国城市治理陷入了一种"秩序唯美主义"，权力建构的僵硬秩序可能扼杀社会的多样性与活力（唐皇凤，2017），多元主体参与的社区治理尚未成为具有内在持续动能的治理模式。有学者曾提出，社会转型和社区建设运动背景下的中国城市社区是为了解决单位制解体后城市社会整合与社会控制问题而自上而下建构起来的国家治理单元，但这并不是一个可以促进公共领域形成的地域社会生活共同体（杨敏，2007）。这种局面目前仍旧没能完全打破，其主要原因来自多个方面：从体制上看，社区仍然是政府内部的行政权力与职能重新分配的结果，"政社不分"的传统社会体制的结构性缺陷仍然存在（徐永祥，2008）；从治理主体看，我国居民及社会组织的社区参与能力和参与文化仍然有待培育；从治理机制来看，社区治理中也有将参与和秩序直接对立起来的倾向，认为广泛和深度的参与会影响社区治理的效果或效率。

在城市治理过程中，秩序是必然的价值选择，但构建何种秩序却是关键性的问题。在秩序偏好主导的社区治理模式下，若想形成运转有效的社区治理共同体，必须要进一步开放参与。特别是在社区人本主义的价值追求下，更是要注重制度化、常态化地推进社区参与。现阶段推进社区参与主要有三方面的价值，一是实现执政党和国家治理提出的满足人民日益增长的美好生活需要的政治承诺；二是在城市社区中找回"熟人社会"，发挥社区中非正式治理和道德教化的作用；三是增强社区中的表达空间，以社区消解部分复杂的社会利益矛盾。

实际上，西方国家公众参与城市治理与发展的实践样态是十分丰富的，例如2007年，在欧洲委员会（European Commission）的文化项目支持下，就有国际设计师联盟开始推动"人本城市"项目建设。这一项目重视市民对城市公共空间的使用方式和态度想法，设计师与市民、政府共同协作，直面小尺度的城市空间更新问题（王欢、付志勇，2008）。在贴近居民利益的设施建设或改造工程中强化公众参与，能够有效提升居民对社区的认同感和满意度。我国部分地区也在探索如何通过制度化渠道引导居民理性参与社区事务，如成都市金牛区进行试验的社区提案制度，通过严谨的制度流程设计引导社区多主体协商议事。在笔者调研的上海市嘉定区某社区，也通过搭建社区专业委员会等社区共治平台，引导社区积极分子与辖区物业、企业、社会组织等参与到社区治理中。在社区治理的秩序偏好之下建设有活力的城市社区，就是要不断培养和激发社区居民的参与意识和参与能力，在社区层面率先实现"人民城市人民建"的城市治理价值构想。

四 城市社区治理组织模式的适应性重构

现代社会是一个已经实现了组织化的社会，一切社会生活和活动都是通过组织展开的（张康之，2020）。然而，随着城市流动性的增强与各类社会风险的冲击，城市社区治理中的一致性在降低，不确定性在上升。组织模式的适应性转化决定治理现代化的成败。在社区治理现代化的背景下，需要不断审视我国现阶段城市社区组织模式的合理性，以及未来的可能性变化。

（一）实现社区"三驾马车"的有效协作

我国社区建设是在全能政府"失效"及相应的"单位制"解体的背景下发生的（徐勇，2001），社区治理也始终在寻求一种有效组织体系以应对经济社会急剧变化带来的诸多问题。居委会、物业与业委会实际上分别是国家力量、市场力量与社会力量在基层社区的代表，是社区治理的"三驾马车"。社区治理组织模式建构中最具基础性的问题就是三者的关系问题。

就居委会与物业的关系来看，物业是城市社区中实现专业化管理且具有独立法人资格的经济实体，在社区治理中发挥着不可替代的管理职能。在以往的印象中，物业仅在房屋设施、绿化等社区公共服务方面发挥着重要的作用。在新冠疫情发生期间，城市社区封闭管理中物业对于人口流动的管控对于降低治理风险也发挥着不可或缺的作用。物业公司实际上也是在政府条线部门管控下发挥作用的企业组织，因此，物业公司与居委会往往能构成合作关系。居委会在通过物业公司推进社区工作时往往会存在一定程度的相互支持或利益交换。（张磊、刘丽敏，2005）

业委会和物业之间存在着委托和受托关系，是一种现代经济的契约关系。现实社区治理中，随着业主权利意识和需求的日益提升，业委会和物业的博弈成了社区治理中的"老大难"问题。在对上海市的调研中可以发现，业委会和物业之间的矛盾主要表现为两种：一种多发于商品房小区，主要是部分物业公司推诿扯皮，根据契约规则对物业的聘用或解聘也并非易事，业主、业委会与物业之间的博弈通常也会将居委会甚至街道卷入其中；另一种则多出现于老旧小区，承担政府兜底任务的物业往往难以合法签订合同，影响到物业管理服务功能的发挥。

就居委会与业委会的关系来看，业委会的出现改变了中国城市基层政治参与的形势，扩大了业主的参与空间和社区自主权（石发勇，2010）。居委会需要借助业委会来推行政策执行，居委会对业委会具有依赖性，这也导致居委会作为社区中政府的代理机构通常会选择干预居委会选举（Benjamin，2000）。业委会的制度安排，本身就存在着业主自治与行政监护双重目标间的张力，因此，现实情境中业委会治理通常表现为两种极端后果，即业主维权或行政依附。有学者研究表明，在业委会主导的社区集体行动中，房屋产权的不同来源塑造出社区业委会差异化的集体行动，以维护业主权利为目标，商品房小区的动员常常是对抗性的；以争取国家福利为目标的房改房小区业主的动员则是顺从性的。（谢岳，2018）这说明，业委会、物业和居委会之间的关系在不同类型的社区又有不同的表现。随着商品房小区的日益增多，业委会成为社区中日益增长的社会力量，如何与维护治理秩序的居委会和攫取经济利益的物业公司之间形成良性协作是重要的现实问题。

实际上，在对上海、北京等地的社区干部的调研中都能发现这样的规律，物业、业委会功能发挥得当的社区，社区治理的效果表现更佳。

特别是在疫情防控时期，物业和业委会在社区人口流动监管和管制措施实施方面都发挥了重要的作用。有学者提出，未来业主应当从"维权"进入"自治"阶段，实现从"斗争型业委会"向"常规型业委会"的转型，从一个"革命斗争者"转变为"执政建设者"。（陈鹏，2013）但是总体上，基层社区中国家的缺位容易导致市场力量凌驾于社会力量之上，脱离国家进行社会培育在基层社区仍然是不可行的，更有效的办法或许是国家有意识地培育社会，使其成为能与市场主体平等协商的社区主体（黄晓星，2013）。新冠疫情之后，武汉市进一步创新加强基层组织建设，探索社区居委会、物业管理委员会、业主委员会"三委合一"的新模式。这种组织模式是将社区治理的"三驾马车"，用制度的力量绑定在一起。但如何破解其中复杂的社区利益问题，能否形成复制和推广效应仍然需要进一步观察。

（二）党组织领导下建设社区治理共同体

近年来，社区党建的基础性地位得以确立。习近平总书记指出，要把城市社区党组织建设成为"宣传党的主张、贯彻党的决定、领导基层治理、团结动员群众、推动改革发展的坚强战斗堡垒"[①]。按照吴晓林的说法，现阶段的城市社区党建具有"政治建设"与"社会构建"双重属性，一方面是保持党的"先锋队"作用、发挥"密切联系群众政治优势"的政党属性，另一方面则是弥补多主体缺位、达成集体行动的现实选择（吴晓林，2020）。因此，城市社区党组织也面临着两方面的重要转型，一是要最大程度地实现党组织的覆盖，拓展党对基层社区的整合能力；二是要实现社区党组织对社区治理网络的深度融入，实现党组织对社区治理全过程的领导和有效作用发挥。

从调研中可以看出，北京、上海、成都等城市都建立起了能够支撑党组织发挥引领性作用的基层治理体系，区域化党建在社区治理中发挥

[①] 《习近平在上海考察时强调 深入学习贯彻党的十九届四中全会精神 提高社会主义现代化国际大都市治理能力和水平》，《机关党建研究》2019年第12期。

了积极作用。围绕着党组织对社区治理的全面领导，部分地区尝试做实社区党建工作协调委员会，推行单位党组织和在职党员"双报到""双报告"制度，努力实现党组织对社区治理的全覆盖。然而从实际效果来看，城市社区之中仍不同程度地存在社区党组织领导体制机制滞后、物质基础薄弱、社区党组织服务能力欠缺等问题（陈亮、谢琦，2019）；也存在社区党建资源与社区治理资源缺乏整合、社区党建工作与社区治理需求相互脱节等现实困境（杨妍、王江伟，2019）。部分城市探索的区域化党建平台可持续性和实效发挥仍然有待提升；社区党组织对社会组织以及社区志愿者的动员能力和整合能力也有待加强。在具体实践操作中，还面临着处理好党务和居务、独建和共建、专员和全员、本色和特色、常态和动态等多方面关系的问题（叶钦，2014）。

党组织领导下的社区共同体建设是未来城市社区治理的重要组织模式构想。然而，这种组织模式构想的关键有两个重要的基础，一是社区党组织建设不会削弱其他社区治理主体的参与；二是其他社区治理主体的发展不会影响社区党组织的领导地位。正如有学者提出，党委和政府在社区治理中发挥主导作用，不是要全盘控制社区发展的各个方面，而是在把握社区发展总体方向的前提下，实现体制机制的顺畅、结构功能的调和。（孙萍，2018）由此，发挥城市社区党组织的领导作用需要与社区发展的环节深度互动。一是在社区各治理主体成长的过程中，社区党组织要发挥好重要的培育与引领作用；二是要注重党组织引领社区治理共同体建设的制度建设，实现围绕社区治理的常态化协作与互动机制；三是社区党组织要以"柔性化"方式重新吸纳新生社会空间的组织和个体进入基层治理场域，实现党在基层治理体系中的"有效动员"与"有效服务"（黄六招、顾丽梅，2019）。

五 城市社区治理技术的适应性改造

城市社区治理的现代化离不开治理技术的支撑。治理技术不仅是治理工具的选择，更包括深层次的行动逻辑调适。随着城市发展的复杂性加剧，城市社区治理技术方法论也需要做出相应的改造，最终提升社区治理的整体效能。

（一） 由复杂化治理转向简约化治理

城市社区是公共领域与私人领域的交汇。相对于国家复杂的构成而言，社区显然简单得多，但是相对于社区有限的治理能力、资源而言，社区中利益交错、关系复杂已然使治理具有复杂性。举例来说，城市社区加装电梯的困境，即便总体上是惠民工程，但是在推进过程中又面临着来自民意、物权等多方面的制约。为了应对城市社区的复杂性，现阶段的社区治理也着重强调城市治理的有效性和清晰性，国家主动介入社区治理，尝试通过正式的"创制组织"和规章制度来治理基层民众。这种情形下，支配社区治理模式的逻辑逐步呈现出技术化和精细化的特征，并伴随着行政化的扩张。以往的理论假设认为，科层力量会通过对社区的规制、激励或诱导实现对社区治理的控制，但是如果将这种理论还原到实践之中就可以发现，党组织和政府都不是一个不可切分的整体，各个条线之间都在对社区治理施加影响，是一种极为复杂的存在。甚至在各个条线的压力与激励之下，社区层面也不可避免地展开治理竞赛（彭勃、赵吉，2019）。

在传统基层社会的治理中，为了最大效率地应对复杂事务，通常以折叠型治理的方式将基层问题的解决纳入地方自治的"匣子"内，使得治理的复杂性被折叠起来（彭勃、赵吉，2019）。复杂性治理任务，往往由地方精英综合运用文化、道德、情感等治理资源和手段，运用地方性知识和治理智慧应对。但是随着城市治理的重心下沉，在科层压力下，折叠型治理随之展开，面向基层的简约治理逻辑不再具备实现的体制机制基础。复杂化的治理逻辑使得社区居委会行政化倾向加剧，并且以居委会、街道为代表的国家力量日益承担起对社区的"无限责任"，治理成本也不断膨胀。现实来看，特别是层出不穷的社区台账，以及重复冗杂的电子系统填报，重新助推复杂治理的控制思维压向基层。这些举措既不能促进社区治理多元主体的成长，也会强化秩序偏好和效率导向。从根本上看，这种复杂化治理模式又重新强化了社区治理的"基层政权建设"取向。也就是说，国家通过完善和强化基层"条""块"行政组织，在行政社区中重建政治权威的合法性，以强化国家的"基础性权力"（李友梅，2007）。

社区治理现代化的核心是治理共同体的建构，而不是政府力量对社区事务的包揽。与社区治理的价值选择和组织模式相对应，社区治理的技术逻辑也应当注重多元主体对社区事务的责任。因此，一方面要不断培育社区的社会资本，重新塑造城市社区，实现简约治理逻辑的社会基础。需要不断促进社区自组织发展、加强社区成员交往和信任、提高社区成员集体行动能力的社会资本投资（燕继荣，2010）；发挥党组织和科层力量对社区社会资本发展的"引导程序"（方亚琴、夏建中，2019）。另一方面，需要不断实现社区治理的制度创新，对社区治理的复杂问题进行有效的折叠，要依靠地方性知识和经验，而不是完全依靠科层管理的手段和工具实现更为人性化的有效治理。近年来，成都市武侯区探索的社区服务"社会化"机制就是一种简约治理逻辑的有益尝试。成都市武侯区根据法律法规，将政府下沉到社区的百余项适合由社会组织承担政务服务的事项交由社会组织承接。这些探究正是将复杂的社区政务服务事项"折叠"起来交由社会力量处理的典型案例，最大限度地发挥了社区治理专业化、社会化的效能，也最大限度地减轻了社区党组织和居委会的行政事务压力。

（二）由"互联网＋"到"未来社区＋科技"

大数据、人工智能、区块链等技术的迅猛发展，为人类选择未来的城市治理技术提供了更多的可能性。特别是近年来，许多城市都纷纷建立起"城市大脑"，试图尝试通过科技化手段提升城市决策分析的科学性以及城市监管的清晰化和精细化。城市治理的技术赋能，正在以"互联网＋"的方式深刻地改变社区治理的技术基础。众多城市社区治理与互联网的连接程度不断加强。社区工作逐渐向线上转化，信息化水平不断提升，社区政务服务的网络化水平空前提升。现代国家是一个技术装置，技术治理是其权力实践的重要表现（吕德文，2019）。这也就意味着，社区信息化、技术化的需求并不直接源于基层，而是源于政府治理精细化的需要。

城市社区基础设施的信息化、智能化提升无疑是重要的，但是也充满隐忧。一是，随着信息数据采集和核查手段的优化，公民的个人隐私保护成为值得重视的问题。公民通常成为数据的输出端，大量重复的客户端和小程序需要居民注册，数据采集的随意性和监管困境，反而增加了社区治理的风险。二是，社区利用智能化手段的方式和场景还比较单一。整体来看，社区的智能化服务还很难达到智慧的水准，还需要大量的人力辅助。一些智能化的设备往往缺乏实际的实用需求。在一些社区服务中心，经常可以看到居民被要求使用自助电子平台，这仅是对于以往人工业务的简单替代，并没有增加社区的智慧化程度。社区往往承担着科层提交数据的责任，但是社区利用政府数据进行决策和分析往往还具有体制机制上的障碍。三是，电子化和智能化的平台，为痕迹管理和数目字管理提供了方便。数字指标的提升和数字记录的建立并不能够说明实际的社区治理获得了效果。大量的信息重复提交反而成为技术现代化下基层形式主义的重要来源。四是，社区成为人和信息化设备的交互平台。社区居民和工作者提供给信息化平台的数据成为政府决策和管理的依据。但是，这种数据的提供不可避免会在准确性上存在问题，由于数据提供者个人的心态和立场，全面准确的信息提供仍难以实现，从根本上制约了技术对于社区治理的作用发挥。

当然，推进社区的科技赋能是未来城市社区治理现代化的重要发展方向。当前部分地区提出建设"智慧社区""智能社区"甚至"未来社区"的目标，将技术作为驱动力。要实现"互联网+"向"未来社区+科技"的思路转变，应以人民需求和需要为动力适配技术。在调研中，很多城市智慧社区的现实样本只是大量安装探头的监控式社区，并且智慧社区的建设也多为各地方的亮点工程，受人、财、物制约的智慧社区工程建设仍然难以大面积推广。实际上，科学技术在社区的功能发挥有赖于社区的场景营造，要合理布局社区当中的智能化设施，在智能化设施和智能化平台的建设中，注重居民的实际需要和获得感。科技赋能只有能够为社区生产生活的场景提供独特的体验，为居民的生活方式变革提供新的机遇，才是依靠技术赋能实现社区治理现代化的优选之路。

六　基本结论

城市是最直接地迎接人类社会极速发展与变迁的地方，各种新事物、新知识、新技术层出不穷，为关注秩序的社区治理带来了更多复杂性的挑战。风险社会的到来，以及非常关键的人与人之间的不一致性也在日益增强。不确定性、不一致性，以及城市巨系统带来的大规模治理事务相互叠加，使得城市社区治理面临的复杂性事务越来越多，必须要实现一种复杂适应性的治理模式。

中国的城市社区发展道路具有独特性，虽然城市社区作为居民共同生活的地理单元，但是居民之间的联系和联结仍然是相对松散的，并不能天然成为共同体。我国城市社区首先是作为实现基层秩序和提供服务的治理单元而存在的，通过治理共同体走向社区共同体是实现城市社区治理现代化的必由之路。然而正是由于这一特质，城市社区的强治理单元属性即为实现社区治理现代化提供了领导、管理和物质资源的基础，也为社区带来了效率主义、行政化、协作困境、复杂逻辑等难题。实现城市社区治理的复杂适应性转化，首先要回答价值选择即社区主体性的问题，在价值层面把人的重要性找回来，依靠社区参与实现社区秩序与活力的平衡。为实现以人民为中心的社区治理目标，需要对社区的组织模式进行再审视，重视通过制度创设和机制创新实现居委会、物业、业委会"三驾马车"的有效协作，实现党组织对社区治理多元主体的结构功能的调和，建立起党组织领导下的社区治理共同体。在此基础上，为实现适应复杂社会的治理目标，要在方法论上注重简约治理的效能；在技术选择上，注重科技赋能与社区需求和社区发展的适配。近年来，随着城市治理的重心下移，社区治理的变革与创新不断涌现，在实践的快节奏推进中,也需要不断地从价值、组织和技术层面对城市社区治理变化进行反思,使社区治理单元在风险社会不断通过适应性转化提升自身的韧性,并能够稳步向以人民为中心的城市社区家园演化。

参考文献

《马克思恩格斯全集》(第三卷),人民出版社1960年版。

《习近平在上海考察时强调 深入学习贯彻党的十九届四中全会精神 提高社会主义现代化国际大都市治理能力和水平》,《机关党建研究》2019年第12期。

陈亮、谢琦:《城市社区共治过程中的区域化党建困境与优化路径》,《中州学刊》2019年第6期。

陈鹏:《国家—市场—社会三维视野下的业委会研究——以B市商品房社区为例》,《公共管理学报》2013年第3期。

方亚琴、夏建中:《社区治理中的社会资本培育》,《中国社会科学》2019年第7期。

黄六招、顾丽梅:《超越"科层制":党建何以促进超大社区的有效治理——基于上海Z镇的案例研究》,《经济社会体制比较》2019年第6期。

黄晓星:《国家基层策略行为与社区过程——基于南苑业主自治的社区故事》,《社会》2013年第4期。

李友梅:《社区治理:公民社会的微观基础》,《社会》2007年第2期。

吕德文:《治理技术如何适配国家机器——技术治理的运用场景及其限度》,《探索与争鸣》2019年第6期。

潘洪林:《西方人本主义的沉浮》,《云南社会科学》2020年第1期。

彭勃:《从"抓亮点"到"补短板":整体性城市治理的障碍与路径》,《社会科学》2017年第1期。

彭勃、赵吉:《从增长锦标赛到治理竞赛:我国城市治理方式的转换及其问题》,《内蒙古社会科学》(汉文版)2019年第1期。

彭勃、赵吉:《折叠型治理及其展开:基层形式主义的生成逻辑》,《探索与争鸣》2019年第11期。

石发勇:《业主委员会、准派系政治与基层治理——以一个上海街区为例》,《社会学研究》2010年第3期。

孙萍:《中国社区治理的发展路径:党政主导下的多元共治》,《政治学研究》2018年第1期。

唐皇凤:《我国城市治理精细化的困境与迷思》,《探索与争鸣》2017年第9期。

王欢、付志勇:《欧洲人本城市设计经验——为重塑城市公共空间的探索》,《城市发展研究》2020年第3期。

魏娜:《我国城市社区治理模式:发展演变与制度创新》,《中国人民大学学报》2003年第1期。

吴晓林:《党如何链接社会:城市社区党建的主体补位与社会建构》,《学术月刊》2020年第5期。

谢岳:《房屋产权来源与集体动员的模式——来自上海的个案研究》,《上海交通大学学报》(哲学社会科学版)2018年第6期。

徐永祥:《政社分工与合作:中国社区建设体制改革创新的根本要件》,《中国社会科学:英文版》2008年第1期。

徐勇:《论城市社区建设中的社区居民自治》,《华中师范大学学报》(人文社会科学版)2001年第3期。

燕继荣:《社区治理与社会资本投资——中国社区治理创新的理论解释》,《天津社会科学》2010年第3期。

杨敏:《作为国家治理单元的社区——对城市社区建设运动过程中居民社区参与和社区认知的个案研究》,《社会学研究》2007年第4期。

杨妍、王江伟:《基层党建引领城市社区治理:现实困境 实践创新与可行路径》,《理论视野》2019年第4期。

叶钦:《做好社区党建工作须处理好五个关系》,《人民论坛》2014年第5期。

张康之：《走向合作制组织：组织模式的重构》，《中国社会科学》2020年第1期。

张磊、刘丽敏：《物业运作：从国家中分离出来的新公共空间 国家权力过度化与社会权利不足之间的张力》，《社会》2005年第1期。

赵吉：《条线下沉与权责失衡：社区治理内卷化的一种解释》，《城市问题》2020年第5期。

钟开斌：《对口支援灾区：起源与形成》，《经济社会体制比较》2011年第6期。

［德］乌尔里希·贝克：《风险社会》，何博闻译，译林出版社2004年版。

［美］保罗·西利亚斯：《复杂性与后现代主义——理解复杂系统》，曾国屏译，上海世纪出版集团2006年版。

［美］约翰·H.米勒：《复杂之美：人类必然的命运和结局——系统思考者的"魔鬼"决策学》，潘丽君译，广东人民出版社2017年版。

［英］彼得·克拉克：《牛津世界城市史研究》，陈恒等译，上海三联书店2019年版。

Alexander M., "We Do Complexity Too! Sociology, Chaos Theory and Complexity Science", in S. Lockie, ed., *The Future of Sociology*, Canberra: TASA-The Australian Sociological Association, 2009.

Ansell C. & Geyer R., "'Pragmatic Complexity': a New Foundation for Moving Beyond 'Evidence-Based Policy Making'?" *Policy Studies*, Vol. 38, No. 2, 2017.

Cobbett W., *Rural Rides*, London: Penguin, 1830.

Douglas M., "Risk as a Forensic Resource", *Daedalus*, Vol. 119, No. 4, 1990.

Hartvigsen G., Kinzig A. & Peterson G. D., "Complex Adaptive Systems: Use and Analysis of Complex Adaptive Systems in Ecosystem Science: Overview of Special Section", *Ecosystems*, Vol. 1, No. 5, 1998.

Holden L., "Complex Adaptive Systems: Concept Analysis", *Journal of Advanced Nursing*, Vol. 52, No. 6, 2005.

Levin S. A., "Ecosystems and the Biosphere as Complex Adaptive Systems", *Ecosystems*, Vol. 1, No. 5, 1998.

Phillips F., Drake D., "Special Issue: Navigating Complexity", *Technological Forecasting and Social Change*, Vol. 64, No. 1, 2000.

Railsback S., "Concepts from Complex Adaptive Systems as a Framework for Individual-Based Modelling", *Ecological Modelling*, Vol. 129, No. 1, 2001.

Rammel C. & Stagl S., "Wilfing H. Managing Complex Adaptive Systems—Aco-Evolutionary Perspective on Natural Resource Management", *Ecological Economics*, Vol. 63, No. 1, 2007.

Read B. L., "Revitalizing the State's Urban 'Nerve Tips'", *The China Quarterly*, 2000.

基层政府促进乡村产业振兴的组织情境约束及调适路径：以陇县苹果产业为例[*]

朱天义　黄慧晶[**]

摘　要：欠发达地区基层政府培育农业产业的行动中普遍且长期存在着差异化结果现象，即名实分离与名实相符并存。这一现象是基层政府在组织内外情境双重作用下理性选择的结果。组织内情境形塑了基层政府的初始行动策略，但基层政府会依据产业实施地组织外情境要素的差异灵活调整既定的行动策略。在组织外情境较强的村庄，基层政府会由全面主导者转变为辅助者和协调者，政府与多元主体良性互动保证了农业产业培育契合市场需求，形成了名实相符现象。在组织外情境较弱的村庄，基层政府会延续行政主导的方式，但因为忽略了各个乡村的差异性致使政策执行效率比较低，形成名实分离现象。

关键词：基层政府；乡村振兴；组织情境；名实分离

一　问题的提出

2017年，党的十九大提出实施乡村振兴战略，对农村农业发展进行了全面性安排和系统性规划。姜长云认为，乡村振兴战略既要有前瞻

---

[*] 国家社科基金青年项目"人民美好生活视域下乡村振兴战略高质量发展机制研究"（21CKS038）。

[**] 朱天义，江西师范大学政法学院副教授，江西新时代文明实践研究中心研究员；黄慧晶，江西师范大学政法学院硕士研究生。

性又要有现实性，其总要求是基于新时代我国社会的主要矛盾，抓住人民急难愁盼的问题，体现问题导向和目标导向，而推进产业兴旺是实施乡村振兴战略的首要任务并且多方参与才能更好地助力产业兴旺。（姜长云，2018）

深入剖析欠发达地区县域政府引导农业产业发展的行动逻辑，不仅有助于厘清县域政府引导农业产业发展的规律，调适县域政府的行动策略，为新冠疫情结束后尽快恢复欠发达地区农业产业发展，打赢脱贫攻坚战提供助益，而且有助于拓新欠发达地区县域政府引导农业产业发展过程中的行动逻辑的研究范式和理论工具。然而，欠发达地区县域政府引导农业产业行动中普遍且长期存在着差异化的行动结果，即同一政府在执行同一产业政策时，可能同时存在政策执行结果与政策目标趋近或者执行结果与政策目标背离的现象。县域政府在同一农业产业政策实施地、不同时段执行农业产业政策的行动逻辑存在较大差异，从而导致引导农业产业的行动出现高效和低效并存的状态。那么，县域政府在引导农业产业发展过程中究竟遵循着什么行动逻辑？影响这些行动逻辑的因素有哪些？县域政府行动逻辑如何导致差异化的行动结果？

本文选取陇县政府引导下的苹果产业作为案例研究对象，通过回顾陇县苹果产业发展的"四起三落"，同时基于对农户、驻村工作队成员、县域政府的调研、访谈和参与式观察，展现陇县在政府引导下苹果产业的发展困境、艰难转型历程与重燃希望之火的情况。笔者以元治理理论与协同治理理论作为案例分析的主要理论工具，构建起与县域政府行动逻辑差异化相适应的分析框架，试图解释陇县苹果产业在"四起三落"的发展中所呈现出的政府行动逻辑。

二 拨开云雾："情境—过程"分析框架

（一）理论探索：元治理理论及协同治理理论

1. 元治理理论

元治理理论是在批判和反思传统治理模式的基础上形成和提出的。

首先，科层治理存在着政府的内在性、公共决策失误、寻租和腐败等治理困境。著名学者鲍勃·杰索普（Bob Jessop）针对这些问题指出，元治理"包含市场、等级制度和联络网的合理融合，进而获得从元治理者参与者角度来看的最佳结果"（鲍勃·杰索，2014）。其次，单纯依靠市场网络的方式来化解公共产品的供给窘境，会存在"公地悲剧""搭便车"等一系列问题。最后，网络治理自身也存在着不稳定性、效率低下、权责模糊等局限，并且过高地估计了社会自身的自足性。因此，公共事务治理需要一个居于众多主体之上的协调者，"从更高的层次进行统筹，将多种治理模式进行整合，整体推动国家治理的实施"（张骁虎，2017）。政府的元治理角色逐渐引起学者们的深思。

元治理这一概念最早由鲍勃·杰索普提出。他认为，元治理语境下的政府不再是一个至高无上的权威，更像是"同辈中的长者"（鲍勃·杰索，1999）。政府的元治理类型可以划分为公共行政组织内部各部门之间的"内部元治理"和发生在政府等公共行政组织与社会之间的"外部元治理"。政府实施元治理采用"参与市场再设计""参与治理校准""充当'上诉法院'"等手段。索伦森和托芬提出了网络规划、网络设计、网络管理和网络参与四种更为系统的元治理策略（Sorensen & Torfing，2009）。政府扮演着协调整合科层制、市场治理和网络治理三种治理模式的关系以及治理行动设计者的角色。元治理既不同于科层制理论过于强调政府的单中心论调，也迥异于市场治理和网络治理所提倡的社会中心主义论调，试图使政府成为多元治理模式中的核心领导者和协调者。元治理中政府的作用在于"改变组织目标和方式，参与市场再设计，实行宪法改革和司法再规制，为自组织创造条件，以及最重要的—参与治理校准"（鲍勃·杰索，2014）。综合上述观点，本文认为，元治理突出强调重新回归政府的中心位置，政府作为居中协调者通过对科层制、市场和社会网络等治理方式的整合协调以及政府内部关系的协调以实现元治理者（政府）所设计的目标，即对治理的治理。

较之于非贫困地区，贫困地区尤其是深度贫困地区县域政府的行动逻辑具有独有的特点。由于"边疆地区、民族地区、集中连片特困地区贫困程度深、扶贫成本高、脱贫难度大"以及"严重滞后的公共服务和基础设施"①，农业产业的培育成本很高，仅依靠市场化的方式很难解决这些难题。因此，在贫困地区培育农业产业的过程中，县域政府的作用更加突出。元治理理论主张多元主体共治，但是与治理理论不同之处在于，它强调政府作为居中协调者发挥作用，通过政府的协调作用将多元主体整合进产业发展过程，更契合贫困地区的实际。因而，元治理理论对本案具有可行性和适切性。

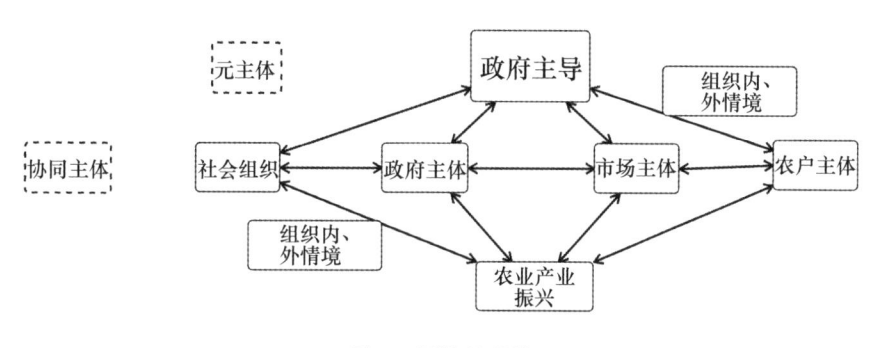

图 1 元治理理论

2. 协同治理理论

协同治理理论是在 20 世纪 70 年代发展起来的一门新兴交叉学科理论，其理论基础是作为自然科学的协同论和作为社会科学的治理理论（杨志军，2010）。协同学主要是研究普遍规律支配下的有序的集体行为。（赫尔曼·哈肯，2005）从哈肯（Haken）的这个定义上来看，协同学不仅应用于自然科学领域，也可应用于社会科学领域。在社会科学领域对协同学的研究主要集中在对集体行为、自组织行为的发生这两种现象的解释（李汉卿，2014）。罗伯特·罗茨（Robert Rhoads）认为，治理是一种新的管理社会的方式，他对治理的定义主要体现在六个方面（罗伯特·罗茨，1999）。威格里·斯托克（Gerry Stoker）对现有治理

---

① 习近平：《在深度贫困地区脱贫攻坚座谈会上的讲话》，《人民日报》2017 年 9 月 1 日第 2 版。

理论进行梳理，总结出治理理论的四大特征：主体多元、责任界限模糊、权力互赖、自主网络（格里·斯托里，1999）。国内学者孙萍认为，主体多元、过程协同以及治理结果的超越性是协同治理概念中必不可少的核心要素；协同治理理论所研究的是多中心主体参与治理过程，作用于协同过程的各个阶段，是协同治理理论研究的关键所在（孙萍、闫亭豫，2013）。本案中陇县苹果产业的发展几经波折，在各发展阶段中，各主体不同程度地参与到苹果产业发展中来，因此，协同治理理论与本案具有较强的适切性。

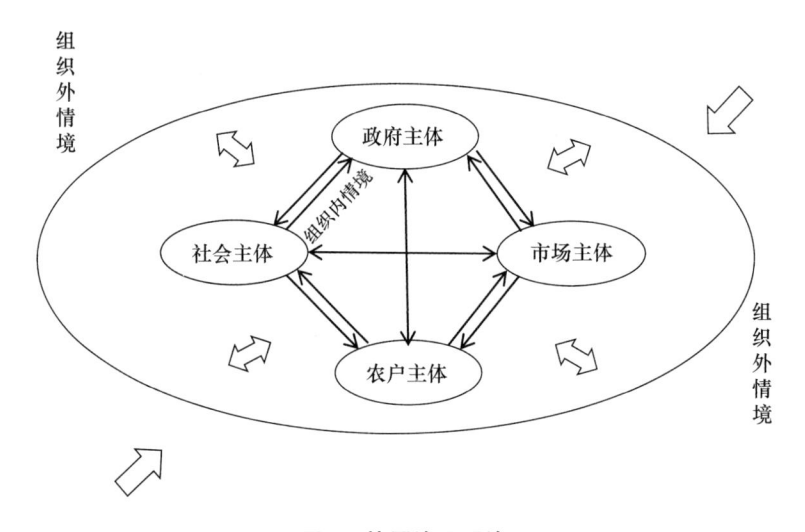

图2 协同治理理论

（二）分析框架："情境—过程"分析框架

元治理并不意味着建立一个至高无上的政府（鲍勃·杰索普、漆燕，1999）。治理理论本身就强调去中心化，政府在元治理中的角色更多的是组织协调，而不是权力的集中统一（申建林、姚晓强，2015）。"元治理"是对治理的治理，是在政府和市场充分发挥自身作用的基础上坚守自身的权力边界，不该管的绝不越界。协同治理理论中多元主体参与到协同的每个阶段，贯穿治理过程的始终。元治理理论解释了县域政府在农业产业振兴中的重要作用，但是并没有很好地解释在什么要素情境下能够促进贫困地区农业产业发展，这些要素情境是如何影响政府行动的。协同治理理论很好地揭示了多元主体参与到协同的动态过程，但是未考虑到组织内外情境对县域政府行动逻辑的影响。为厘清其中逻辑，本文借助元治理理论与协同治理理论构建出"情境—过程"框架。

"情境—过程"① 分析框架的基本构成要素包括：情境、行动者、过程和结果（见图1）。"情境"包括组织内情境与组织外情境。组织内情境是指政府内部可以选择和管理的组织条件，主要包括县域政府提升政绩的动机、纵向政策的压力与激励、府际竞争的压力和财政能力；组织外情境是指县域政府嵌入其中并受其影响的外部社会条件，主要包括乡村社会的自组织能力和自主经营能力等。"行动者"是指具有理性人特质的县域政府，涵括县级党委、人大、政府、监委、政协、法院、检察院等机关，还涵括乡镇一级政府及相关机构。"过程"是指县域政府致力于培育农业产业所实施的系列性行动。"结果"是指县域政府实

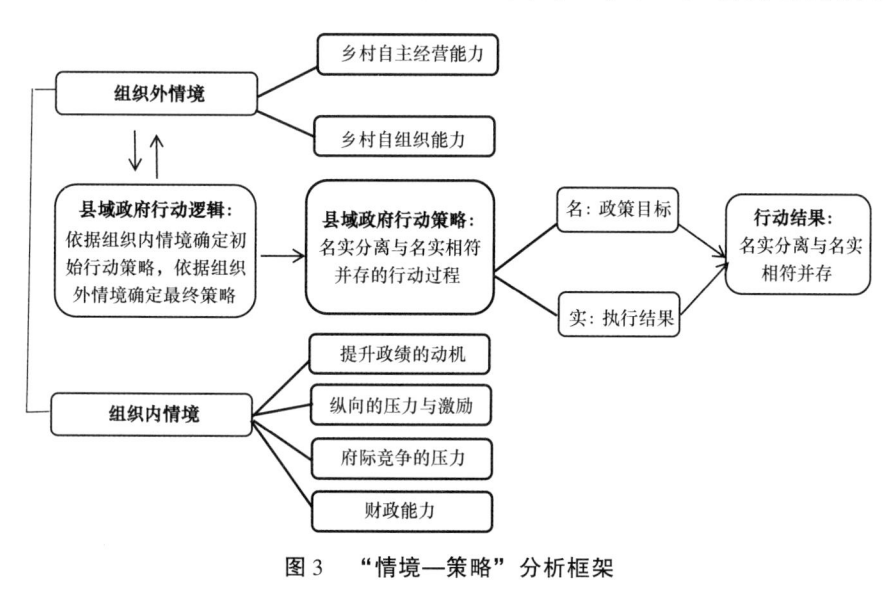

图3 "情境—策略"分析框架

---

① 陈国权和陈洁琼提出的"情境—过程"框架将政府行为置于制度情境中加以考察，并将制度情境分为组织内情境与组织外情境。由于本文增加了政府行为的社会条件变量，故而在承袭上述框架的优势基础上，将社会条件变量纳入组织外情境一端，将政府内部纵、横向互动纳入组织内情境一端，从而构建起新的"情境—过程"分析框架。参见陈国权、陈洁琼《名实分离：双重约束下的地方政府行为策略》，《政治学研究》2017年第4期。

施系列性行动所达到的状态。这四个要素之间相互影响、相互作用。其中，在组织内外不同情境的组合状态下，县域政府会灵活采取差异化的行动策略。组织内情境和组织外情境的混合作用，决定着县域政府助力乡村产业振兴的行动策略。

组织内情境要素之间存在一定的张力。首先，政策的统一性与灵活性之间的张力一直存在。中国幅员辽阔，各个地方之间的差异巨大，中央的宏观调控政策不可能兼顾基层所有的差别，因此需要赋予基层一定的自主性和灵活性，鼓励基层政府依据当地的实际条件在不违背中央政策原则的条件下开展政策实践。与之相对，因为各个基层区域差异太大，过多的基层自主性不仅会因为协调成本过高，还常常会遭遇精英俘获或选择性应付等行为，因而有需要中央或上级政府维护政策目标的一致性。其次，不同基层政府财政能力的强弱直接决定其究竟采取何种行动逻辑。在地方税收充裕且财政能力较强的县域，基层政府往往会扮演发展型政府的角色，与之相反则会采取稳定优先的行动策略。最后，府际竞争中存在"鲇鱼效应"。在乡村发展过程中，同一区域的基层政府间往往会形成一定的默认惯例，即各政府之间会形成相对平衡的竞争均势。只有在中央自上而下的政策压力和政治激励下才有可能打破这种均势，使得各个基层政府主政官员为了获取较好的政绩而扮演发展型政府角色。

组织内情景决定了县域政府的初始行动策略，组织外情景则会影响县域政府的最终行动策略。在推进农村产业振兴过程中，县域政府总是会在综合权衡政府系统要素的基础上确定初始的行动策略。但县域政府绝不是被动的政策执行者，恰恰相反，基层政府往往会结合当地各个产业政策实施地的条件而灵活调整最终的产业扶持策略。

三 陇县苹果产业经营主体培育"四起三落"的政府行动逻辑

农业经营主体的多样化是农业向现代化演进过程中存在的普遍现象

(陈锡文，2013)。农业经营主体多元化不仅能够很好地激活农村生产要素资源，而且具备带动贫困户脱贫的能力（杨朔等，2019）。但贫困地区农户农业科技水平低（李博等，2019）、生计系统的脆弱性（伍艳，2015）等境遇严重制约着当地农业产业发展，迫切需要县域政府加大培育力度。然而，对陇县苹果产业发展实践的追溯性分析可以发现，在不同发展阶段，该县政府培育农业经营主体的行动存在差异化。那么，县域政府在培育农业经营主体中遵循哪些行动逻辑？政府的行动逻辑缘何会产生如此大的差异？下文将解析陇县政府行动策略的特点及其在经营主体培育各个方面的表现。

（一）农民专业技能的培训

加强农户的专业技能培训，大力培育农村技术型人才是推进农业产业发展的重要途径之一。陇县苹果产业发展"三起三落"的根本原因之一就在于，果农沿袭传统的种植技术，不及时更新和嫁接新品种，但政府却很少干预。在2003年之前，陇县苹果产业陷入一种"不断种植—不断失败"的死循环，不仅政府资金承受了巨大的损失，而且果农在产业发展中几乎连年赔本，甚至造成政府与果农之间的对抗。造成这一困境的重要原因之一就是县域政府过分注重产业规模的扩大，但是却很少关注果农职业技能的培训。2007年是陇县成功"逆袭"的重要转折点，陇县不仅开始重视农民技术能力的培训，还开始关注果树的技术管理问题，果农的生产技能的提升直接促进了产业的健康发展。

为什么2007年之前该县对于农户生产技术并不是很在意，但是之后却投入大量精力和资金去做好这方面的工作？政府的行动逻辑缘何会产生如此大的差异？

陇县政府前后出现巨大反差是由组织内情境与组织外情境共同作用的结果。乡村社会的自组织能力是影响县域政府是否重视农户技术培训的因素之一。在计划经济时期，生产队几乎掌握了农村经济社会生活方方面面的控制权，行政权力的过度垄断导致苹果产业发展不能很好适应市场需求，更重要的是对于农户生产技术培训方面缺乏动力，直接导致苹果产业低质低效。随着家庭联产承包责任制推行，农户家庭从计划化时期的集体组织模式中解放出来，农村基层党组织开始发挥基层社会的管理功能。随后乡村社会管理体制改革，村民自治在基层社会逐渐普及，村委会作为连接政府与社会之间的纽带，其组织功能逐渐发挥出来。按照政策设计初衷，村民委员会作为服务村民、管理乡村社会的自治机构，在农业产业发展中要担负起组织农民进行技术培训，提升村民发展生产的集体行动能力，但是现状却与之相去甚远。进入90年代后，与村民收入下降的趋势相反，县域政府巧立名目收税和横征暴敛无所顾忌。依据财政部不完全统计，1997年各级政府的收费项目多达6800项，全国收费总额达到4200亿元，约等于国家财政收入的45%，并且每年以15%的比例持续增长。（张雨生，1999）在这种情况下，县政府部门为了完成任务，单纯依靠乡镇政府就显得捉襟见肘，而村民委员会则扮演了政府权力触角的功能。为了完成这些沉重的征收任务，乡镇政府将任务摊派给了各村委会，村委会被彻底"行政化"了（彭大鹏，2009）。村委会被繁重的摊派任务压着，根本无法抽身去进行果农技术培训。与此同时，县政府将完成摊派指标作为政府的中心工作，果农技术培训自然成为边缘业务。

除了组织外情境要素对县政府行为的影响，组织内情境的影响也是不容忽视的。首先，陇县政府孱弱的财政能力限制了对经营主体的培育。受县域财政能力的限制，陇县政府一直未投入大量资金用于培育农业经营主体的技术和生产管理。苹果树从种植到真正的产出存在三到五年的过渡时间，县政府由于自身财政能力有限，并不能对种植苹果树的农户给予补贴。而果农为了自身收益，会在果树间随意套种各种五花八门的作物，完全忽略果树生长需要果带的问题，从而导致果树长势甚微。2007年，农业部将该县确定为全国适宜苹果生产区，并且省政府确定其为苹果生产重点县。此后，自上而下的财政转移支付为其苹果产业的发展提供了有效助力。

其次，县域政府对政绩的追逐影响县域政府的行动取向。总结陇县苹果产业发展"三起三落"的教训可以发现，县乡财力不足致使相应的农业技术培训人才非常紧缺，导致每个技术员所指导的果园面积很大，加之县级财政对农技人员待遇一直比较低，起步探索阶段专业技术人员紧缺，技术水平不高，严重缺乏能够给果农全程提供种植指导建议和带领群众致富的农技人员。县域政府的政绩观念同样也深刻影响到县级财政的投入力度。果树栽培是一个投入大、周期长、见效慢的农业投资行动，其中需要花费巨大的财力以提升种植技术和促进品种的更新换代。在废除农业税之前，果农还需要负担高昂的特产税，这对本就羸弱的苹果产业来讲无疑是雪上加霜。此外，在生产管理方面，为了充实政绩的需要，很多老旧被挖除的果园并没有从政府的名册中删除，导致全县果园统计面积连年上升，果农特产税的税负有增无减，果农被繁重的赋税压得喘不过气来，根本无力去优化生产经营技术。

（二）农民企业家的培育

能人治理是乡村农业产业振兴的关键主体，特别是在农民组织化程度较低且农民自主经营能力较弱的欠发达地区。随着县域政府加大力度引进和培育新型农业经营主体，新兴农村经济能人迅速崛起并参与到乡村产业发展中。一些经济能人进入村两委后，不仅将企业经营理念引入乡村事务治理，而且还将村庄治理的工作重心转变为创业发展（卢福营，2013）。在农业产业专业化发展中，经济能人的能力、从业背景等因素对专业村的形成速度具有重要影响（林柄全等，2017）。经济能人在农业产业的不同发展过程中扮演"直接投资者""决策参与者"和"乡村社会的利益争取者"等不同角色，而县域政府则会依据不同的情形发挥"财政收益驱动下的合作共谋""利益博弈中的被动介入"和"官僚制逻辑下的主动干预"作用（郑扬、胡洁人，2018）。受到组织内情境约束等影响因素的影响，为了与同时期被划定为金融扶贫试验区的其他县展开竞争，陇县政府主动出击，在农业经营主体培育中逐渐形成了两种培育方式，即本土内生力量的培育和柔性的"外部引才"。

王某是土生土长的陇县人，农村生活的情节使他对农民生活的不易有着更为深刻的理解和体会。2007年正好赶上陇县苹果产业大转型和县政府大力扶持农业企业，王某抓住契机，率先在老家县城创办了"陇县苹果网"，收集和公布当地涉果企业的供货信息和外地商贩、超市的需求信息，在供销之间搭建沟通桥梁。经过一段时间的推介和引流，网站的每日访问量达到5000多次，当年就促成了本地企业与外地200多家客商的合作。2011年随着网站运营步入正轨，陇县苹果也逐渐形成了小的名气，在县政府优惠贷款政策的扶持下，王某成立了红六福果业有限公司，并适时扩建县苹果生产基地，走标准化和规模化发展的路子。2014年红六福果业有限公司在余湾乡的万亩有机苹果生产基地正式建成，其中包含3000亩富硒有机苹果。

青梅果业有限公司也是在县政府的积极支持下成长起来的本土苹果销售企业。2017年该公司18吨苹果借着国家"一带一路"的优惠政策成功打入尼泊尔市场。公司先后6次将苹果远销尼泊尔国际市场，累计达180吨，实现出口创汇156万元。随着业务日臻成熟，公司与尼泊尔首都加德满都建立了良好的贸易关系。2018年后，公司积极响应国家精准扶贫战略，分别与5个乡镇、30多个村的合作社建立了农产品收购关系，先后组织人员进乡入村收购农户苹果达200多吨。但是面对日益增长的收购量，公司也很快面临着资金短缺困境。陇县果业局协助公司申请了扶贫低息贷款，并协助企业联系出关事宜。在青梅果业有限公司的带领下，该县陆续有12家农业龙头企业办理外贸登记手续，此外，还引进了一家外资企业进驻陇县专门从事苹果及苹果深加工产品外贸业务。

在陇县苹果产业"三起三落"发展的进程中，正是越来越多像王某、李某等这样农民企业家的涌现，才为其苹果产业"四起"兴盛提供了必然性。

（三）村干部等积极分子的培育

在国家大力支持乡村产业振兴的政策背景下，部分回流的乡村能人和村庄内部的能人，敏锐地抓住时机响应政府政策并采取相应的行动，成为乡村场域中另一部分拥有相对话语权的群体（李云新、阮皓雅，

2018）。作为新时代乡村治理的代表性人物，他们具有较强的乡村社会资源整合能力，为创新乡村社会的治理机制提供有效助力（吕蕾莉、刘书明，2017）。

　　从2009年开始，陇县就启动了以村庄民主管理为突破口，提升基层组织引导乡村经济发展能力的尝试。但现实的情况往往是，很多的乡村村干部十几年未曾更换，村干部固守传统的思想文化不思革新，经营能力差，遑论带领农户发展农业产业项目。"双评双议"活动，重新将乡村公共事务的决定权全部归还村民，大小"村官"都得看村民"脸色"办事。对于工作成绩不突出的村干部，村民有权通过相应的程序罢免，另外，村民还可以通过民主评议制度选拔村支部书记。自2009年起，陇县积极实施群众评议工作，通过群众评议，被提拔到村支书岗位的党员有21人，14名村干部由于工作不尽责、群众的满意度低而被免职。在加强对干部的监督的同时，陇县政府还积极改革村干部的绩效考核制度，实行以"基础工资＋绩效工资＋奖励工资"为模式的结构工资制。根据群众对村干部的评议来确定村干部的实际工资等级和绩效奖励标准。此外，陇县还积极扶持村干部进行产业经营能力培育教育。在县产业办相关部门的协助下，该县顺利成立了多个党员专业经济合作社，让党员在合作社发挥先锋模仿带头作用。SZ村是陇县有名的后进村。2009年经过村民评议之后，郑某开始担任该村支部书记。在新任支部书记的带领下，该村10名养殖户联合成立了养牛专业经济合作社，之前没有从事过任何产业项目的村民刘某在合作社的带领下养殖了20多头牛，年底挣了7万多元。现在，陇县已经建成了47个养牛、种植苹果、蔬菜等农村党员专业经济合作社，累计发展2800多名社员，其中致富能手占90%，党员达到870多人。

四　陇县苹果产业技术革新"四起三落"的政府行动逻辑

　　农业生产技术根据基本属性划分，可分为公共物品类农业技术和私有物品类农业技术。公共物品类农业技术主要是由政府负责研发和推广，具有非竞争性和非排他性特征。① 政府出于维护社会稳定和粮食安全等原因对公共物品类农业技术投资，委托农业科学研究机构展开研究，并将研究成果逐步由各级政府农业推广部门自上而下推广。私人物品类农业技术地供给主体不再仅限于政府，而是容纳了涉农企业、农民专业生产合作社、农业科研院所等，具有独立性、自主性和排他性的特征。

我国培育农业产业中农业产业技术革新的影响要素主要包括两个层面的内容：政府组织内情境要素和政府组织外情境要素。因此，在推进培育农业产业中需要从组织内外情境约束的条件下考察政府如何开展行动。

（一）公共物品类农业技术的供给

在组织内情境中，政府政策支持、政府补贴是影响农业技术管理效果的重要因素。计划经济时期，陇县开始发展苹果产业；后来经历了家庭联产承包责任制，部分果树归集体经营，部分归个体农户经营。但是，对农业生产技术的忽视导致果树及结果的质量逐年下降，逐渐被市场淘汰。

2007年新上任的县委领导班子锐意改革，紧紧把握苹果产业发展的大好趋势，通过政府扶持的方式全面调整苹果产业的发展格局，淘汰落后的苹果品种，与西北农林科技大学等科研机构团队合作开发新的品种，改良苹果的口感，逐渐赢得了市场上的广泛好评。在整体上提升全县的苹果质量问题上，县政府采取了全局规划的方式，在新品种和新技术这些手段上着手，统一规划和统一部署，通过技术员来全程跟踪并提供相关技术服务。县政府为了深度落实苹果的质量，要求派驻乡村的所有技术员对该县的苹果园地址选择、施肥修剪和病虫害防治、苗木的选

---

① 农业部农村经济研究中心课题组：《我国农业技术推广体系调查与改革思路》，《中国农村经济》2005年第5期。

择与栽培等所有方面实行360度无死角监管。为了动员全县的技术力量，增加农产品的整体质量，陇县不仅开展南北对接结对帮扶，还开展科技人员蹲点抓示范、技术人员包村户等一系列的行动。在一些重点栽培的村庄，驻村技术人员结合现场指导和课堂教学的方式与农户进行沟通，更好地向农户传授有关果树的管理经验和技术。2017年，陇县先后成立了有关果树、果品研究的基地，如果树果品研究所苹果良种苗木繁育基地、中国农业科学院果树研究所综合试验示范基地等，紧密连接果树栽植、果品销售等多个方面，产前、中、后相配合的产业体系雏形已经初步形成。

在组织外情境中，职业农民的从业意愿也是影响农业技术管理效果的重要因素。为了带动全县果产业向更高层次迈进，经多方衔接引进了全球最大的浓缩果汁生产企业——海升集团，投资5.8亿元实施了灵台海升现代果业高新技术产业园项目。自家门前建立了高科技的苹果园，为当地农户提供了大量的就业机会，农户不仅可以通过劳作获得收益，还可以学习到先进的技术。这样大大增强了农户们的从业意愿。

(二) 私人物品类农业产业技术的供给

私人物品类农业产业技术的供给机制与公共物品类农业产业技术不同，它主要是由企业、社会组织、经济组织等非公共组织通过竞争性的途径来提供多样化的产品与服务。

1997年1月26日，乡村能人景某带领全村200人建立了县农业新技术推广协会，经过十年的发展，协会开始逐渐向全县拓展，人数发展到了4000多人，为协会会员增收2000多元。2007年7月11日，景某敏锐地觉察到全县苹果产业转型的信息，经多方联系，终于在县供销、工商局部门的大力支持下，带领1267名骨干会员成立了全县第一家农民专业合作社。在县乡政府的协助下，合作社从一开始就将向农民传播科技知识，建立标准化生产基地作为合作社的重要工作内容。合作社多方收集苹果种植的技术经验，并将其汇编成书免费发放给合作社会员，印刷数从200多份增加到5000多份，这几年来共印发40余万份。在宣传农业产业技术知识的同时，合作社倡议会员实行标准化生产，县政府还出资聘请中国农业大学、中国农科院、甘肃省农科院、西北农林科技大学等高校的专家教授为果农现场讲学，专家团队的进驻不仅给陇县带来了先进的农业生产知识，而且也带来了新的营销知识。随着合作社的影响力逐渐增强，外界也对这个传统意义上的贫困小县城投来了越来越多的目光，其中就包括省政府相关部门在内。"双联"活动中，省政府组织和邀请中国农科院果树研究所、北京中农乐果树新技术研究所、西北农林科技大学等与苹果树种植有关的科学研究机构的专家学者来现场讲学。近三年来，陇县共举办319场大型公益性科技培训，受训农民达4.9万人（次）。

五 陇县苹果产业市场流通体系建设"四起三落"的政府行动逻辑

在小农户自主经营能力偏弱、市场交易成本居高不下、农业生产的外部性以及社会服务供给缺位的现实条件下，贫困地区以小农为主体的经营模式如何与大市场对接成为制约农业现代化发展的关键要素。正是依靠政府的积极建构和干预，贫困地区现代化的农业营销流通体系才日臻成熟，多元经营主体才开始进入村庄，在小农户与大市场之间搭起沟通的桥梁。另外，致富能人等乡村治理精英凭借出众的经营能力、市场信息把控能力和雄厚的资本将小农户与市场衔接，促进了产业的融合和产业链的延伸（韩旭东等，2019）。

（一）市场营销流通体系建设

自上而下的政策压力和激励为各级政府部门参与农业营销流通体系建设提供了充足动力。陇县自20世纪八九十年代兴起种植苹果的热潮。虽然实行了家庭联产承包责任制，但无论是集体经营还是承包给个体私营，都没有摆脱计划经济时期的经营思路模式和管理习惯的束缚。虽然县乡政府都给予一定程度重视，但由于历史负担太重，苹果市场并没有形成。2001年，陇县被国家农业部和省政府确定为苹果生产的重点区域，陇县政府开始新一轮的苹果产业尝试。为了弥补苹果产业发展中营销体系和流通体系建设的短板，陇县政府决意主动出击，在强调标准化生产的同时加快营销流通体系改造，而不是静静等待市场的裁判。在苹果生产环节，陇县按照苹果万亩重点生产乡镇、千亩村、果园标准化管理乡镇相结合的模式，对辖区内所有苹果生产进行统一规范，对老旧苹果树进行采挖，待之以市场上最新的苹果树种苗。

在苹果产业营销流通体系建设过程中，陇县各级政府实现了管理者、市场追随者到市场引领者的变化。那么产生这些变化的根本原因是什么呢？横向府际之间的竞争压力是造成上述变化的原因之一。2001年，陇县同时与居延县、河西县等被国家农业部划定为优质苹果最佳适生区。之后在这一区域内的18个县被省政府确定为全省18个苹果生产重点县。参访中，据陇县果业局局长回忆，近几年内居延、河西等地的苹果业已经成为了当地最大的农业支柱产业，在带动当地农民增收和经济社会发展中发挥了非常重要的作用。2012年他去居延县参观学习，发现在那里一亩地的果园总营业额就是9万元。但当时陇县苹果产业还处于逐步恢复期，农户的种果积极性还未被调动，粮食等传统作物依然是该县主要农产品，按照亩产最大七八百斤产量，能获得的收益最多700元。居延、河西等县抢先抓住机遇大力扶持苹果产业发展，并已经形成了优势产业带。周围县域苹果产业的快速发展无疑给陇县政府领导班子带来了巨大的压力。

（二）农产品品牌形象建设

农产品品牌形象的建设也离不开县乡政府对乡村治理精英的引导和扶持。王某是土生土长的陇县人，农村生活的情节使他对农民生活的不易有着更为深刻的理解和体会。2005年回乡后王某发现，家乡苹果虽然口感很好，但由于在市场上知名度低，导致前来收购苹果的商贩寥寥无几，很多农户的苹果只能堆砌在自家院子或者墙角旮旯里。2007年，正好赶上陇县苹果产业大转型和县政府大力扶持农业企业，王某抓住契机,率先在老家县城创办了"陇县苹果网",收集和公布当地涉果企业的供货信息和外地商贩、超市的需求信息,在供销之间搭建沟通桥梁。经过一段时间的推介和引流,网站的每日访问量达到5000多次,当年就促成了本地企业与外地200多家客商的合作。2011年随着网站运营步入正轨,陇县苹果也逐渐形成了小的名气,在县政府优惠贷款政策的扶持下,王某成立了红六福果业有限公司,并适时扩建县苹果生产基地,走标准化和规模化发展的路子。2014年红六福果业有限公司在余湾乡的万亩有机苹果生产基地正式建成,其中包含3000亩富硒有机苹果。随着陇县红六福苹果的知名度日渐上升,市场上冒充陇县苹果的商家也越来越多。为了能够更好地维护陇县苹果的口碑,在县果业局和工商部门的帮助下,公司为每一箱苹果都设置了产地证明、数码防伪、质量追溯体系,顾客只需要用手机微信扫码就可以辨别苹果的生产地、品种等信息,甚至可以通过公司官网进行验证。

农产品品牌形象的塑造离不开县域政府的推动。第一,陇县每年都会组织赛园、赛果、赛技术的苹果竞赛。大赛中会对竞选优胜的市级标准化示范园、优质果品、优秀技术人员以及果品销售企业进行奖励。第二,为提升陇县苹果的品牌影响力和知名度,做强、做大苹果文化,县政府每年都会组织以苹果为主题的绿色生态观光体验游,将苹果产业与生态旅游产业结合起来,县财政先后出资建成4个集观光、采摘、生态、休闲为一体的旅游专业村,为宣传当地苹果创造了一个很好的平台。

自上而下的政策压力和激励是导致陇县政府在2007年之后采取强势主导策略的重要制度原因。2001年,陇县被国家农业部和省政府确定为苹果生产的重点区域后,该县将苹果产业作为富民增收的主导产业,截止目前,全县栽植果园22.67万亩。为了提升当地苹果的质量和口碑,经多方衔接,该县顺利引进了全球最大的浓缩果汁生产企业,并投资5.8亿元建成现代果业高新技术产业园。全县经过认证的出口创汇苹果基地达到7.5万亩,绿色食品原材料生产基地60万亩,获得了前来采购苹果客户的一致好评。2016年,陇县出台了《关于加快推进苹果产业转型升级创新发展的意见》，历经几年逐渐形成了"村村有大点、乡乡有大片，点片相连"的新产业带动局面。同年，县政府相关工作人员赴上海参加第九届亚洲果蔬产业博览会，举办"平凉金果"推介会和现场签约活动。2018年7月26日，农业农村部与省政府在省会城市举办西北贫困地区农产品产销对接活动暨特色农产品贸易洽谈会。在省政府的政策支持下，全省贫困县的225家农业龙头企业和农产品经销商加入了协会，并与京津沪、粤港澳大市场对接。天津、福州、厦门、青岛等与G省建立东西部扶贫协作关系的大城市纷纷向G省开放农产品销售绿色通道，陇县的苹果也借此良机进入这些特大城市的商超。

六　结论与讨论

在陇县政府苹果产业发展的"四起三落"中，政府的行动逻辑分别在农业经营主体培养、农业产业技术革新和农业市场流通体系建设中体现。

1. 农业经营主体培养。当面对的组织外情境较强时，县域政府只需要为经营主体培养提供辅助和支持即可，不易发生名实分离。当组织外情境较弱时，县域政府就会采取行政主导的方式由外部嵌入一些培训项目，但培训内容与产业发展需求脱节，造成名实分离。

2. 农业产业技术革新。当面对的组织外情境较强时，县域政府会选择与经济组织和农户协同推进的方式开展行动，不易发生名实分离。当面对的组织内情境较弱时，县域政府会采取重点扶持农业企业和大农户的推进方式，结果造成大农户和农业企业更新换代较快而小农户处于边缘位置，从而形成名实分离。

3. 农业市场流通体系建设。县域政府面对的组织外情境较强时，会采取市场需求导向的政府行动策略，发挥积极的协调者和辅助者作用，促进农业市场流通体系整体水平提升，不易发生名实分离。此外，当面对的组织外情境较弱时，会采取行政任务导向的政府行动策略，对标上级政府的任务指标采取行动，一旦自上而下的政策压力消解，政策的连贯性就会受到影响，名实分离现象产生。

县域政府在培育农业经营主体、革新产业技术、建设农业市场流通体系等这一系列行动中存在着差异化阶段性现象，这是县域政府在组织内情境的约束下，根据组织外情境要素的差异而做出的理性选择，具有其合理的一面，但也潜藏着政策执行非连续性、政策执行中的"一刀切"等风险。如何规避这些风险助力产业振兴，仍有许多值得探讨的空间。

参考文献

［德］赫尔曼·哈肯：《协同学：大自然构成的奥秘》，凌复华译，上海译文出版社2005年版。

［英］鲍勃·杰索普：《治理与元治理：必要的反思性、必要的多样性和必要的反讽性》，程浩译，《国外理论动态》2014年第5期。

［英］鲍勃·杰索普：《治理的兴起及其失败的风险：以经济发展为例的论述》，漆燕译，《国际社会科学杂志》（中文版）1999年第1期。

［英］格里·斯托里：《作为理论的治理：五个论点》，华夏风编译，《国外社会科学》（中文版）1999年第1期。

［英］罗伯特·罗茨：《新的治理》，木易编译，《马克思主义与现实》1995年第5期。

陈国权、陈洁琼：《名实分离：双重约束下的地方政府行为策略》，《政治学研究》2017年第4期。

陈锡文：《构建新型农业经营体系刻不容缓》，《求是》2013年第22期。

韩旭东、王若男、郑风田：《能人带动型合作社如何推动农业产业化发展？——基于三家合作社的案例研究》，《改革》2019年第10期。

姜长云：《全面把握实施乡村振兴战略的丰富内涵》，《农村工作通讯》2017年第22期。

姜长云：《推进产业兴旺是实施乡村振兴战略的首要任务》，《学术界》2018 年第 7 期。

李博、方永恒、张小刚：《突破推广瓶颈与技术约束：农业科技扶贫中贫困户的科技认知与减贫路径研究——基于全国 12 个省区的调查》，《农村经济》2019 年第 8 期。

李汉卿：《协同治理理论探析》，《理论月刊》2014 年第 1 期。

李云新、阮皓雅：《资本下乡与乡村精英再造》，《华南农业大学学报》（社会科学版）2018 年第 5 期。

林柄全、谷人旭、严士清、钱肖颖、许树辉：《企业家行为与专业村形成及演变的关系研究——以江苏省宿迁市红庙板材加工专业村为例》，《经济地理》2017 年第 12 期。

卢福营：《论经济能人主导的村庄经营性管理》，《天津社会科学》2013 年第 3 期。

吕蕾莉、刘书明：《西北民族地区村庄权力结构下的乡村精英与乡村治理能力研究——对甘青宁三省民族村的考察》，《政治学研究》2017 年第 3 期。

农业部农村经济研究中心课题组：《我国农业技术推广体系调查与改革思路》，《中国农村经济》2005 年第 5 期。

彭大鹏：《村民自治的行政化与国家政权建设》，《北京行政学院学报》2009 年第 2 期。

申建林、姚晓强：《对治理理论的三种误读》，《湖北社会科学》2015 年第 2 期。

孙萍、闫亭豫：《我国协同治理理论研究述评》，《理论月刊》2013 年第 3 期。

伍艳：《贫困地区农户生计脆弱性的测度——基于秦巴山片区的实证分析》，《西南民族大学学报》（人文社科版）2015 年第 5 期。

杨朔、李博、李世平：《新型农业经营主体带动贫困户脱贫作用研究——基于六盘山区 7 县耕地生产效率的实证分析》，《统计与信息论坛》2019 年第 2 期。

杨志军：《多中心协同治理模式研究：基于三项内容的考察》，《中共南京市委党校学报》2010年第3期。

张骁虎:《"元治理"理论的生成、拓展与评价》,《西南交通大学学报》(社会科学版)2017年第3期。

张雨生:《法治程度能不能量化》,《杂文报》1999年9月17日。

郑扬、胡洁人:《双向嵌入:农村经济能人与基层政府行为——政治社会学视角下的城镇化问题研究》,《上海行政学院学报》2018年第6期。

Sorensen E. & Torfing J., "Making Governance Networks Effective and Democratic through Metagovernance", *Public Administration*, Vol. 87, No. 2, 2009.

本硕博论坛

乡村治理中"一肩挑"的历史、理论与实践逻辑

王松磊　梅纪雯　孟　宇　杨滨瑞[*]

摘　要："一肩挑"是当下大力推进和发展的一种乡村治理模式。党的十九大以来,"一肩挑"被赋予了新的内涵,村级党政"一肩挑"升级为党政经"一肩挑",顺应了新时代加强党对农村全面领导,助推乡村振兴的要求。本文分别从党政经"一肩挑"的历史逻辑、理论逻辑和实践逻辑三个方面对其进行研究。新时代党政经"一肩挑"有利于凝聚党群关系"同心圆",提升基层协同治理能力,是使命型政党建设在乡村社会的具体落实,并为解决村"两委"结构性矛盾及核心领导力量缺失带来的乡村治理困境提供了路径支持。

关键词：党政经"一肩挑"；历史逻辑；理论逻辑；实践逻辑

一　引言

改革开放以来,我国基层社会政治体制改革不断推进,其中村民自治制度是当代中国最广泛生动的基层民主实践。1998年,我国通过《中华人民共和国村民委员会组织法》(以下简称《村民委员会组织法》),确立了村委会的法律地位。随着村民自治制度的确立,村委会

---

[*] 王松磊,安徽大学社会与政治学院副教授；梅纪雯,安徽大学社会与政治学院2019级本科生；孟宇,安徽大学社会行政学院2019级本科生；杨滨瑞,安徽大学社会与行政学院2020级本科生。

与党支部分别作为自治力量和党在基层的嵌入式力量共存于乡村场域，在乡村治理实践中，逐渐出现两个班子的冲突与矛盾，这些冲突实质上是村党支部和村委会关于优先领导地位的争端。

为了解决二元权力主体的矛盾，村"两委"书记主任"一肩挑"模式，即简称"村两委一肩挑"模式应运而生。这一模式是指，在一个行政村内，实现村党支部书记和村委会主任由一人同时担（兼）任，其他党支部委员和村委会成员交叉任职。2002年7月，中共中央办公厅、国务院办公厅出台了《关于进一步做好村民委员会换届选举工作的通知》，首次在政府层面上认可了这一模式。该模式在一定程度上缓解了村"两委"之间的推诿冲突，逐渐在各地推广开来。在政策推行过程中，形成了"威海选举模式"和"顺德选举模式"，并引起过广泛的关注与争议。

党的十八大以来，全面加强党的领导成为社会治理的普遍共识，在这一背景下，原本的"一肩挑"模式发生变化。2018年修订的《中国共产党农村基层组织工作条例》提出，村党组织书记应当通过法定程序担任村民委员会主任和村级集体经济组织、合作经济组织负责人，赋予村党支部书记更多的期待与职责，村级党政"一肩挑"升级为党政经"一肩挑"，村级党政经组织负责人"一肩挑"是对村"两委"书记主任"一肩挑"的制度变革和创新。

乡村治理是国家治理体系和治理能力现代化建设中的重要组成部分，在推进乡村振兴的过程中，治理有效是重要要求之一。乡村治理体系本身存在的问题制约着乡村振兴的进一步推进，在"两委分立"的传统乡村治理模式下，村两委因权力来源不同频发矛盾冲突，难以发挥领导核心作用，造成治理过程混乱无序，影响治理效能和村级集体经济发展，难以保障乡村振兴战略的顺利实施。随着乡村的发展和变革，越来越多的力量参与到乡村治理中来，乡村治理体系越加多元，各利益主体矛盾冲突加剧。为了解决乡村治理体系显露出的弊端，加强基层核心领导力量，党和国家在原本的村"两委"书记主任"一肩挑"模式的基础上倡导推行村级党政经组织负责人"一肩挑"模式，实现党委统领，有利于理顺各个治理主体间的利益关系，建构起村"两委"班子协同合作的良性关系，有利于在基层工作中贯彻上级意志，落实好相关经济发展政策，保护村民利益，带动村民致富。正确认识乡村治理结构困境，分析村级党政经组织负责人"一肩挑"模式，研究其施行逻辑，是深入推进乡村振兴的重要课题。

二 文献综述

"一肩挑"是基层治理中的一项重要制度，从 21 世纪初到党的十八大，中央多次提倡将"村两委一肩挑"模式运用到基层治理中，党的十八大以后在全国范围内逐渐推广开。从研究现状来看，目前学者们主要围绕"一肩挑"的内在逻辑、案例分析、历史逻辑、制度弊端与优化等进行研究。

（一）关于"一肩挑"的内在逻辑研究

"村两委一肩挑"制度在中央的相关文件中有过多次论述，学者们大多根据中央文件，围绕"一肩挑"的内在逻辑，即"是什么—为什么—怎么做"的思路展开研究。2018 年，中共中央修订《中国共产党农村基层组织工作条例》，提出党政经"一肩挑"的要求，明确"村党组织书记应当通过法定程序担任村民委员会主任和村级集体经济组织、合作经济组织负责人，村'两委'班子成员应当交叉任职"，保证农村基层党组织的领导地位。李志清（2022）指出，村级党政经组织负责人"一肩挑"不是村"两委"负责人"一肩挑"的简单转换和承继延续，而是在乡村振兴的新形势下，为了适应乡村治理的新需要，强化农村基层党组织领导核心作用的创新性的制度设计。"为什么"主要回答选择一肩挑模式的原因，其中包含着"村两委一肩挑"模式的生成逻辑与现实基础。易新涛（2020）从历史、现实及理论三个维度来分析研究村支两委"一肩挑"的生成逻辑，提出保障基层党组织领导核心地位，既是马克思主义政党的基本准则和最为突出的特征之一，也是中国特色社会主义制度下中国共产党的政治优势和优良传统，这是乡村振兴背景下全面推行村支两委"一肩挑"模式的政治基础。李绍华（2020）从坚持和加强党对乡村工作全面领导、推动实现乡村治理体系和治理能力现代化、消除村支两委矛盾及提升乡村治理绩效层面详细阐述了乡村振兴背景下村支两委"一肩挑"的现实基础。"怎样做"则是探讨如何在实践中更好地运用这一模式，已有研究主要围绕加强政治教育、提升干部队伍、优化监督机制等方面展开讨论。"是什么—为什么—怎样做"三段论的研究，能够比较清晰地解释"村两委一肩挑"模式的内涵、原因和采取措施，但从研究成果来看，内容重复现象比较严重，阐释问题的深度不够。

（二）关于"一肩挑"的实践案例研究

实践案例的分析对于"村两委一肩挑"模式的完善有着重要意义。贾荣梅、张云松（2021）把"村两委一肩挑"在实践中出现的具体问题总结为六点，并针对性地提出制度优化的措施。王均宁（2021）针对实证调研中出现的问题，从个体、观念、机制、环境、支撑五个方面进行分析，并给予针对性的对策。韩德胜、李娜（2010）按照村级"两委"一把手"一肩挑"推行的合理性和可行性、面临的矛盾与问题、实效与理论差异的成因分析、改进和完善"一肩挑"领导体制的对策的研究逻辑展开论述，对该模式在实践中出现的矛盾冲突分析得较为深刻。大多数研究都是由党校与地方政府部门在实践调研基础上得出的成果，研究角度主要是现状、问题、原因、对策等。大部分学者采用定性分析方式，实地调研获取一手材料，部分学者采取调查问卷的定量分析方式。存在的突出问题是，在实践中调研发现的大多数问题都具有普遍性，导致研究内容同质化现象严重，研究的深度有所差别。

（三）关于"一肩挑"的历史发展研究

从历史逻辑对"村两委一肩挑"模式的分析，能够更加清晰村"两委"关系的发展变化与现阶段推行该模式的原因。雷永阔（2021）

围绕村两委之间的领导权归属问题对"一肩挑"模式的演变进行叙述，认为"农村治理急需一种新的治理形式来回应上述问题"，"一肩挑"由此应运而生。李斌、李淇在（2012）提出乡村地区"一肩挑"的核心要义是强调政党对乡村政治的影响的观点，围绕中华人民共和国成立后政党在乡村政治中的影响对"一肩挑"模式进行探讨，认为从"书记与主任一肩挑"的历史脉络来看，好像"回到过去"，但实际上却是辩证否定，"书记与主任一肩挑"在不同时期的外延是不一样的；同时结合我国乡村治理场域、主体、要素的变化阐释"一肩挑"历史变迁的政治逻辑。目前学界对一肩挑的历史变迁研究较浅，多数文章主要是通过历史变迁来对"村两委一肩挑"进行介绍，研究的核心主要是村"两委"之间的矛盾，角度比较单一。

（四）关于"一肩挑"的困境及制度优化研究

"村两委一肩挑"是对村级组织权力结构的调整，相较于过去的两委分设具有一定的优势，但在实践中也出现一些难题。长子中（2007）总结出"村两委一肩挑"不可忽视的四个问题：大部分由村支书兼任村主任，未举行民主选举或选举走形式；硬性推广"一肩挑"；部分农民对"一肩挑"感到麻木；失去了制衡监督助长了腐败现象，这在一定程度上弱化了农村自治组织的功能，影响了基层民主建设。针对这些问题，长子中提出三点建议，一是要让群众来决定是否需要"一肩挑"，二是要加强对村干部的培训力度，三是完善监督机制。对于"村两委一肩挑"在不同地区的实践效果差异，李古月等人（2012）指出了三方面原因，一是体制层面的原因，"一肩挑"模式理论上是可以解决"一肩挑"之后基层组织中缺乏村民自治，权力完全由党支部控制的问题，村支书和村主任由一人兼任并不代表决策权和最高领导权由党控制，实质上还是保障了村民自治，但难以在体制上落到实处。二是经济发展水平不同，村民素质差异会影响各地"一肩挑"的顺利推行，在运行较差地区存在着农村熟人社会、家族关系等因素的影响，集权现象、滥用职权现象较为突出，基层民主徒有其表。三是事务繁杂与否也在一定程度影响着"一肩挑"模式的运行效果。因此,因地制宜是推行"一肩挑"过程中的一条重要原则。诸多学者都指出"村两委一肩挑"的弊端并给予一定的建议,一方面是制度上存在一定的弊端,需要通过制度创新进行完善,另一方面则是制度落实上的问题,需要采取更多保障措施。

综上,目前的研究虽然成果较为丰富,但相似度较高,部分研究深度不够、创新不够,学者多将"一肩挑"看作村级党政"一肩挑",而缺少对党支部书记兼任村级经济组织负责人对乡村经济发展作用的关注。本文主要从历史逻辑、理论逻辑和实践逻辑三个方面对党政经"一肩挑"进行研究,通过对该制度的发展沿革、理论道路及现实困境的研究,明确该制度的生成逻辑,以期后续制度运行的优化。

三 "一肩挑"的历史逻辑

村级党政经组织负责人"一肩挑"的历史逻辑表现为村"两委"关系的变迁过程,在阐释村"两委"关系的历史变迁过程中,需要明确的是村"两委"关系的实质是党政关系在基层乡村的缩影,党支部与村委会关系的变化一定程度上就是我国党政关系的变化,其中的关键是党的权力与领导地位的变化。

(一)人民公社时期:一元化权力结构

这一时期的典型特征是以党代政、党政不分,党组织统领其他所有村级组织,党组织在乡村治理的组织中具有绝对的权威,集党、政、经、社等权力于一身。

人民公社时期中国已经进入社会主义社会,随着高度集中的计划经济体制的确立,中国的党政关系发生了实质性变化,执政党不仅是国家的领导核心,而且成为权力核心,政党组织国家化,政党将自己与国家机关合二而一,在事实上扮演着国家机关的角色,对国家事务和社会事务直接进行管理,而国家机关则成为政党决策的执行机构。

在中央党政不分、以党代政的一元化权力结构影响下，为与党中央保持高度一致，地方基层政权会进行相应的权力格局和运作模式的建构。村庄的权力结构基本上与人民公社相差无几，大队支部或党支部是生产大队的组织核心，在政治领导、经济建设、社会生产、维护治安、公共事务管理等方面发挥着其他组织无法代替的作用。这一时期，党的组织已经完全取代了其他组织的作用，党支部独揽大权。由于高度的集体化，村党支部对农民的生产生活起着关键作用，农民对党支部的依赖，导致无法在当时的农村社会产生自治组织，村党支部也就是唯一掌握实权的实体型组织，成为农村社会治理过程中的主导力量。

（二）改革开放初期：书记负责制

党的十一届三中全会开启了中国改革开放的新时代。针对一元化权力结构带来的严重弊端，中国共产党开始彻底反思"文化大革命"时期党政关系带来的深刻教训，探索党政关系的新模式，在之后的几十年时间里，领导体制在"党政分开"与"党政合一"之间进行改革探索。改革开放初期，中国共产党在"党政分开"原则的指导下对党和国家机构进行了适当调整，党的十三大报告首次在党的文件中正式提出"党政分开"；1989年之后，中央把坚持党的领导和保持稳定放在突出位置，认为"党政分开"没能有效解决"党善于领导"的问题，反而会产生淡化党的领导的错误思想；90年代，为适应经济社会发展的需要，以"党政分开"为导向的党政关系改革没有深入下去，一元化党政关系又出现曲折反复的发展趋势；党的十五大提出的依法治国为党政关系改革指出了新方向，党的十六大报告中将党政关系改革概括为"改革和完善党的领导方式和执政方式"。至此，党政关系的改革也由改革开放初期的"党政分开"转化成"改革和完善党的领导方式与执政方式"。

改革开放初期，基层党组织受到家庭联产承包责任制的推行和人民公社制度终结的影响，组织建设不完善，领导力下降，群众基础不牢固，农民对基层党组织的离心力明显增大。随着党的十二届二中全会审议通过《中共中央关于整党的决定》，党中央利用3年多时间，对村级基层党组织进行了一次全面整顿。之后为加强农村基层党组织建设，对党组织的地位、作用、性质、设置等进行了进一步规范。1990年8月，莱西会议（全国村级组织建设工作座谈会）指出，"党支部是村级各种组织和各项工作的领导核心"，要求"党支部要加强对村民委员会的领导"，"村民委员会是在党的领导下，在国家法律规定的范围内，由村民自我管理、自我教育、自我服务的基层群众性自治组织"。这不仅阐明了村民委员会的性质和功能，更重要的是明确了村支部和村委会之间的关系——村委会要接受村党支部的领导。在这一段历史时期，中央围绕党政关系的发展进行了长期的探索，但是党的建设工作始终是基层党组织的工作重点。基层群众自治组织也逐渐建立起来，但中央会议明确指出两者关系是党支部领导村委会。党支部在基层的领导地位决定了支部书记对农村的村务、党务负第一责任，是村庄的"当家人"。

（三）农业税取消：党政分开与村民自治

2006年6月1日农业税被取消，这对于基层组织建设是一个新的机遇。废除农业税减轻了农民负担，拉近了干群关系，同时村民的民主意识、权利意识逐渐增强，对自己选出的"当家人"更加重视。从《村民委员会组织法》颁布以来，基层群众自治组织在全国范围推广，村级组织便出现了两个权力中心，一个是由上到下的党组织维持的党政权力，一个是由下到上的村委会维持的自治权力。村委会的性质、地位和作用在《村民委员会组织法》中得以正式确认，强烈要求在处理村庄公共事务中能够拥有"半壁江山"，且村委会成员在实际工作中认为其自身由村民投票产生，较村党支部有深厚的群众基础，在村务管理中应当具备更多的话语权。村党支部则认为《中国共产党农村基层组织工作条例》和《村民委员会组织法》等都规定了"村党支部是村级各种组织和各项工作的领导核心"。从党和国家的法律文件来看，党始终是基层治理的核心。由此，这一段时期的体制矛盾便会在一定的条件下展现出来。针对这一问题，各地农村社区、村庄也进行了许多制度创新模式，诸如"两票制""一肩挑""组合竞选"等。

（四）中国特色社会主义新时代：党政经"一肩挑"

党支部与村委会分设带来的矛盾在一定情况下有所激化，对基层社会的稳定发展造成一定影响。"村两委一肩挑"便是在党的十八大以后，特别是党的十九大以来党和政府对基层社会治理的新思路。党的十八大以来，全面加强党的建设被提升到新的台阶，各级党组织建设进一步加强，对基层党组织提出新的要求。"一肩挑"的推行为应对农村社会出现的空心化、党组织涣散边缘化、村"两委"矛盾等问题，适应国家治理体制与治理能力的发展提供了新的路径。"一肩挑"的制度经历了由点到面的发展过程，并在实践中不断创新。从村"两委"负责人"一肩挑"到村级党政经组织负责人"一肩挑"，中央对农村基层组织的"一肩挑"提出更高的要求。《乡村振兴战略规划（2018—2022年）》指出，坚持农村基层党组织领导核心地位，大力推进村党组织书记通过法定程序担任村民委员会主任和集体经济组织、农民合作组织负责人，推行村"两委"班子成员交叉任职。党政"一肩挑"向党政经"一肩挑"转变，乡村治理格局迎来新的变化，乡村振兴在党组织的领导下持续深入推进。

综上所述，首先，村"两委"关系的发展是顺应农村社会发展要求与党和国家领导体制变化的要求，是多重因素共同作用的结果。其次，村"两委"的关系发展的主线是党在农村社会的权力与领导地位的变化。最后，党的十八大以后对"村两委一肩挑"的推广看似是一元化权力结构的重现，实际上是对过去的农村治理方式的辩证否定和发展。

四 "一肩挑"的理论逻辑

（一）"一肩挑"是凝聚党群关系"同心圆"的必要选择

相较20世纪90年代末实施的村"两委"负责人"一肩挑"，村级党政经组织负责人"一肩挑"旨在强化农村基层党组织的领导核心地位，落实"党政军民学，东西南北中，党是领导一切的"主要举措，有利于中国共产党在基层社会发挥"战斗堡垒"作用，重申"一切工作到支部"的工作路径，以党建统领基层社会发展与治理。

"一肩挑"制度顺应中国社会个体化趋势。随着中国特色社会主义进入新时代，我国社会矛盾趋于复杂、经济发展增速、信息传播更加快捷、群众诉求更加多元，国家现代化进程加快，全球化、新媒体、新技术的发展重塑了中国的经济社会基础，引发了城乡社会广泛而深刻的变革。从工业文明兴盛之前的传统"礼俗社会"发展至滕尼斯（Tonnies）所谓的"法理社会"，工业化带来了社会的颠覆式转型；而进入21世纪，最新一波科技革命和全球文明的交互共融使得社会细胞快速更新，中国与多数发达国家逐步进入了吉登斯（Giddens）等欧美学者所提出的"个体化社会"。个体化趋势体现了现代文明对社会现象与结构的全面影响，包括就业短期化、灵活化的出现，公共权威的衰落和个体孤独感的增长，个体个性的显性化，非正式、自我表现型文化的兴起等。中国的个体化变革与传统的社会价值产生了激烈碰撞，基层的乡村社会则成为了最大的"竞技场"。由于脱贫攻坚、乡村振兴战略的深入推进以及城市功能的拓展，城乡之间的界限逐渐打破，城乡居民逐步走向同权，统一纳入市民化管理，乡村社会不再是区分市民和村民的界限（祝灵君、王玉柳，2020）。面对社会的广泛流动和新市民规模的扩大，中国共产党需要顺应社会发展的新趋势，将自上而下的治理链条深入乡村，广泛联系群众，协调各方利益，在巨大变革中促进乡村经济持续发展，引领社会治理的正确方向。

"一肩挑"制度有利于凝聚党群关系"同心圆"的向心力。近代以来，中国共产党带领中国人民艰苦奋斗，成为中国人民的领导核心，带领中华民族走向复兴是历史和人民的选择。一直以来，中国共产党和群众是命运共同体、利益共同体、行动共同体，形成了党群关系的"同心圆"结构（祝灵君，2020）。在党群关系同心圆中，中国共产党是同心圆的圆心，体现着一致性与向心力，代表并实现人民利益的最大公约数;人民群众具体的、现实的利益和价值观差异,是同心圆长短不一的半径,体现为差异性和离心性。中国共产党要抓住一切细枝末节的线索与群众相联系,贯通联系群众的"最后一公里",确保党有效实现社会整合,形成党建引领社会治理的统合机制。村两委"一肩挑"改革进一步强化了党对农村事业的全面领导,进一步巩固了党在农村的执政基础,是"把政党带进来",改善在乡村治理中"悬浮"状态的重要实践。

(二)"一肩挑"是提升基层协同治理能力的重要手段

"一肩挑"制度是党组织"嵌入式"整合多方力量,提升基层社会治理效能和服务能力的重要手段。在社会高速发展、深刻变革的新时代,城乡社区早已不是传统意义上的共同体,而是多元利益群体组成的"结合体",村民自治主体多元分化现象产生,不同类型的个人和群体间利益难以协调。村级党政经组织负责人"一肩挑"改革开展后,通过真切的、可视化的政党存在,使党对农村工作的统领落到实处,将基层党组织的政治优势、组织优势转化为治理效能,为农村治理体系和治理能力现代化和乡村振兴战略的推进提供了坚强的政治和组织保障。

此前,村"两委"负责人"一肩挑"的制度设计旨在化解"两委"矛盾。村党支部与村委会的关系是影响乡村治理效能的重要因素,"一肩挑"将村支书和村主任的职位合二为一,消除了两委关系紧张的根源,有助于解决党政分设而引起的"分庭抗礼",增强行动的一致性。而党政经"一肩挑"的制度要求党支部书记兼任村委会主任及村级集体经济组织负责人(部分地区在实践过程中同时兼任其他社会组织负责人),接受乡党委和乡政府的直接领导,在村"两委"负责人"一肩挑"的基础上强调了党的统领作用,并基于整体性、系统性的考虑,将乡村社会的发展看作一个有机整体,将乡村治理看作一项系统工程,强调党组织在这项工程中的统合协调作用。这有利于增强多元主体的协同性和有序性,引导乡村治理体系由多元无序转向协同治理,为乡村集体经济稳中有进发展提供有利的环境。

就本质而言，党的全面领导和基层自治是辩证统一的，二者之间的关系并非是消极的零和博弈。村级党政经组织负责人"一肩挑"的目的并不在于将权力高度集中，而是通过统一权威的设立，进行对各治理主体自上而下的统筹分工。鄢爱红（2019）阐释了基层共治中"党领共治"的内涵，即运用党的政治优势、组织优势整合撬动社会资源，搭建共商共建平台，动员各界力量参与到基层治理中来，凝聚强大力量为基层服务。相较于着眼全局性统筹的"引领"，"统领"不仅强调自上而下统率全局的功能，还注重政党嵌入基层，统揽多元主体在乡村场域协同共治的作用。"一肩挑"改革开展前，党在村民自治的实践中缺乏有力领导，村民自治组织脱离群众、损害群众利益的事件时有发生，通过法定程序让村党组织书记"挑大梁"，是在发挥村民自治制度优势的同时将政党"带进来"的充分实践，有利于动用组织性力量清除危害基层群众自治生态的虫害，促进多元主体的协同共治和良性互动，从而激发乡村振兴的内生动力。

（三）"一肩挑"是使命型政党建设在乡村社会的具体落实

使命型政党，是指其产生及发展是为了承担人类社会发展规律所赋予其特定历史使命的政党（李海青，2018）。近百年的历史表明，中国共产党是一个典型的马克思主义使命型政党，极具使命感与责任感，党的领导是中国特色社会主义制度最大的优势。中国共产党在不同历史时期均肩负着不同的历史使命。新时代，中国共产党履行着全面建成小康社会、建成富强民主文明和谐美丽的社会主义现代化强国的核心使命，不断解决人民日益增长的美好生活需要和不平衡不充分发展之间的矛盾。在中国，乡村是发展不平衡、不充分问题最突出的地区，加强农村基层党建，引领乡村振兴战略是党在新时代履行核心使命和责任的抓手性举措。马克思列宁主义始终强调无产阶级政党的基层组织的领导核心作用，在"一肩挑"制度下，村级党政经组织负责人担当大任，全面统筹乡村的政治、经济、社会、文化等各项工作，加强了基层党支部的领导作用，赋予了基层党支部带领乡村地区走向善治的重大使命，是使命型政党建设在乡村社会的具体落实。

五 "一肩挑"的实践逻辑

"一肩挑"制度的设计根源于我国乡村治理的现实困境。农村基层民主是我国社会主义民主法制建设和政治体制改革的一项重要内容，村民自治制度原本旨在实现基层民主，但在现实实践中，"两委"分立带来诸多治理困境，我国农村治理并没有体现其应然面貌。2011年，广东省爆发"乌坎事件"，乌坎村的村民因长期不满原村党支部和村委会在处理村集体土地和其他资源方面严重侵犯村民权益的行为，与当地政府发生冲突。乌坎个案的发生是中国农村"两委"体制性矛盾的缩影，揭示了中国村民自治存在的普遍问题（吴理财、李山，2013）。基层自治强调的基层社会治理格局和治理状况，与基层社会的权力结构和社会结构密切相关，乡村自治秩序的生成必须契合乡村社会的组织架构及其运行特质（龚春霞，2017）。"一肩挑"模式对基层社会的权力结构做出调整，改变了原有的治理秩序，其优势包括以下几个方面。

（一）消除村"两委"结构性矛盾，打造有序治理体系

就角色定位而言，中央期望村"两委"及其成员能团结一心，在村党组织领导下整体性推进农村建设和治理；但就履职实际情况而言，村"两委"成员则并非中央期望的"同质性群体"（王思斌，2005）。村党组织和村民自治组织在性质和职责上难以调和，二者分别作为自上而下的国家权力的代表和自下而上的村民自治权的代表，两种权力之间的矛盾冲突难以避免，且很难将纷繁复杂的村务工作就"两委"的具体职责做出明确划分。原有的乡村治理体系中存在乡、村间矛盾，村两委间矛盾及村两委和其他社会组织间的矛盾（王松，2022），三重矛盾在不同程度上造成乡镇政府、村党组织、村委会和其他村级社会组织在执行功能时异化缺位。因此，"两委"职责在政策上缺乏明确规定，两个权力主体的矛盾事实上又普遍存在，通过村党组织兼任村委会主任和

其他社会组织负责人的方式，调整村党组织在乡村治理体系中的位置，从而理顺党组织和村委会及各个结构间的矛盾，保障各治理结构执行相应功能，提高行动的一致性、创造性和认同性，"一肩挑"模式在乡村中广泛实行（李思学，2020），形成了以村党组织为核心、多元主体有序参与的协同治理体系。

（二）实现党的全面统领，重整基层党政关系

村级党政经组织负责人"一肩挑"是在农村地区加强党的领导，解决基层社会治理困境的需要。亨廷顿（Huntington）曾指出，现代性孕育着稳定，而现代化过程中却滋生着动乱。处于现代化过程中的中国，正经历迅速而重大的社会转型，强化农村基层党组织的领导核心地位是转型期农村社会经济发展的迫切需要。取消农业税之后，村级党组织一元化领导的权力结构被改变，村级党组织和村委会共同构成的二元权力结构形成，基层治理中刻意的"党政分开"潜藏着弱化党的领导，使村党组织边缘化的问题。习近平总书记在山东考察时曾说，要加强基层党组织建设，选好配强党组织带头人，发挥好基层党组织战斗堡垒作用，为乡村振兴提供组织保证。党中央重大执政理念的转化为地方的具体实践，需要跨越时间差的阻碍和理念贯彻的偏差，而基层党组织是农村各项工作的"指挥中心"，发挥着贯彻落实党的大政方针、组织实施各项决策部署、协调各项工作有序开展的作用，也是传递基层民情的关键一环。

村党组织书记兼任村委会主任，有利于村级党组织与村民间的密切联系，有利于改善党群关系。在"两委"分属两个班子的时期，村民的日常事务大多直接与村委会相联系，与村级党组织的接触很少，长此以往，基层党组织容易脱离群众，缺乏对与村民利益息息相关之事务的了解，不利于乡村的各项事业推进及各项方针政策的推行。因此，"一肩挑"的制度模式既妥善解决了村"两委"的冲突和矛盾，又有利于重新树立村级党组织的领导权威，巩固党的领导地位。

(三) 畅通资源调配，盘活乡村经济潜力

在一些相对贫困的地区，由于统领性力量缺乏，加之村庄各利益主体矛盾冲突不断，村集体经济发展薄弱，外来的市场组织却被允许利用乡村资源大肆开发。实行党政经"一肩挑"，能够利用村党组织的权威性和组织力，统一研究和判断村庄情况，充分利用乡村各类资源，盘活多种要素，发展集体经济，提高村民收入。对于外来的经济组织，村党组织可以与之建立相互联系的协调机构，引导外来经济组织参与乡村治理，将他们合理地纳入乡村治理体系中。村党组织书记作为村民权益的第一责任人，易于取得群众信任，同时在村民的利益被侵犯时，能够第一时间承担责任，积极组织各方沟通，合理有效地解决突发问题。

(四) 促进协同共治，提升乡村社会治理效能

党的十九大以来，乡村治理走向健全法治、德治、自治相融合发展的新方向，基层治理主体顺应这一趋势，从多元化主体转变为协同共治。村级党政经组织负责人"一肩挑"制度正是适应这一转变的组织创新，它有利于形成党委统领、群众自治、社会统筹的治理合力。目前，乡村的村务工作大都由村"两委"全部承担，村级社会组织发育不良，始终难成体系。在党政经"一肩挑"制度实践下，村党组织负责人在担任村委会主任和村集体经济负责人之外，还可以兼任其他村级社会组织的负责人，通过统筹协调，为其他村级内生组织的发展提供便利条件，满足其合理诉求，使社会组织成长为乡村治理的重要力量。如安徽省舒城县舒平村"救急难"互助社，该互助社的主要设立目的是解决群众出现的突发困难，提供社会救助，当地村书记担任互助社负责人，"下沉"到群众救助过程中，直接促进了社会组织与政府之间的互动与合作，打破了以往双方相互对立的关系，二者由相互监督、控制转变为互相支持、补充。通过"一肩挑"改革，村级各社会组织不再是一盘散沙，乡村治理结构从强调多元向强调协同转变，多个治理共同体以村党组织为中心，逐渐形成相互协作的治理共同体，实现了更高质量

的社会治理。

小结与展望

新时代,全面推行村级党政经组织负责人"一肩挑"有其历史、理论和实践上的逻辑,是党和国家的政治要求。该模式并未偏离村民自治的制度设计,更没有对村委会的民主自治功能产生严重威胁,而是顺应社会发展趋势的应然之策,是中国共产党坚持以人民为中心,满足村民对美好生活向往的责任担当,是提升村治水平,全面推进乡村振兴的客观需要。"村两委一肩挑"模式如今被较多地区采用,通过加强党的领导,化解"两委"间的矛盾冲突,有效提升了村级组织的治理效能。从"两委"负责人"一肩挑"到村级党政经组织负责人"一肩挑"的政策变化蕴含党对农村基层组织全面领导的政党逻辑和时代大势。中央始终强调,要实现党的领导、人民当家作主和依法治国的有机统一,具体到村级治理,就应着力做到村党支部的领导、村民自治和依法行使职权的有机统一。当前,"一肩挑"的问题就在于权力过于集中带来的风险,若无行之有效的监督,必然会引发权力滥用和腐败,因此必须建立规范权力运行的相关制度,用制度管权、管人、管事。除此以外,在后续具体推进村党组织书记"一肩挑"制度实践中,要准确意识并识别可能面临的问题,将其类型化,进而有针对性地做出修正,将"一肩挑"制度优势转化为治理效能,推进新时代"一肩挑"制度行稳致远。

参考文献

龚春霞:《行政应急管理的规制与基层治理的实现——反思乌坎事件》,《云南社会科学》2017年第2期。

韩德胜、李娜:《村级"两委"一把手"一肩挑"面临的问题分析——对青岛即墨市村级"两委"交叉任职的调研分析》,《中共青岛市委党校·青岛行政学院学报》2010年第4期。

贾荣梅、张云松:《推行村党组织书记、村委会主任"一肩挑"需完善制度设计——以眉山市丹棱县为例》,《中共乐山市委党校学报》2021年第6期。

雷永阔:《农村社会治理中"一肩挑"的演进、功能及优化路径》,《四川行政学院学报》2021年第6期。

李斌、李淇:《村两委"一肩挑"模式的历史变迁与政治逻辑概议》,《创造》2012年第5期。

李古月、于雅洁、原燕平:《两委"一肩挑"模式运行效果考察》,《山东省农业管理干部学院学报》2012年第3期。

李海青:《马克思主义使命型政党理论溯源——对〈共产党宣言〉的政治哲学解读》,《哲学动态》2018年第5期。

李绍华:《全面推行村级组织负责人"一肩挑"的现实逻辑与实践进路》,《党政研究》2020年第6期。

李思学:《新时代全面从严治党的治理效能提升路径研究》,《探索》2020年第1期。

李志清:《新时代实施村党组织书记"一肩挑"的思考》,《探求》2022年第3期。

郗爱红:《构建"党领共治"的基层治理体系》,《前线》2019年第6期。

王均宁:《党组织书记实现"三个一肩挑"后的使用管理问题研究——基于湛江市的实证分析》,《行政与法》2021年第10期。

王思斌:《村干部权力竞争解释模型之比较——兼述村干部权力的成就型竞争》,《北京大学学报》(哲学社会科学版)2005年第3期。

王松:《中国乡村治理结构视角下村级组织负责人"一肩挑"模式探析》,硕士学位论文,外交学院,2022年。

吴理财、李山:《"乌坎事件"折射出的村治困境与反思》,《人民论坛》2013年第26期。

易新涛:《村党组织书记"一肩挑"的生成逻辑、内涵解析和实施指向》,《探索》2007年第4期。

长子中:《村两委"一肩挑"问题百村调查》,《乡镇论坛》2007

年第 13 期。

祝灵君：《党领导基层社会治理的基本逻辑研究》，《中共中央党校（国家行政学院）学报》2020 年第 4 期。

祝灵君、王玉柳：《党群关系同心圆研究》，《观察与思考》2020 年第 9 期。

研究述评

知识通用化抑或本土化：对国内东西部协作研究的反思

郑姝莉*

摘　要：作为本土政策实践，东西部协作研究在国内受到广泛关注。东西部协作经历了从作为主观对策到作为客观事实的身份转变。被纳入研究对象后，相关研究陷入两种对立路径中：一种挖掘知识通用元素，如在项目制、府际关系、跨域治理等元素中延展出控制性多层竞争、任务型府际关系、跨行政区域联合行动等概念，归纳出经验的元素普遍性；一种则析出知识本土类型，将东西部协作提升为中国区域平衡发展模式、超越科层体制的中国道路、中国式跨区域协同发展、中国特色政治性馈赠、文化集体主义与中国特色国家治理制度等，彰显经验的类型普遍性。两种路径嵌入中国社会科学界的通用化与本土化论争中。通用路径要加强对话的深入性，本土路径要回归事实立场，增强规范性与对话性，利用比较、借用及编码化方法，跳出知识证成陷阱。

关键词：东西部协作研究；知识通用化；知识本土化

中国社会科学界正围绕中国经验展开大量的学理研究，以让中国理论更好走向世界。作为中国本土政策实践，东西部协作是中国用来解决区域相对空间资源配置失衡问题的治理经验（王禹澔，2022）。它在地

---

*　郑姝莉，广东省社会科学院副研究员，社会学博士。

域、时间、文化内涵及社会结构约束下具有特定性（边燕杰，2017），是一种本土经验。要研究本土政策实践经验，需要将其放入已有知识系统中，与相关研究产生关联、发生碰撞，并向一般性原理转化。边燕杰曾提出本土知识国际概念化议题，并以关系社会资本为分析范例，展现了本土知识与国际理论对接转换的知识通约过程（边燕杰，2017）。边燕杰所选的关系议题在中国已有相对统一的理论认知，在西方也有可以单向通约的社会资本理论对应，是一种文化导向的本土知识。而东西部协作属于实践导向的本土知识，具有较强的政策导向，其理论认知尚未统一。对于这种本土政策实践，其在学理化中经历了什么过程，有哪些类型的议题，有哪种研究路径，存在何种困境？这是反思已有东西部协作研究要思考的问题。

自20世纪90年代开始，东西部协作与对口支援就纳入了研究范畴，相关主题的研究主要集中在政治学、公共管理学、财政学、社会学、民族学、经济学等多个学科。东西部协作内容广泛，有时研究者以对口支援来分析。2023年2月在CNKI主题中输入"东西部协作"，在来源类别中点击"北大核心"与"CSSCI"，出现43篇学术期刊，15篇学位论文；在CNKI主题中输入"对口支援"，在来源类别中点击"北大核心"与"CSSCI"，出现1117篇学术期刊，432篇学位论文。由于对口支援相关研究数量多，本文选择有代表性的观点与论文进行综述。

一 从主观对策到客观事实：东西部协作的知识对象化境遇

从宽泛意义来看，知识是指科学理论，包括自然科学中的确定法则与社会科学中的先验法则。研究者首先要承认存在确定的知识，而非用价值判断取代存在判断。存在命题事关事实真伪，需要描述、推理并证明；价值判断是终极的，不涉真伪，不需要证明（［奥］路德维格·冯·米塞斯，2016）。知识的价值关键在于提供事实并揭示事实中的原理（张静，2022）。因此，作为所探讨的知识，首先应当是客观事实。然而，客观事实是演进的，价值判断能促使新的社会事实不断生长。特别是因政策而生的社会事实，其源头多与价值判断有关。在本土知识中，文化导向的知识多是客观演化的，但政策导向的知识则多是由政策判断转化而成的政策事实。近二十年来，东西部协作研究不断深化，经历了从作为主观政策到演变为客观事实的知识对象化过程。

（一）主观对策与作为早期发展思考的东西部协作

作为知识研究对象，东西部协作并非一开始就归属客观的社会事实范畴。20世纪90年代至21世纪初，中国社会科学界的学术研究规范性还不强，学者们的研究出发点以解决各类问题为主，对知识的事实追求认识不够，更多通过各类路径对策来呈现知识元素，较少归纳知识的原理与机制。早期期刊上发表的关于东西部协作的研究，也以主观政策建议风格为主，这些研究带有强烈的价值判断色彩。在东西部协作还没有成为国家统一政策要求时，不少学者基于当时东西部之间发展差距越拉越大这一不平衡问题，提出应当在经济发展过程中重视区域间的互动支援，具体建议在经济资源开发（赵健君，1999）、经济协作（叶依广、史嵘、孙林，2003）、司法资源（冉鄂兰、钟海洋，2001）、人力资源（叶依广、史嵘，2001）、经济技术（李彦军，2004）、图书馆事业（苗玲，2005）等领域加强东西部间的横向联系。从这个层面来看，早期的东西部协作研究还没有形成完整的客观政策体系，更多是政府部门及相关专家学者们的主观发展建议。当时，国家主导推进西部民族地区经济资源开发，但是西部地区市场经济体制建立不充分，学者们提议要加大西部路网建设力度与教育事业投入，深化东西部之间的交流与沟通，以实现东西部整体利益的最大化。

（二）从政策实践到治理机制：作为客观事实的东西部协作

价值判断虽然不是社会事实，但是在推动事情发生的过程中会塑造社会事实。特别是与政策强相关的价值判断，直接推动政策导向的社会事实发生。东西部协作早期虽然只是发展反思,但在国家改革开放历史进程中渐渐成为一种制度实践。制度实践推进事情的发生与发展,推动社会事实的产生。东西部协作在成为客观事实过程中经历了三个制度转换过程。

第一个过程是由发展对策转变为民族政策。为了推进边疆少数民族地区建设,国家在1979年全国边防工作会议上提出,组织内地发达省、市实行对口支援边境地区和少数民族地区,确定北京支援内蒙古,河北支援贵州,江苏支援广西、新疆,山东支援青海,上海支援云南、宁夏,全国支援西藏。赵健君、兰俏梅、叶依广等在追溯东西部协作源头时回顾了这一政策过程(曾水英、范京京,2019)。第二个过程是由民族政策转为扶贫政策。1994年国务院颁布实施《国家八七扶贫攻坚计划(1994—2000年)》,初步提出了东西部扶贫协作的想法。1996年《关于组织经济比较发达地区与经济欠发达地区开展扶贫协作的报告》正式将东西部扶贫协作视为一种扶贫政策。谢治菊(2021)与王小林等(2022)普遍认同将这一年视为东西部协作的开始阶段。梁琴认为,1996年"九五"计划也是东西部扶贫协作政策产生的一个过程(梁琴,2022)。第三个过程是由扶贫政策转为治理机制。2021年,习近平总书记在《在全国脱贫攻坚总结表彰大会上的讲话》中明确将东西部扶贫协作视为脱贫攻坚历程中值得复制继续的经验,东西部协作成为一种需要坚持和完善的制度。在经历二十年的发展过程中,东西部扶贫协作政策已经超越扶贫开发工作本身的意义,不仅是一种扶贫政策,更是实现全社会共赢的战略,是一种治理机制,具有一整套治理体系(左停、刘文婧、于乐荣,2022)。

在向政策实践与政策机制转变后,东西部协作的社会事实属性逐渐生发,成为知识研究的客观对象。东西部协作中的政策执行、消费市场培育、教育协作、劳务协作等已渗入经济、社会及政治生活的方方面面,构成中国发展自身的一部分,也成为区域协调发展及国家治理研究的一个领域。从这个层面上,政策实践是个问题域,构成"社会事实"(桂华,2022)。

二 过程、专题与模式：东西部协作研究中的三大版块

在知识对象化境遇中，东西部协作从一种价值判断话语转变为政策实践话语。这一知识客体化过程也是其作为一个知识生态系统化的过程。在主观对策阶段，整个社会科学研究都把兴趣集中在改革开放过程中出现的现实问题上，知识形态都是以解决、诊断现实问题并提出对策的模式呈现出来。从现在反思过去，尽管那个阶段缺乏扎实的基础研究，但研究过程中蕴含着清晰可见的强烈现实关怀（邓正来，2004）。当把政策实践当成社会事实时，政策体系不再是知识研究的问题终结者，而是成为知识研究的问题开启者。问题开启者的思维方式是把东西部协作作为一种特定的社会现象，运用相关的理论、方法和技术，观察政策过程的社会参与互动特征，反思政策运行的政治、社会与市场系统。相关研究可分为以下三大版块：

一是政策衔接过程研究。由于当前处于东西部协作的政策演变过渡衔接期，关于旧政策与新政策、旧机制与新目标如何衔接，成为当下东西部协作研究的重要内容。东西部协作如何赋能乡村振兴战略，推进国家共同富裕，成为政策衔接研究者的主要关照点。左停等从提升治理能力、推进县级行政区以上产业园项目、打造区域特色产品及跨区域资源优化配置等角度为乡村振兴与东西部协作更好衔接契合提出路径。他较为肯定东西部协作在新的发展时期的重要作用，也认为还有相应的挑战（左停、刘文婧、于乐荣，2022）。翟坤周认为，东西部协作政策衔接的关键在于促进机制转变，扶贫时代的协作基础是"政府主导压力型机制"，新时期要改变这种绩效考核机制，转变为对增强县域内生能力增长的考核，推行"市场主导激励型机制"。只有发生这种机制转变，东西部协作才能发挥促进共同富裕的综合效应（翟坤周，2022）。廖成中等从空间、市场、价值等要素层面区分出四种类型的协作治理模式，分别是"产业—链条"融合型、"人才—交流"联动型、"产品—市场"

对接型、"资源—互补"开发型,指出要充分发挥不同协作治理模式的优势潜能,有针对性地高质量推进共同富裕导向下的乡村全面振兴(廖成中、毛磊、翟坤周,2022)。于乐荣等认为,政策变迁的关键在于制度本身的意义转向,东西部协作政策由倡导性向规范性再到发展性的制度演变(于乐荣、姚秋涵、左停,2022)。

二是政策专题研究。由于东西部协作政策本身包含不同的内容,研究者会针对其中的专题开展具体研究。在消费帮扶领域,谢治菊等从有为政府、有效市场两个元素出发,构建出消费帮扶中的四种政府与市场关系模式:强有为政府与强有效市场、强有为政府与半强有效市场、半强有为政府与强有效市场、半强有为政府与半强有效市场,认为消费帮扶的有效性应因类而析,要有针对性地预防政府与市场"双重失灵"问题(谢治菊、彭智邦,2022)。在教育领域,张晨认为,东西部教育帮扶需要从供需结合、与当地实际结合、硬件与软件结合、短期与长远结合上多下功夫(张晨,2018)。这些专题研究者的研究具有强烈的问题意识,但多是对问题进行陈列,对机制分析较少。如有学者在分析东西部教育帮扶过程中发现,东部的帮扶存在错位问题,西部帮扶目标受众不一定接受东部给予的帮助(王奕俊、吴林谦、杨悠然,2019);有学者总体肯定教育扶贫协同的机理,指出协作开展还需要从顶层设计、协作关系、协作平台等领域加强优化(江星玲、谢治菊,2020)。有学者在分析职业教育对口帮扶工作中发现,一些帮扶缺乏顶层设计,导致协作实践偏重"供给导向",还特别批评帮扶中不切实际的"理想主义"问题与"资源闲置"问题(陈超杰、张晓津、张晶,2022)。有学者认为,消费扶贫存在供给与需求衔接失配、自由置买冲突、交易双方利益争夺、短期支持与长效规划悬浮等问题(范和生、刘凯强,2021)。有学者认为,体育领域的帮扶在支援对象精准度、协作制度完善度、项目实施顺畅度、协议落实情况上存在不到位的问题(王科飞,2021)。在图书馆领域,有学者提出提高受援地图书馆管理水平等建议(王欣恺,2022)。在灾害对口支援领域,有学者提出要优化法治(赖虹宇、杨森,2020)。

三是政策模式研究。中国本土政策实践的一大特点，便是特别倾向制造典型案例。政府与学者共同参与了政策模式的制造过程。在相关研究中，学者们也进入了总结并肯定政策模式的境地。如指出闽宁模式特点在于形成了以顶层设计为主导的长效帮扶机制、以产业扶贫为核心的综合扶贫方式、物质扶贫与精神扶贫并重的扶贫思维、脱贫富民与生态保护互融的扶贫道路四种特色（盛晓薇、马文保，2021）。沪滇合作的特色在于形成了政府、市场与社会方式等多元力量整合的模式（陈忠言，2015）。粤桂两省特色在于通过搭建顶层设计和工作机制，从基础设施建设、产业合作、劳务协作、人才交流、教育协作、医疗协作、社会扶贫协作等方面全面推进扶贫协作（祝慧、雷明，2020）。粤桂合作特别试验区中跨省工业区的创建实现了省际毗邻区政府在土地、政策和利益的共享，推进了省际毗邻区政府之间的传统竞合理念向共享理念的转换（奉海春、谢煜，2022）。林劼指出，粤桂扶贫协作虽然取得了成绩，但仍然存在结对省份在实施对口帮扶过程中主观性和随意性较大的问题（林劼，2020）。

从上述三个版块的研究来看，尽管东西部协作已成为可供机制分析的社会事实，但是大部分研究仍然没有发挥研究社会事实的原理分析优势，所做的研究似乎仍然是"对策"导向的研究。如在政策衔接研究中，问题的提出着眼于政策"如何"问题，而非政策发生过程中的"为何"问题。政策呼应性研究多，政策原理分析少。仍然热衷于解读、诊断问题和提供对策，而较少深描事实，更少对事实运行机制展开分析。很多研究先入为主地建构了"理论意识"，而后在"理论框架"下演绎问题，没有遵循从特殊中发现一般规律的归纳逻辑。在研究中无法区分事实立场与价值立场，导致所做研究政策肯定多、问题反思少。单纯的立场表达无法等同于原理表达，纯粹的立场表达反而使读者无法了解东西部协作内部背后的知识黑箱。因此，尽管东西部协作的知识对象化情境发生了变化，但是部分本土经验知识尚未上升为一般性的普遍知识。

三 知识通用化与知识本土化：东西部协作机制研究的两种路径

然而，当把东西部协作视为治理机制时，仍然有许多打开知识黑箱的研究。这些研究可分为两类：一类从专业性反思的角度出发，从东西部协作中挖掘通用的知识元素，将之与已有的普遍性知识元素对话，形成知识通用化路径；另一类从宏大的责任使命出发，理解本土经验中呈现的本土性知识类型，强调自主性的知识话语，形成知识本土化路径（王宁，2023）。

（一）知识通用化与东西部协作中的元素普遍性

随着中国社会科学的发展，国内学术领域的规范性逐渐提升。学者们追求与国际接轨的概念、理论与方法，并将其视为需要尊崇的学术制度。知识的专业化取向强势崛起。在东西部协作领域中，以政策思考为出发点的研究渐渐被以知识对话为出发点的研究替代。学者们不断深入挖掘东西部协作经验背后隐藏的通用性知识元素（王宁，2022），展现知识的普遍意义。因此，一系列与同行对话推进知识通用化的研究成果增多。在东西部协作研究中，研究者从项目制、转移支付、府际关系及跨域治理理论中找寻可对话的元素，形成了许多具有普遍意义的对话成果。

1. 对话项目制理论

项目制已成为分析项目管理与政府运作的通用知识元素。焦长权认为，美国管理学研究者科兹纳（Horold Kerzner）最早将项目带入分析中，国内研究政府治理的社会学者则将其推上了学术议题排行榜（焦长权，2019）。项目制的核心内容在于存在不同层级政府部门的打包、抓包及发包过程，不同项目运作环节存在不同的资源分配模式。在东西部协作中，由于需要签订不同的协议内容，协议的完成则不自觉地延用项目运作方式，其经验过程包含着项目制元素。学者们着重分析"东西部协作"项目制与其他类型项目制的差异性。在项目竞争维度，钟开斌认为，东西部协作项目之间存在多个层次的竞争：在纵向层次上，下级接受来自上级安排的项目总目标，同时将总任务分配给更低层级的行政单位；在横向层次上，不同层级的下级之间相互竞争来完成上级所安排的协作任务，努力实现上级所分配的对口支援任务。钟开斌将这种纵横交叉的项目竞争称为"控制性多层竞争"。正是因为不同层次竞争性的存在，使得各层次政府能高效完成对口支援任务（钟开斌，2018）。在项目适配层次，谢炜指出，对口支援类项目最为特殊的地方在于援受双方存在梯度位差，这种位差反应在经济实力、技术水平、行政层级等方面，恰恰是因为梯度位差的存在，项目运转需要进行梯度适配，才能推进治理增益（谢炜，2022）。在项目治理层级上，谢治菊等区分出"块块"结对治理与"条条"结对治理两种治理背景，指出东西部协作项目制是"块块"结对治理中的项目制，其特点在于中央与地方联动、东部与西部相互协商及基层之间协同；在具体发包过程中，东西部协作通过"统筹式发包""协商式打包"与"协同式抓包"推进项目开展（谢治菊、陈香凝，2023）。由此可以看到，东西部协作丰富了项目制中关于项目主体竞争性、项目资源匹配性、项目治理层级性的研究，延伸了项目制的维度与宽度。但是，这些研究仍然没有回答一个核心问题：东西部协作如何以项目制的形式来吸纳和凝聚民众的公共需求偏好，展现援助方的公共回应能力。关于这一点，现有研究还没说透，值得更深入的研究。

2. 对话转移支付理论

由于东西部协作涉及财政分配问题，财政研究者利用对话转移支付理论，分析对口支援的"横向转移支付"特征。在概念提出过程中，许多学者强调对口支援的府间分配性质，将其定位为横向财政体制。钟晓敏、岳瑛较早提出要规范对口支援中的横向转移支付制度（钟晓敏、岳瑛，2009），构建横向财政转移支付的法律制度（路春城，2009）。在转移支付的阶段定位上，徐阳光认为，对口支援与法治化的横向转移支付制度相比存在较大差距，处于雏形阶段（徐阳光，2011）。在制度合法化认识上，学者们围绕横向转移支付是否应当制度化形成了三种观点：第一种认为，"对口支援"不宜制度化为横向财政转移支付，将本属于中央政府的职责转移给地方政府承担是政府间财政职能划分的错位，会增加财政负担，中国现阶段并不具备对口支援向横向转移支付转移的条件（王玮，2017）；第二种认为，对口支援促进基本公共服务均等化（花中东，2010），呼唤改造成横向转移支付（钱莲琳，2008），可以从法治化角度将临时性对策上升到国家法律层面形成区域协调发展的长效机制（熊文钊、田艳，2010）；第三种指出，要将对口支援政策进行分类归并与划转，要基于国家财政均衡体系建设的需要，将对口支援划到横向财政转移支付、市场体系及国家应急动员体系三种类型中（伍文中、张杨、刘晓萍，2014）。在制度效益的检验上，学者们反思转移支付是否起到了积极作用。徐明发现，对口支援显著推进了受援地区农户人均生活消费总支出水平，受援地农户食品、居住和交通通信的消费攀升较为明显，各项生活消费支出均有提升（徐明，2022）。从转移支付理论来看，东西部协作研究的贡献并不深刻，仅是做横向层面的拓展，对于转移支付背后的深层分配合理性、合法性、合宜性阐释不够。

3. 对话府际关系研究

府际关系是指政府之间在垂直与水平间的交错关系，它涉及政府之间的权力配置和利益分配（谢庆奎，2000）。府际关系关切省际、族际等各个层面的政治整合，是政治学、民族学等学科关注的重要议题，突出的观点有职责同构论、地方政府竞争论、地方政府合作论及整体性治理等。在横向府际关系中，省级政府之间的关系处于核心和中轴位置（李元元、于春洋，2019）。东西部协作中的受援地与支援地是明显的省级政府间关系，它丰富了府际间的多元关系。在府际关系类型上，郑春勇认为，对口支援的府际关系不是常规府际关系，而是任务型府际关系。它是政府组织为了完成特定任务而结成的特定关系网络，具有任务导向性、范围指定性、府际协作性和结构临时性等特点。任务型府际关系网络是在嵌套和重构两种作用中不断发展演变的（郑春勇，2014）。

朱光磊等认为，对口支援关系可以向伙伴关系方向培养。他指出，"伙伴关系"不只是西方国家可以讲，中国也可以讲。由于有中国共产党的统筹、中央政府的支持，中国的政府间伙伴关系的形成和运作会拥有较好的体制基础（朱光磊、张传彬，2011）。在府际关系研究层面，东西部协作研究拓展了知识边界。

4. 对话跨域治理研究

跨域治理是解决因跨领域、跨行政区所引起的棘手难解问题的治理方式（林水波、李长晏，2005）。它是公共管理理论的重要内容，是解决区域问题的一种治理理念。在定位上，姜晓晖指出，东西部协作是跨域治理，表现在：治理的初始条件由单一援助向结对分工转轨，政策牵引从国家层面向地方层面让渡，催化领导由纵向主导向多元参与授权，协作过程由信念基础向制度建立进阶，监督问责由绩效考核走向责任清单精确（姜晓晖，2020）。王磊提出，东西部协作政策集社会贫困治理与跨域市场统一两大目标于一体（王磊，2021）。梁琴也指出，东西部协作实践是由跨域治理策略展开的，是跨越行政区划的联合行动，建立在协同治理、区域治理的理念之上，并吸纳区域治理、地方治理、跨地理空间、跨行政区划，甚至是跨层级部门的治理理论精华。行政与市场是行政空间区域内资源配置的两种重要方式，也是跨域空间治理的动力来源；东西部结对治理突出了跨域治理的主体关系与治理方向（梁琴，2022）。东西部协作研究在深化跨域治理上的贡献尚不突出，但仍然能延展跨域治理的研究面向。

（二）知识本土化与东西部协作中的类型普遍性

与追求通用元素、和现有理论对话、强调知识的元素普遍性不同，东西部协作研究中还存在追求本土化的研究路径。这类研究具有高度使命感，将中国自主知识体系建设视为责任。近几十年来，中国国力不断提升，但在国际上却总被人误解、频招打压。为此，国家立足中华民族伟大复兴战略全局和世界百年未有之大变局，提出要掌握历史主动精神，建构回答中国之问、世界之问、人民之问与时代之问的自主知识体系。这种自主知识体系呼吁掀起了一种知识本土化运动。它让学者们立足中国之路、中国之治，以"中国"作为行动主体，以"中国性"为主题，以"中国知识"的深加工来建构"何以可能""何以可为""何以可行"的中国之理（黄建洪，2022）。在这一情况下，东西部协作作为与西方不同的发展制度，成为承载揭示中国之理的使命议题。党的十八大以来，中国打赢了脱贫攻坚战，东西部协作因在克服区域非均衡发展难题方面，取得了世人瞩目的发展成就和良好的治理绩效，成为学者们争相研究的典型议题。这些研究以"中国特色"之名，强调中国类型的知识普遍意义。

1. 中国区域平衡发展模式与超越科层体制的中国道路

世界各国解决区域平衡的主要做法中，国家支持、政府干预是通行的一般模式。中国模式是否延续世界各国的做法？朱天舒等在分析对口支援时指出，中国区域平衡发展是国家支持的，但不同的是，中国模式必须是地方政府主导的。这是因为中国在"先进—落后"的二元结构发展环境中属于落后地区，在"政府—社会"二元结构中属于"强政府—弱社会"模式（朱天舒、秦晓微，2012），在中央与地方关系中地方政府有相对自主性。与朱天舒等从区域平衡发展的规范性定义界定中国模式不同，陆汉文从中国的文化内核重新梳理东西部协作。他认为，超越科层体制的中国道路更能彰显这一发展制度的中国特性，因为它对西方科层体制进行了回应：超越科层体制的发展模式不是落后国家现代化进程中制度供给欠规范化的表现，而是中国特有的社会文化传统与现代化实践孕育出的特殊制度，是比西方科层体制更具灵活性、包容性和人文性的公共治理体系。（陆汉文，2019）朱天舒等与陆汉文的研究都有知识增量贡献。

2. 中国式跨区域协同发展

区域协同发展源于欧美国家，是城市规划、地理学、政治学、公共政策等领域基于区域碎片化问题提出的区域发展方案。张天悦将对口支援定位为社会主义公共产品供给，认为对口支援是对跨区域协同发展路径的创新（张天悦，2021）。它的中国特色表现在以人民为中心，以制度为优势,以资源互补为前提,以国家认同为根本。张天悦没有对跨区域协调研究进行回顾,但是他在文中解释了中国式跨区域协调的政治特征与经济特征:政治上是以责任为主、兼顾经济利益的中央政府分派的跨域府际关系,经济上是基于优势互补与人文交流形成的飞地经济模式。可以看到,这种跨区域协调发展与早期区域主义思想似乎有些相似,是以政治调控推进的(柳建文,2017)。但其与西方及中国以往以政治调控推进的跨区域协同发展路径到底有何根本区别,还有待深入挖掘。

3. 中国文化特色:政治性馈赠、礼尚往来与文化集体主义

在中国经验中强调特殊性并加入文化考量,已成为解释中国道路本土性的研究模式。在分析中国特色对口支援上,运用传统文化解释中国模式(陆汉文,2016)成为一种新的分析思路。李瑞昌在府际关系中增加了中国交往文化要素,使东西部协作的类型普遍性更加突出。他将对口支援中的府际交往视为政治性馈赠,认为这种馈赠是一种单向的无需回礼的制度(李瑞昌,2015)。政治性馈赠的解释具有独到性,它为对口支援研究拓展了交往层面的分析维度,也为馈赠研究提出新的观点。政治性馈赠与传统的馈赠结构不同,因为回赠义务不由受赠方而是由发起方承担。政治性馈赠的解释既对接国际性的知识话语,也展现出中国的本土类型。这一研究发现还引来了学术争鸣。郑春勇反驳单向馈赠的观点,指出对口支援双方并非处于单向的政治馈赠,而是处于一种"礼尚往来"的互惠关系。对口支援建构了一种新型府际交往关系:支援方会要求回礼,而受援方也在自身回礼能力提高的情况下完成礼物交换。郑春勇还警醒对口支援中存在"同质化赔礼""盲目性回礼""合意性交换"及"结对性交换"风险。(郑春勇,2018)在回归文化性解释上,陆汉文把扶贫协作放到"文化集体主义"的分析思路中,指出东西部协作制度是文化集体主义的表征。他认为,中国社会普遍存在的"大局观念""权威型人格"及深厚的"家族传承意识"是协作制度产生的文化根源与组织社会基础(陆汉文,2016)。国际上在解释中国机制时,集体主义、东方主义及共产党社会的新传统主义等已成为通用的

分析性概念。陆汉文用旧理论来分析新现象，使新现象的解释更具启发性。

4. 中国特色国家治理制度

国家治理是举国上下关注的学术议题，已形成了宏大的知识体系。对口支援在国家治理中应用广泛，被归纳为成功经验，广受学界关注。王禹澔从中国特色成就、中国经验与中国价值的角度总结了对口支援的成就。在国家治理的总框架层面，王禹澔将对口支援的本质定位为中国特色社会主义制度实践，认为其是国家通过两个（含）以上公共权力主体进行资源定向跨域配置的特定治理机制，是解决区域发展失衡或特定情况下资源供需失衡的中国治理方案（王禹澔，2022）。王禹澔认为，从资源调动角度来看，对口支援汇集了各方集散资源，形塑了资源定向再配置过程；从主体动员来看，对口支援是由中央权威赋予的光荣政治任务，运行主体带着光荣的头衔与使命，主体支援实践具有鲜明的政治动员性；从支援属性来看，对口支援有人民政治的根本属性；从使命任务来看，对口支援的核心功能是解决在特定时期内资源空间失衡问题；从组织实施来看，对口支援延续着国家治理中的政治委托链条与绩效考核任务。在治理的激励层面，汪波也进行了中国模式的升华。他认为，中国的对口支援机制已形成了具有中国特色、凸现中国制度优势的制度安排，构成了柔性激励与强制性激励互补、外生激励与内生激励相融合的复合激励体系（汪波，2022）。从激励的文化基础来看，中华民族"一方有难、八方支援"的共同体文化是精神底蕴与柔性驱动力；从激励的政治基础来看，激励的强制性取决于国家结构的单一性，国家可以通过政策工具与组织架构推进激励的完成，以应对不同类型的对口支援使命。汪波认为，中国对口支援构筑了通过国家的正向政治激励与互惠互利隐性合约发展的对口支援结构，这是一种内生可持续、自运转的结构。对口支援研究总结了国家治理的中国模式，体现了研究者的高度责任感。这些研究若能更进一步，与西方模式进行比较，抽象出一般的元素与变量，本土经验就能避免走向单一的证成陷阱。

四 总结：知识通用化抑或本土化？

从前述回顾可知，东西部协作研究在中国形成了两种路径：知识通用化路径与知识本土化路径。前者侧重挖掘知识通用元素，重视研究的规范性，侧重于从特殊经验中发现普遍元素，为已有研究延展新的知识贡献。如在项目制、府际关系、跨域治理等元素中归纳出控制性多层竞争、任务型府际关系、跨行政区域联合行动等中层概念。后者则重视归类知识类型，强调对本土文化进行提炼，无意识地在研究中加入自主性责任立场，建构自主性知识体系。如将东西部协作或对口支援提升为中国区域平衡发展模式、超越科层体制的中国道路、中国式跨区域协同发展、中国特色政治性馈赠、文化集体主义与中国特色国家治理制度等。这两种路径的形成嵌入中国社会科学界遭遇的两种张力中：一方面，追求知识通用化的学者越发具有进入国际规范性学术体系的热情，他们追求学术规范，立志培育出与西方旗鼓相当的专业能力；另一方面，追求知识本土化的学者越发担当起阐释中国话语、中国理论、中国道路的学术责任，立志通过中国式概念彰显中国学术的自主能力，如表1所示。

表1　知识通用化与知识本土化的路径差异

类型	知识通用化	知识本土化
研究特征	对话通用元素	归纳独特类型
对普遍主义的追求	元素普遍性	类型普遍性
对知识增益的认识	强调知识贡献	强调知识特性
研究立场	事实立场	事实立场与价值立场
研究目标	走向国际化	走向自主性

近年来，知识的本土化问题成为中国社科界特别关注的热点议题。本土化坚持者认为：西方理论在达成解释本土经验的契合性上有难度，外来理论与本土现实面临两张皮的困境，需要通过本土化来为本土性知

识的解释做出自己的贡献（翟学伟，2018），建构自主性的知识体系。本土化批评者则坚持知识通用性，认为中国本土经验并非不能被西方理论解释贴切，而是因为研究者本身没有把情境性带入做出更好的解释（谢宇，2018），没有走向国际概念化并为国际所接受（边燕杰，2017）。知识追求普遍性，无论是通用化的元素普遍性还是知识本土化的类型普遍性，都追求普遍主义。无论是本土化的坚持者还是批评者，研究的旨趣均在于挖掘本土知识的学理价值（翟学伟，2020），遵循从特殊中发现一般的知识研究路径（张静，2022）。

那么，从知识增益的角度，到底是知识通用路径还是知识本土路径将原理阐释清楚，真正促成读者与作者相互了解与交流呢？知识通用路径强调，知识要能与已有学术观点对话，延展出新的学术命题。如表2所示，东西部协作项目制成为新的项目制类型，控制性多层竞争揭示出项目竞争的多层级性，梯度适配则对项目内部适配提出了新要求。暂不论这些概念是否精准、贴切地将东西部协作的项目制原理讲明白，但这些研究至少是在追求原理性的知识，能促成读者产生思考。那么，知识本土路径没有达到知识交流吗？这显然是否定的。在东西部协作中，政治性馈赠及文化集体主义在解释东西部协作中非常具有启发性，它们对西方馈赠体系及共产党社会的新传统主义都有知识贡献。这两个概念把中国模式与传统文化结合起来，产生了较强的解释力。中国区域平衡发展模式内在地澄清了自身与世界各国解决区域平衡做法的不同：不仅依赖国家支付，还依赖地方合作。超越科层体制的中国道路则通过回归文化传统，挖掘出与以往科层制不同的"超越科层"模式。这些分析虽然是本土路径，但也确实产生了知识原理层面的贡献。但是，其他本土路径所发现的"中国+"模式却在某种程度上陷入了自说自话的知识证成境地。东西部协作的两种路径具有双刃剑效应：一方面，诸如文化集体主义等本土分析性概念浮出水面；另一方面，大量"中国+"模式的分析陷入对中国经验的知识证成分析中，这也导致问题性反思与问题解决机制的探讨越发减少。

表2　　　　　　　东西部协作研究的两种路径对比

路径\元素	知识通用路径	知识本土路径
项目制	东西部协作项目制 控制性多层竞争 梯度适配 科层制市场机制	超越科层体制的中国道路 中国特色激励机制
府际关系	任务型府际关系	中国特色政治性馈赠 文化集体主义
转移支付	横向转移支付的雏形	中国式横向转移支付
跨域治理	跨行政区域联合行动	中国特色国家治理制度
区域协同 区域平衡	尚无	中国区域平衡发展模式 中国式跨区域协同发展

从知识生产来看，知识通用派与本土派都要打通经验与原理之间的知识障碍，促使经验与原理之间、本土原理与国外原理之间达成通约。那么，如何使经验与原理达到可通约的境地呢？知识通用派要强调问题意识，增强知识对话性，明了新知识与已有知识系统的关系，建立整体性、系统性的知识储备库，在复杂社会中识别常态元素与非常态元素，建构可以解释经验的一般性原理。知识本土派要重新思考情感、意识、利益、道德、个体经验和偏好是否让研究左右为难，剔除价值立场，回归事实立场，跳出止于讲特殊性故事的陷阱，加强规范性建设，使本土知识的阐释与已有知识体系对话。知识通用派追求知识规范性受到认可，但知识本土派追求的自主知识体系也未必不可，但要增强研究的规范性与对话性。在东西部协作研究中，知识本土派可以通过三种方法，促成经验与原理的相互通约：一是加强比较。强调中国经验无可厚非，强调中国特殊性也无妨，关键是要增加横向比较，将中国的特殊性元素与其他国家的一般性元素进行比照，而非就中国而谈中国。如此，才能防止中国道路研究自说自话，自我证成。二是运用传统文化思想。尽管中国一直在追求现代化，但中国的发展中有深刻的传统文化烙印，要重

读中国传统文化要义,有效对接和利用中国传统思想,将中国传统文化思想与现代发展理念糅合,真正发展出有中国特色的概念。三是运用编码方法使国际知识中国概念化。边燕杰已经提出了本土知识国际概念化的编码化方法:接受国际概念、丰富其理论内涵、增加其变量的文化差异性,如把关系编码到社会资本理论中(边燕杰,2017)。但国际的理论也可以编码化为中国的概念,如是否可以尝试把西方个体主义反向编码到中国文化集体主义理论中?当然,这种方法还未尝试,期待进一步的研究。

参考文献

边燕杰:《论社会学本土知识的国际概念化》,《社会学研究》2017年第5期。

陈超杰、张晓津、张晶:《职业教育东西协作赋能共同富裕的逻辑理路、现实困境及行动路径——以"云上五金职校"建设为例》,《职教论坛》2022年第10期。

陈忠言:《中国农村开发式扶贫机制解析——以沪滇合作为例》,《经济问题探索》2015年第2期。

邓正来主编:《中国学术规范化讨论文选》,法律出版社2004年版。

范和生、刘凯强:《从"一时火"到"一直火":消费扶贫的阶段反思与长效安排》,《学术研究》2021年第3期。

奉海春、谢煜:《跨省工业区:省际毗邻区政府经济合作的创新——以"粤桂合作特别试验区"的实践为例》,《现代商业》2022年第14期。

桂华:《政策研究的"理论"价值》,《开放时代》2022年第1期。

花中东:《对口支援促进基本公共服务均等化效应分析——以四川地震灾区为例》,《西安财经学院学报》2010年第9期。

黄建洪:《"中国之理":建构新时代中国自主的知识体系》,《光明网》2022 年 5 月 6 日。

江星玲、谢治菊：《协同学视域下东西部教育扶贫协作研究》，《民族教育研究》2020 年第 6 期。

姜晓晖：《跨域治理下的扶贫协作何以优化？——基于粤桂扶贫协作的图景变迁》，《兰州学刊》2020 年第 3 期。

焦长权：《从分税制到项目制：制度演进和组织机制》，《社会》2019 年第 6 期。

赖虹宇、杨森：《论我国灾害对口支援制度的法律治理优化》，《中国行政管理》2020 年第 6 期。

李瑞昌：《界定"中国特点的对口支援"：一种政治性馈赠解释》，《经济社会体制比较》2015 年第 4 期。

李彦军：《东西部经济技术协作及西部民族地区的应对策略》，《科技进步与对策》2004 年第 6 期。

李元元、于春洋：《府际关系视野中的当代中国族际政治整合——以民族地方政府为中心的讨论》，《青海社会科学》2019 年第 6 期。

梁琴：《由点到网：共同富裕视域下东西部协作的结对关系变迁》，《公共行政评论》2022 年第 2 期。

廖成中、毛磊、翟坤周：《共同富裕导向下东西部协作赋能乡村振兴：机理、模式与策略》，《改革》2022 年第 10 期。

林劼：《我国东西部扶贫协作机制创新——以粤桂扶贫协作财政视角为例》，《地方财政研究》2020 年第 10 期。

林水波、李长晏：《跨域治理》，（台北）五南图书出版公司 2005 年版。

柳建文：《中国区域协同发展的机制转型——基于国家三大区域发展战略的分析》，《天津社会科学》2017 年第 5 期。

陆汉文：《东西部扶贫协作与中国道路》，《人民论坛·学术前沿》2019 年第 21 期。

陆汉文、彭堂超：《"文化集体主义"与中国农村减贫——兼论"中国经济"的特殊性》，《江汉论坛》2016 年第 3 期。

路春城：《构建我国横向财政转移支付法律制度的路径选择》，《经济研究参考》2009年第36期。

苗玲：《谈谈东西部地区图书馆事业的协作发展》，《图书馆理论与实践》2005年第1期。

钱莲琳：《"兄弟式互助"呼唤横向转移支付制度》，《地方财政研究》2008年第7期。

冉鄂兰、钟海洋：《建立东西部司法部门对口支援协作机制的构想》，《人民检察》2001年第7期。

盛晓薇、马文保：《"闽宁模式"：东西部扶贫协作对口支援的实践样本》，《人民论坛·学术前沿》2021年第4期。

汪波：《中国特色对口支援的激励机制研究》，《学海》2022年第2期。

王科飞：《协作治理视域下东西部体育支援与协作治理研究》，《体育学刊》2021年第2期。

王磊：《对口支援政策促进受援地经济增长的效应研究——基于省际对口支援西藏的准自然实验》，《经济经纬》2021年第4期。

王宁：《通用知识还是本土知识？——社会科学本土化争议的方法论把脉》，《江苏行政学院学报》2023年第4期。

王宁：《迈向社会学中国化2.0版：挑战与路径》，《社会》2022年第6期。

王玮：《"对口支援"不宜制度化为横向财政转移支付》，《地方财政研究》2017年第8期。

王小林、谢妮芸：《东西部协作和对口支援：从贫困治理走向共同富裕》，《探索与争鸣》2022年第3期。

王欣恺：《东西部协作战略下基层图书馆对口帮扶工作探究——以甘肃省甘南州舟曲县图书馆为例》，《图书馆工作与研究》2022年第1期。

王奕俊、吴林谦、杨悠然：《受教育者成本收益视角的东西部职业教育协作精准扶贫机制分析——以"滇西实施方案"为例》，《苏州大学学报》（教育科学版）2019 年第 1 期。

王禹澔：《中国特色对口支援机制：成就、经验与价值》，《管理世界》2022 年第 6 期。

伍文中、张杨、刘晓萍：《从对口支援到横向财政转移支付：基于国家财政均衡体系的思考》，《财经论丛》2014 年第 1 期。

谢庆奎：《中国政府的府际关系研究》，《北京大学学报》（哲学社会科学版）2000 年第 1 期。

谢炜：《对口支援："项目制"运作的梯度适配逻辑》，《中国行政管理》2022 年第 4 期。

谢宇：《走出中国社会学本土化讨论的误区》，《社会学研究》2018 年第 2 期。

谢治菊：《东西部协作教育组团帮扶的模式转向与本土建构》，《吉首大学学报》（社会科学版）2021 年第 4 期。

谢治菊、陈香凝：《东西部协作项目制：运行逻辑、实践困境与治理路径》，《社会科学研究》2023 年第 1 期。

谢治菊、彭智邦：《嵌入式有为与适应性有效：东西部消费协作中的政府与市场》，《中州学刊》2022 年第 11 期。

熊文钊、田艳：《对口援疆政策的法治化研究》，《新疆师范大学学报》（哲学社会科学版）2010 年第 3 期。

徐明：《财政转移支付带来了地区生产效率提升吗？——基于省际对口支援与中央转移支付的比较研究》，《统计研究》2022 年第 9 期。

徐阳光：《横向财政转移支付立法与政府间财政关系的构建》，《安徽大学学报》（哲学社会科学版）2011 年第 5 期。

叶依广、史嵘：《加速中国西部地区人力资源开发与东西部协作的思考》，《南京农业大学学报》2001 年第 1 期。

叶依广、史嵘、孙林：《加强长江流域东西部经济协作与协调发展的思考》，《长江流域资源与环境》2003 年第 1 期。

于乐荣、姚秋涵、左停：《乡村振兴中的东西部协作：政策变迁、运行机制与实践转向》，《中国公共政策评论》2022 年第 2 期。

曾水英、范京京：《对口支援与当代中国的平衡发展》，《西南民族大学学报》（人文社科版）2019年第6期。

翟坤周：《共同富裕导向下乡村振兴的东西部协作机制重构——基于四个典型县域协作治理模式的实践考察》，《求实》2022年第5期。

翟学伟：《社会学本土化是个伪问题吗》，《探索与争鸣》2018年第9期。

翟学伟：《为什么社会学本土化要"窄化"？——对周晓虹教授的几点回应》，《开放时代》2020年第5期。

张晨：《职业教育"东西部扶贫协作"中的问题与实践研究——以上海对口支援喀什地区为例》，《教育发展研究》2018年第7期。

张静：《从特殊中发现一般——反思中国经验的阐述问题》，《学术月刊》2022年第3期。

张天悦：《从支援到合作：中国式跨区域协同发展的演进》，《经济学家》2021年第11期。

赵健君：《西部民族地区经济资源开发与东西部协作发展机制初探》，《青海民族研究》1999年第1期。

郑春勇：《对口支援中的"礼尚往来"现象及其风险研究》，《人文杂志》2018年第1期。

郑春勇：《论对口支援任务型府际关系网络及其治理》，《经济社会体制比较》2014年第2期。

钟开斌：《控制性多层竞争：对口支援运作机理的一个解释框架》，《甘肃行政学院学报》2018年第1期。

钟晓敏、岳瑛：《论财政纵向转移支付与横向转移支付制度的结合——由汶川地震救助引发的思考》，《地方财政研究》2009年第5期。

朱光磊、张传彬：《系统性完善与培育府际伙伴关系——关于"对口支援"制度的初步研究》，《江苏行政学院学报》2011年第2期。

朱天舒、秦晓微：《国家支持与对口支援合作：我国区域平衡发展模式分析》，《中国行政管理》2012年第6期。

祝慧、雷明：《东西部扶贫协作场域中的互动合作模式构建——基于粤桂扶贫协作案例的分析》,《苏州大学学报》(哲学社会科学版)2020年第1期。

左停、刘文婧、于乐荣:《乡村振兴目标下东西部协作的再定位与发展创新》,《华中农业大学学报》(社会科学版)2022年第5期。